穿越 ChuanYue 中国隧道及地下工程修建关键技术研究书系

可拆解盾构装备
研发及工程应用

姚燕明　胡新朋 主编

Technical Research and
Engineering Application
of Disassembled Shield Machine

人民交通出版社股份有限公司
北京

内 容 提 要

本书以宁波轨道交通 4 号线工程为依托，详细介绍了可拆解盾构装备研发的背景、设计思路、制造流程、施工风险控制与工程应用实例等。全书共分 5 章：第 1 章绪论；第 2 章可拆解盾构装备制造关键技术；第 3 章可拆解盾构装备拆解过站工法；第 4 章可拆解盾构装备施工风险分析与预案；第 5 章可拆解盾构装备工程应用分析。

本书给出的实例均来自工程实践，数据齐全，条理清晰，资料翔实，对相关工程的应用具有较高的借鉴价值。

本书可供城市轨道交通建设、设计、制造、施工、监理等单位的技术与管理人员参考，也可以作为高等院校相关专业师生的参考用书。

图书在版编目(CIP)数据

可拆解盾构装备研发及工程应用 / 姚燕明，胡新朋主编. — 北京 ：人民交通出版社股份有限公司，2020. 5

ISBN 978-7-114-16369-2

Ⅰ. ①可… Ⅱ. ①姚… ②胡… Ⅲ. ①盾构—装备—研制 Ⅳ. ①U455. 43

中国版本图书馆 CIP 数据核字(2020)第 054088 号

中国隧道及地下工程修建关键技术研究书系

书　　名：可拆解盾构装备研发及工程应用
著 作 者：姚燕明　胡新朋
责任编辑：谢海龙
责任校对：赵媛媛
责任印制：刘高彤
出版发行：人民交通出版社股份有限公司
地　　址：(100011)北京市朝阳区安定门外外馆斜街 3 号
网　　址：http://www. ccpress. com. cn
销售电话：(010)59757973
总 经 销：人民交通出版社股份有限公司发行部
经　　销：各地新华书店
印　　刷：北京印匠彩色印刷有限公司
开　　本：787 × 1092　1/16
印　　张：11. 25
字　　数：271 千
版　　次：2020 年 5 月　第 1 版
印　　次：2020 年 5 月　第 1 次印刷
书　　号：ISBN 978-7-114-16369-2
定　　价：80. 00 元

前言

轨道交通作为解决城市交通拥堵问题的有效手段已被国内外大量城市所采用,但随着城市地面及地下空间的高度开发,轨道交通建设环境愈发严苛、制约因素愈发繁杂,部分车站会因先期施工预留条件不够,导致盾构机接收转场时面临吊装孔无预留而“吊不出”、车站净空不足而“过不去”的难题。

宁波火车站为轨道交通2号线、4号线换乘站,在2号线建设的时候,4号线土建结构同步施工,2号线已于2015年投入运营。按照原工程筹备计划,为了保证火车站地面广场的同步使用,4号线无预留盾构吊装孔,盾构机在此进行调头施工,车站标准段部分已浇筑站台板、轨顶风道等结构。宁波轨道交通4号线在建设过程中,因部分车站施工进度受阻,该段区间无法按原工筹施工,为满足整体工期要求,柳西站—宁波火车站—兴宁桥西站区间的盾构隧道筹划需由柳西站始发至宁波火车站接收后,再在宁波火车站过站后始发下一个区间。

基于此,盾构机只能在宁波火车站拆解过站。调研发现,类似问题屡有发生,大多工程采取先切割后焊接的“硬拆解”方式,该方式易影响焊接重组后盾构机的稳定性。为确保拆解重组后盾构机的施工稳定性,需要探索研发可拆解盾构机,经过联合施工、装备、设计等单位进行产学研用联合攻关,团队研发并制造了可拆解盾构机及对应的成套过站装备,形成了流程化的可拆解盾构过站工法,大大提升了盾构机拆解过站效率及重组后的稳定性,现场实践表明效果良好。

为了给其他类似工程提供借鉴,团队组织编写了本书。全书共分为5章,对可拆解盾构装备研发的技术背景、设计原则、装备的主要特点、拆解过站工法、施工风险及对应的预案、现场实施效果等进行了详细的描述,以便读者基于本书可直接实施可拆解盾构装备的制造及过站施工。

在本书成稿之际，特感谢团队成员的支持，中铁隧道股份有限公司李发勇、潘建明、廖韶军、陈明清等同志，宁波轨道交通集团有限公司盾构部肖广良、黄毅、夏汉庸、刘新科、张友伟、赵晓军、孟建乔、刘浩，总师办周俊宏等同志，在本书的编写过程中提供了大量宝贵的意见和第一手资料。同时，也要感谢各级领导及相关参建单位的支持，才使得本技术得以顺利实施。

限于笔者水平有限，书中如有不妥之处，敬请批评指正。

作　者

2020 年 2 月 18 日

Technical Research and Engineering Application of Disassembled Shield Machine

目录

第1章 绪论

本书以宁波轨道交通4号线可拆解盾构机的研发、应用为主线,详细介绍了行业相关技术发展背景、可拆解盾构装备设计制造、拆解过站施工方法及工程应用效果等,将理论与实践相结合,归纳总结了可拆解盾构机的优势与应用前景,以期为类似工程的实施提供参考。

1.1 盾构法地下空间修建技术发展概况

从1818年法国工程师布鲁内尔获得盾构法专利(图1-1)至今,盾构机问世已有200多年的历史。盾构始于英国,发展于日本和德国,其中最具代表性的盾构隧道为日本关门隧道(图1-2)和德国易北河隧道。

图1-1 布鲁内尔设计的盾构机

图1-2 日本关门隧道

近30年来,由于土压平衡、泥水平衡、盾尾密封、盾构始发及接收等一系列技术难题的解决,使得盾构机及其掘进技术有了较快的发展,至今全世界已累计生产1万多台盾构机,其中80%左右是小直径盾构机(直径≤5m)。国外主要的生产厂家有美国罗宾斯公司,日本三菱重工业股份有限公司、川崎重工业株式会社,德国威尔特控股公司、海瑞克股份公司等。我国主要的生产厂家有中国中铁工程装备集团有限公司(简称"中铁装备")、中国铁建重工集团股份有限公司(简称"铁建重工")、上海隧道工程股份有限公司等。

1.1.1 圆形盾构技术发展现状

圆形盾构隧道结构因具有受力合理、施工摩阻力小等优点，在工程建设中广泛被采用。以下主要对我国圆形盾构机的发展情况及国内外典型大直径盾构隧道工程建设情况进行描述。

1865 年，巴尔劳(B. W. Barlow)首次采用圆形盾构机，并用铸铁管片作为隧道衬砌，在泰晤士河底建成了一条外径 2.21m 的隧道。1830 年，劳德·考切兰斯(Lord Cochrance)发明了“气压法”，在盾构穿越饱含地下水的地层时，施加压缩空气以防止涌水。1874 年，格雷赛德(James Henry Greathead)在英国伦敦地铁的施工中，综合了以往盾构施工和气压法的特点，首创在盾尾后面衬砌外围空隙中压浆的施工方法，为盾构施工技术的发展起到了重大推进作用。1939 年，日本使用圆形盾构机施工国铁关门隧道的海底部分，该工程奠定了日本盾构技术的基础。从 20 世纪 60 年代起，日本盾构施工技术得到迅速发展。70 年代开始，日本、德国相继研制了局部气压式、泥水加压式和土压平衡式等新型盾构机及相应的工艺和配套设备。

随着国内工程建设对盾构机装备的需求及国际盾构技术研发潮流的影响，我国从 20 世纪 50 年代开始进行盾构技术的研究，由于受到各种因素的制约，一开始并未能取得明显进步，长期以来盾构掘进装备几乎全部依赖进口，其中德国和日本的盾构机在中国市场的占有率达到了 90% 以上。直至 20 世纪 90 年代我国盾构技术才取得了一些进展，自主研发了挤压式盾构机及气压式盾构机，并重点开展了土压平衡式盾构机、泥水平衡式盾构机的研究工作。

为突破国外垄断，创造具有自主知识产权的国产盾构机，2001 年科技部将盾构机国产化列入国家“863”计划，盾构技术的发展也因此得到了国家的政策性保障。

图 1-3 首台复合式盾构机

2002 年，上海隧道工程股份有限公司和中铁隧道局集团有限公司(下简称“中铁隧道局集团”)设计制造了我国第一台具有自主知识产权的适用于软土地层的土压平衡盾构机——先行号，其综合指标达到了当时的国际先进水平。

2008 年 4 月，由国家“863”计划资助、我国自主研发制造的首台复合式盾构机(图 1-3)在中铁隧道局集团盾构机产业化基地下线，这台盾构机实现了我国从关键技术向整机制造的跨越，填补了国内相关领域的空白，打破了国外企业长期以来在盾构机制造方面的技术垄断。

2009 年 8 月，中国铁建重工集团完成了第一台复合式土压平衡盾构机(图 1-4)的调研、设计、制造和组装调试，在长沙打造了国际上最完备的一条盾构机生产线，此时，盾构机国产化率已达 80% 以上，实现了盾构机“中国制造”的梦想。

2010 年 7 月，上海市基础工程有限公司自主研发制造的两台直径 7.26m 的盾构机在奉贤基地启动，这两台盾构机全部装上了“中国心”，整机全部由我国自主设计加工制作，标志着国产盾构机在核心部件制造上实现了新突破，在盾构机生产制造上实现了完全国产化。

2011 年 12 月，由中交天和机械设备制造有限公司自主研制、开发了当时世界最大直径为

14.93m 的泥水气压平衡复合式盾构机“天和一号”，开挖直径可达 15m，这台盾构机复杂程度堪称当时的世界之最，根据南京纬三路隧道地质条件量身定做。这是我国首台拥有自主知识产权的超大型盾构机，其中可推出式滚刀、饱和潜水作业人行闸和可视摄像系统三项关键技术为世界首创。

图 1-4　第一台复合式土压平衡盾构机

2012 年，扬州瘦西湖隧道主体盾构段采用刀盘直径 14.93m 的世界超大直径泥水平衡盾构机“瘦西湖号”进行施工，穿越了长达 1200 多米的全断面硬塑黏土地层，这一隧道的建成攻克了当时全断面穿越硬塑黏土地层的世界性盾构施工难题。

2017 年 8 月，武汉轨道交通 8 号线越江隧道顺利贯通，该项目采用直径为 12.5m 的“楚天号”盾构机进行施工（图 1-5），隧道全长 3186m，其中 1365m 隧道穿越地层为强透水、上软下硬复合地层，地层中镶嵌有硬度高达 135MPa 的大块石英砂岩。

2019 年 7 月底，国内在建最大直径泥水平衡盾构机于深圳春风路隧道始发，该项目盾构机“春风号”直径达 15.8m（图 1-6）。

图 1-5　“楚天号”盾构机

图 1-6　深圳春风路隧道使用的盾构机

盾构隧道的发展可以用“深、大、长、高、广”五个字描述，围绕大埋深、大断面、掘进距离长、高水压、复杂地层广等特点、难点，实现了多种地质复合情况下的隧道快速施工，多项关键技术成功应用于公路、铁路、城市轨道交通、给排水、管廊等各个领域。表 1-1 为国内外典型大直径盾构隧道工程。

国内外典型大直径盾构隧道工程（截至 2019 年底）　　表 1-1

建设时间	隧道名称	掘进距离（km）		直径（m）	最大水压（bar[①]）	穿越地质情况
		总长	每段掘进长度			
1989—1997 年	日本东京湾海底公路隧道	9.1	2.5	14.14	5.884	软弱的冲积、洪积黏性土层以及洪积沙层
1997—2003 年	德国汉堡易北河第四隧道	2.56	2.56	14.2	4.413	黏土、松散至细密的砂、砾石和冰山泥灰岩

续上表

建设时间	隧道名称	掘进距离(km)		直径(m)	最大水压(bar①)	穿越地质情况
		总长	每段掘进长度			
2000—2004年	荷兰“绿色心脏”隧道	7.2	2.2	14.87	4.903	软黏土、泥煤层和细砂
2004—2009年	上海沪崇苏隧道	7.47	7.47	15.44	5.394	淤泥质黏土、淤泥质粉质黏土、黏土、砂质粉土
2005—2010年	南京长江隧道	3.02	3.02	14.93	6.374	粉土、粉细砂、砾砂、卵石和强风化泥层
2007—2014年	杭州钱江隧道	3.25	3.25	15.43	6.374	淤泥质粉质黏土、粉土、粉砂层
2011—2014年	扬州瘦西湖隧道	1.28	1.28	14.93	4.413	膨胀性硬塑黏土
2012—2015年	土耳其博斯普鲁斯亚欧隧道	3.34	3.34	13.6	11.77	泥灰岩、火山辉绿岩和安山岩
2010—2015年	南京纬三路隧道	3.56;4.13	3.56;4.13	14.93	7.355	细砂层、砾砂层、圆砾层和砂岩、泥岩基岩地层
2012—2015年	广深港福田隧道	1.538	1.538	13.33	3.923	黏土、花岗岩
2014—2017年	武汉轨道交通8号线长江隧道	3.2	3.2	12.55	6.57	砂层、黏土、泥岩、胶结砾岩
2013—	香港屯门—赤鱲角海底隧道	3.0	3.0	17.6	4.903	粉砂层、砂层、花岗岩
2013—	武汉三阳路隧道	2.59	2.59	15.63	5.884	粉细砂、砾岩和粉砂质泥岩
2014—	珠海横琴第三通道	1.09	1.09	14.93	3.923	淤泥、黏土、中粗砂、局部全风化花岗岩
2015—	芜湖长江隧道	4.09	4.09	14.93	7.747	粉质黏土、粉细砂及中风化凝灰角砾岩
2016—	苏通GIL②综合管廊长江隧道	5.4	5.4	12.1	9.316	粉砂层、粉土、粉砂
2017—	南京五桥过江隧道	3.6	1.8	14.93	6.374	淤泥、粉细砂、中粗砂
2017—	济南黄河隧道	5.2	2.6	15.76	4.413	粉细砂、中粗砂、黏土、钙质结核、黏土夹碎石
2018—	南京和燕路过江隧道	3.0	3.0	15.03	6.374	砾砂岩、砂砾岩、角砾岩、角砾状灰岩、灰岩

注：①$1bar = 10^5 Pa$。

②GIL指气体绝缘金属封闭输电线路。

1.1.2 异形盾构技术发展现状

异形盾构法和圆形盾构法的掘进原理和开挖面稳定机理差别不大,但由于盾构机机体形式的变化以及配置设备的不同,造成了二者施工工艺上的差异,主要表现在盾构刀盘形式、注浆体系、土体扰动机理、盾构机不允许旋转和异形断面隧道衬砌结构受力特征等。与圆形盾构机相比,异形盾构机断面空间利用率更高,尤其在人行地道和车行隧道工程中,矩形、椭圆形、马蹄形、双圆形和多圆形断面设计更为合理,受到环境条件的制约时,在兼顾使用功能的同时,可以尽量减少隧道断面面积。根据这样的需求,科研人员研发了多圆(Multi-circular Face, MF)盾构机、双圆(Double-O-Tube,DOT)盾构机、旋转、分叉(Horizontal Variation & Verical Variation,H&V)盾构机等多圆形、自由断面、多微盾构(Multi-Micro Shield Tunnel,MMST)、偏心多轴等异形断面和扩展、球体、机械护盾对接(Mechanical shield Docking,MSD)等异形盾构机,并应用到各种实际工程中,见图 1-7 ~ 图 1-9。

a) 马蹄形盾构机

b) 多圆盾构机

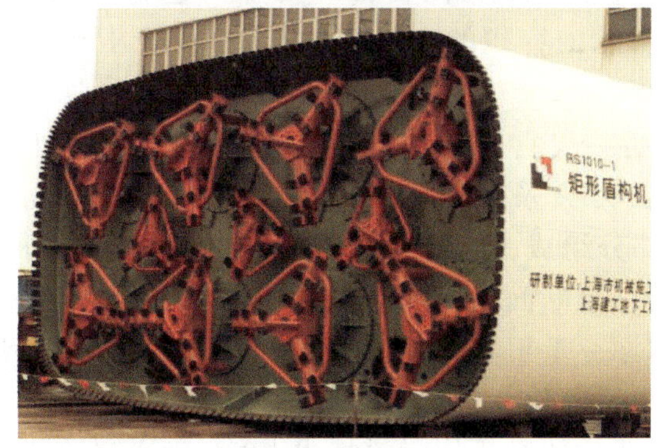

c) 矩形盾构机

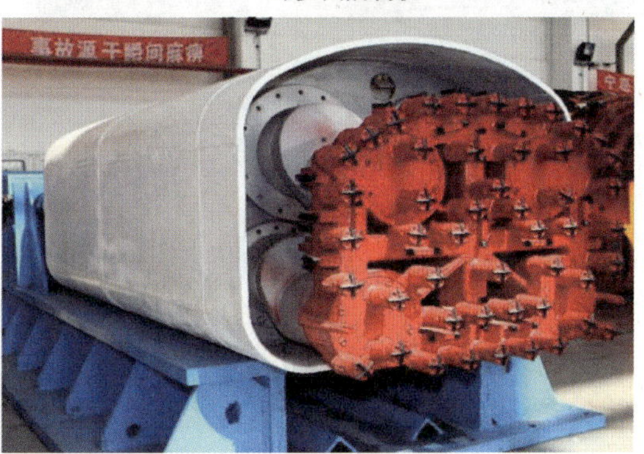
d) 偏心多轴矩形盾构机

图 1-7 各类异形盾构机

日本在城市地下空间开发与利用上始终走在世界前列,20 世纪 80 年代开发应用了矩形隧道,20 世纪 90 年代,日本的隧道盾构技术进入“多圆复合形”的全新时代。为了提高地下空间的利用效率,降低建设成本,日本开发了垂直双圆形、水平三圆形、局部扩挖型、水平和垂直自由组合型、球形、马蹄形和四圆组合型等多种形式的高性能复合型盾构机,并完成了多条人行、公路、铁路、城市轨道交通、排水、市政共同沟隧道等项目的建设。进入 21 世纪后,随着异形断面刀盘技术日益成熟,断面利用效率显著提高。

图 1-8 H&V 盾构机

图 1-9 MSD 盾构机

2002 年,日本京都轨道交通东西线醍醐至六地藏延伸工程采用尺寸为 6.87m × 10.24m 的土压平衡矩形盾构机(图 1-10)进行施工,刀盘为摆动式,在一定的角度内边摆动边掘进。隧道总长 753.2m,该隧道不仅是第一例采用矩形盾构机施工的轨道交通单洞双线工程,而且还首次实现了矩形盾构机在无立柱渡线段的施工,充分展示了矩形盾构的发展潜力。

图 1-10 2002 年日本矩形土压平衡盾构机

2008 年,日本东京地铁副都心线新千驮—明治神宫前—涩谷区间盾构工程,采用 8.4m ×9.7m 的矩形土压平衡盾构机进行施工,刀盘为仿形刀盘,在旋转时刀盘可进行伸缩,产生土舱内容积的变动,防止开挖面土压平衡的失衡。

2009 年,日本东京轨道交通东急东横线涩谷—代官山尺区间盾构工程中采用尺寸为 7.1m × 10.3m 的矩形土压平衡盾构机进行施工,刀头采用阿波罗刀头(All Potential Rotary Cutter)。该刀头由刀盘、摇动构架、公转圆筒三部分组成,在刀头旋转的同时,通过摇动构架和公转圆筒的旋转可使刀盘在设定的轨迹上进行任意断面的切削。

2012 年,日本东京轨道交通有乐町线小竹向原—千川联络线工程,也采用了矩形土压平衡盾构机完成施工,刀盘为行星结构。

国内,上海隧道工程股份有限公司于 1995 年开始研究矩形隧道技术,1996 年研制了一台 2.5m × 2.5m 可变网格矩形顶管掘进机,顶进矩形隧道 60m,解决了推进轴线控制、纠偏、沉降控制、隧道结构等技术难题。

1999 年 5 月,上海轨道交通 2 号线陆家嘴站过街人行地道采用 3.8m × 3.8m 组合刀盘矩形顶管掘进机进行施工,掘进距离达 124m。

2004 年,上海轨道交通 M8 和 M6 线率先引进双圆盾构工法,开创了我国异形盾构工法施工的先河。

2014 年,郑州红专路下穿中州大道,隧道采用当时世界上最大的矩形断面顶管机(10.12m × 7.27m)进行施工并顺利贯通,掘进长度达 110m,地面沉降控制在 3cm 以内。

2015 年,世界最大断面土压平衡类矩形盾构机在宁波轨道交通 3 号线一期工程中应用,开挖断面尺寸为 11.83m ×7.27m,该盾构机在异形多刀盘切削系统、推进系统、防背土装置等核心技术方面都实现了突破。

2016 年,中铁工程装备集团有限公司(简称“中铁装备公司”)对马蹄形盾构机进行了改造,提出了低扰动多刀盘、多驱动协同开挖技术,设计了一种多自由度变曲率管片拼装机,用于解决变曲率、大质量管片的拼装难题,并提出利用高压水射流技术对渣土进行切割冲刷,在螺旋输送机上部设置两个推土器装置。改造后的马蹄形盾构机在蒙华铁路白城隧道的成功应用,使得马蹄形隧道使用盾构法施工成为现实。

2017 年,宁波轨道交通提出了以“微加固、可切削、严密封、强支护”为主要特征的联络通道机械法施工技术。

盾构法施工已是一门比较成熟的地下工程施工技术,近几年我国盾构技术发展较为迅速,尤其在盾构机设计制造、管片拼装、泡沫添加剂以及壁后注浆等方面取得了突破性进展,这也加速了我国盾构本土化、产业化的进程。但同时,与国外先进盾构技术相比,仍存在一定差距,主要表现在关键部位的材质和耐久性等方面。目前,盾构工法向大断面、大深度、长距离、小半径和异形断面等方向不断发展,是地下空间开发利用的主流施工技术,需要进行不懈的开发、创新和积累,以形成我国独立的机械制造、隧道设计和施工管理技术。

1.1.3 盾构法地下空间修建所面临的问题与挑战

随着盾构机制造技术和盾构法施工技术的日益成熟,盾构法施工在地下空间开发中将发挥越来越重要的作用。在其应用场景不断拓展的同时也对盾构法地下空间修建提出了新的问题和挑战,最为常见的有以下两大类。

1)复杂地质条件的施工难题

(1)软硬不均地层盾构机刀具配置及掘进难题

①盾构在软硬不均地层掘进时,由于掌子面地层强度差异大,硬岩对刀具的撞击极易造成刀具磨损严重、非正常损坏、刀具脱落等现象,造成掘进受阻、刀盘磨耗。

②刀盘受力不均匀会导致主轴承受损或主轴承密封被破坏。

③在相同的刀盘转速和推进速度下,下部进度慢,上部的土层过度扰动,会造成隧顶土层松弛或塌陷,致使千斤顶的推力不均匀,由此可能导致管片衬砌错台、开裂。

④软硬不均地层容易引起盾构施工曲线偏离设计方向,盾构掘进控制难度大,工况转换频繁等。

(2)穿越孤石与基岩凸起等不良地质难题

盾构施工中在穿越孤石、基岩凸起等不良地质地层时(图 1-11),处理不当会导致盾构机刀盘受损,多采用注浆加固、爆破、机械破碎等措施进行处理,对盾构机刀盘进行结构改造或添加防磨装置以应对此种情况,传统处理方法存在造价高、工期长、对周边交通影响较大等问题,提高掘进效率也是目前急需解决的问题。

a)

b)

图1-11　舱底打捞的刀具及石块

(3)穿越超高水压施工技术难题

盾构法隧道在穿越江河或海底时,其所受静水压力通常很大,盾构在高水压下施工,给施工增添了许多难度。高水压下盾构法施工难点包括以下几点。

①掌子面的稳定。盾构在掘进过程中,掌子面一直处于平衡状态,但由于盾构机处于高水压下,地下水的涌出及泥沙等被带出,会造成掌子面坍塌、地表沉降。因此,盾构在高水压下掘进,必须采取措施来维持掌子面,是泥水盾构在高水压下砂层中掘进的一个重难点。

②隧道周围土体坍塌。盾构机在高水压下掘进,当穿过的岩层为砂性土层时,由于盾构施工的扰动、纠偏力度过大或者盾构隧道背填注浆的不密实,同时受到高水头压力作用,隧道周围土体易发生土体坍塌,造成地表沉降。通过对地层情况的勘察分析,制订可行的方案,防止盾构穿越地段隧道周围土体发生坍塌也是一大难题。

③隧道上浮。盾构机在高水压区掘进时,由于隧道受地下高压水及泥浆的包裹,所以隧道较长时间内处于悬浮状态。同时,由于同步注浆浆液的初凝时间较长,注浆压力控制不当,浆液随地下水窜入建筑物外围地层中等均会造成隧道上浮。

④泥浆的泄漏和喷出。为保证掌子面前土体的稳定,泥浆压力必须与切口水(土)压力保持平衡,当泥浆压力过大,同样也会造成泥浆向隧道后方流窜,甚至通过盾尾泄漏至隧道内或通过隧道顶部岩层窜出地表。防止此类现象的发生是保证盾构安全施工的一个重要因素。

⑤盾尾密封及铰接密封等部位的抗高水压。盾构法施工区别于矿山法施工,优点就在于其施工的安全性。由于盾构的密封性能好,所以将盾构外部的泥土及地下水全部封堵在盾壳外部。因此,保证盾构良好的密封性能是盾构法施工成败的关键,在高水压下施工又提高了对盾构密封材料的要求。

⑥管片接缝防水。盾构隧道是通过拼装的管片实现隧道的一次成形。在高水压下,保证隧道的防水及抗渗等级是衡量工程质量的一项重要的标准。而管片接缝部位是盾构隧道防水的薄弱部位,必须加强管片接缝防水工作,提高隧道防水能力。

高水压越江、跨海大直径盾构隧道工程经验表明,国内盾构隧道施工中的水压可达10bar($1bar=10^5Pa$)以上,例如广佛城际铁路东环隧道水压最高达12.5bar,而拟建的青岛胶州湾第二条海底隧道最高水压可达14bar;高水压对盾构机结构本身以及施工工法提出了较高的要求,解决高水压带来的隧道施工安全隐患,升级盾构的抗压密封性,是目前高水压盾构施工所面临的难题。

(4)穿越塑料排水板等人工改造地层施工技术难题

塑料排水板土体固结法是软基处理的方法之一,广泛应用于软土地层高速公路路基的处理,用于提高路基的固结度和稳定性。随着城市轨道交通的发展,采用盾构施工的轨道交通隧道不可避免地需要穿越高速公路路基,如处理不当,可能导致高速公路路基沉降或盾构被困等事故,而且在高黏性土质地层盾构施工时刀盘极易结泥饼,如果为了切除排水板而降低刀盘开口率,就更增加了刀盘结泥饼的可能性,增大了盾构施工的难度。

土体固结排水板的破除理论上可采用盾构刀具直接切断破除,盾构刀具选型宜考虑定制类似改进型焊接锐利刃锯齿刀试验样刀的软土刀具,有利于排水板的有效切断;盾构装备参数选型时,刀盘转速建议采用高低速控制方式;为了减小排水板拉拽力、降低对地层的扰动,采用低推进速度、高刀盘转速掘进,但应注意刀盘转矩的波动,严格控制土舱平衡压力,防止因转矩过度波动引起地层变形。

盾构穿越含排水板的固结黏土软土路基时,在盾构刀盘刀具配置合理、掘进参数可控情况下,还可以采用高温熔化破除法、冷冻破除法、化学腐蚀破除法等。

2)复杂环境的保护难题

(1)穿越变形敏感建(构)筑物

盾构隧道施工不可避免地会穿越变形敏感建(构)筑物,其中较为常见的为高速铁路、老旧建筑物,特别是文物、精密仪器生产等使用的空间。

高速铁路要保证高速、平稳的运营,其对轮轨的平顺性具有极高的要求,见表1-2。涉铁工程施工过程中,高铁保护要求极高,微小的变形都可能对高铁运行的安全性造成影响,因此,不可避免地对涉铁盾构隧道施工控制提出了极高的要求。

高速铁路无砟轨道250(不含)~350km/h线路轨道静态几何尺寸容许偏差管理值　表1-2

项　目	作业验收	经常保养	临时补修	限速160km/h
轨距偏差(mm)	+1 −1	+4 −2	+5 −3	+6 −4
水平偏差(mm)	2	4	6	7
高低偏差(mm)	2	4	7	8
轨向(直线)偏差(mm)	2	4	5	6
扭曲偏差(mm/3m)	2	3	5	6
轨距变化率	1/1500	1/1000	—	—

注:1.高低偏差和轨向偏差为10m及以下弦测量的最大矢度值。
2.扭曲偏差不含曲线超高顺坡造成的扭曲量。

盾构下穿重点文物建筑时,尤其是国家级重点文物,年代久远,并且采用的建筑材料和建造工艺抗扰动能力较弱,对地质的变形特别敏感,因此,线路通过时以绕避为主,尽可能减少盾构施工对文物建筑的影响，如果无法绕避，则选择施工风险低的盾构法施工。在盾构路线规划和设计阶段，要对文物建筑保护制订妥善的设计方案，从源头上减少施工对文物建筑的影响；盾构施工前，需对文物建筑采取隔离桩等预加固措施；在盾构施工过程中，严密的盾构施工组织管理，有责任心并相互协作的盾构作业团队，正确有效的技术和安全培训，盾构掘进参数的正确选择，专项施工控制措施，信息化施工和均衡掘进等是顺利穿越文物建筑的关键。

(2)施工空间受限

①掘进空间受限，类矩形盾构法隧道修建技术的研发为典型案例之一。

大量的盾构隧道施工都位于城市核心区，该类区域具有地面、地下建(构)筑物复杂、密集的特点，预留给隧道施工空间有限。宁波轨道交通 4 号线大卿桥站—翠柏里站—双东路站区间为典型案例，该区间隧道穿越区段道路狭窄、老旧建筑物密集，环境保护要求高，拆迁难度大且线路无法调整，采用常规两个单圆隧道施工面临地下空间不足(放不下)的问题。基于此，宁波轨道交通开展了类矩形盾构法隧道修建技术的研发，通过多方努力，实现了不拆迁穿越该空间狭小区域。该技术在一定程度上给相关类似案例提供了新的技术选项。

②始发、接收空间受限，机械法联络通道施工技术的研发成为典型案例之一。

在机械法联络通道施工技术研发过程中，其始发、接收空间受限是所面临的关键问题之一。宁波轨道交通成形隧道内径为5.5m，且为圆形结构，有效施工空间极小。如何在如此狭小的空间实现掘进机的始发接收、管片结构的运输拼装、出土等，且要满足土体微加固情况下的结构安全性，是该技术研发成败的关键。围绕这一问题，针对性地设计研发了可切削盾构隧道复合管片结构；形成了套筒始发、接收成套技术；研发生产了自动化台车设备，可为掘进机始发、接收提供平台。

图 1-12 为机械法联络通道施工图，用于宁波轨道交通 4 号线丽江路站—双车路站区间(简称“丽—双区间”)，从设备吊装下井到贯通仅用时 15 天，创造了机械法联络通道国内施工的最快纪录，也代表了目前国内联络通道修建技术的最高水平。

图 1-12 机械法联络通道施工

③盾构机拆解、吊装空间受限，盾构机拆解过站技术的研发为典型案例之一。

城市轨道交通盾构隧道施工过程中，经常会遇到车站预留空间不足而无法整体过站的情况。如上海轨道交通 15 号线上海西站—铜川路站工程，由于盾构机直径的变化(直径由6.34m变为6.76m)，导致已建车站内部净空不足难以满足整体过站要求。

宁波轨道交通4 号线、5 号线施工也面临该问题的挑战，为了增强盾构机拆解过站工序的流程化、提高拆解组装后盾构机的稳定性，宁波轨道交通联合施工、设计、装备各单位开展了拼装式可拆解盾构装备及拆解过站工法的研发，并在宁波轨道交通4号线宁波火车站进行现场试验，验证其可行性，以期为后续类似工程提供解决路径。

1.2 可拆解盾构装备研发背景

宁波轨道交通4号线由江北慈城至东钱湖旅游度假区，横贯宁波中心城区，连接慈城、东钱湖两大规划新城，是宁波轨道交通骨干线网西北—东南向的内部填充线，同时也是宁波轨道交通第二轮建设规划中的重要项目。其中，在柳西站—宁波火车站—兴宁桥西站区间盾构施工过程中，由于宁波火车站未预留盾构吊装孔，且受既有结构预留净空不足的影响，使盾构机不能吊出或整体过站。基于此，开展了拼装式可拆解盾构装备及拆解过站工法的研发。

1.2.1 工程背景

1）区间周边环境概况

柳西站—宁波火车站区间线路出柳西站后，沿苍松路向南穿行，过柳汀街后转向东，最终接至宁波火车站。区间周边建筑物较多，侧穿柳汀花苑、火烧桥、柳汀立交桥、萧甬铁路等；下穿柳西桥、柳西河驳岸、柳西河、苍松路下立交、祖关山立交、宁波邮政大楼等，见图1-13。

宁波火车站—兴宁桥西站区间出宁波火车站后，下穿火车站地下广场、护城河后转至长春路下穿行，过镇明路后接至兴宁桥西站。周边建筑物较多，侧穿火车南站地下广场、月湖银座、长春路拓宽人行道桩基、工商管理局、望湖市场、供销公司综合楼、南苑饭店等；下穿护城河、月湖桥、三市桥等，见图1-14。

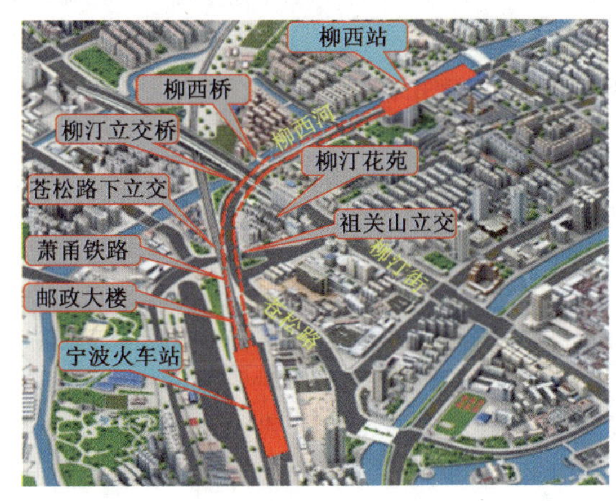

图1-13 柳西站—宁波火车站区间周边环境示意图

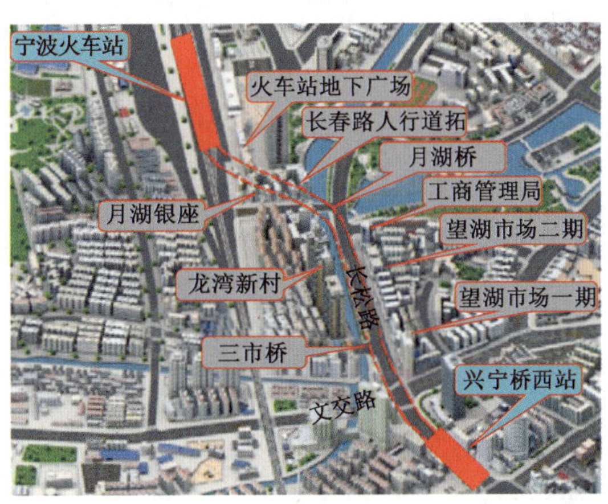

图1-14 宁波火车站—兴宁桥西站区间周边环境示意图

施工区间地表环境复杂，下穿、侧穿重要构筑物的重难点施工普遍存在，对施工环境影响控制以及盾构机的施工稳定性要求较高。

2)区间穿越地层概况

柳西站—宁波火车站区间柳西站南端头地质情况从上而下依次为:$①_{1a}$杂填土、$②_{2b}$淤泥质黏土、$④_{1b}$淤泥质粉质黏土、$⑤_{1T}$粉土、$⑤_{1b}$粉质黏土。宁波火车站—兴宁桥西站区间的宁波火车站南端头隧道埋深18.6m,地质情况从上而下依次为:$①_{1a}$杂填土、$①_{3b}$粉质黏土、$②_1$黏土、$②_{2b}$淤泥质黏土、$③_2$粉质黏土、$④_{1b}$淤泥质粉质黏土、$⑤_{1b}$粉质黏土。各地层详细参数、特征见表1-3。

地层参数表　　表1-3

土层名称	层厚(m)	特征	描述
$①_1$ 杂填土	0.60~3.90	杂色,松散~中密	成分杂,由碎石土、砂土、黏性土、粉土等一种土或几种土组成,均一性差
$①_2$ 黏土	0.60~2.30	灰黄色,软塑~可塑	厚层状构造,韧性中等,干强度中等;岩性以粉质黏土为主,部分相变为黏土
$①_{3b}$ 淤泥质黏土	0.50~3.50	灰色,流塑	厚层状构造,偶见半碳化物、腐殖质,切面较光滑,韧性高,干强度高,无摇振反应
$②_1$ 黏土	0.60~4.70	灰色,软塑~可塑	厚层状构造,含少量腐殖物,切面光滑,韧性高,干强度高,无摇振反应
$②_{2a}$ 黏土	3.30~9.20	灰色,流塑	厚层状,含少量贝壳碎屑,可见云母碎屑,切面有光泽,韧性高,干强度高,无摇振反应
$②_{2b}$ 淤泥质黏土	3.40~10.30	灰色,流塑,高压缩性	厚层状,含少量贝壳碎屑,局部夹粉土薄层,可见云母碎屑,有光泽,韧性高,干强度高,无摇振反应。岩性以淤泥质黏土为主,局部相变为淤泥或淤泥质粉质黏土
$③_{1a}$ 粉质黏土	1.30~4.0	灰~深灰色,可塑,中等压缩性	层状构造,局部间夹黏性土薄层,含少量贝壳碎屑,岩性以黏质粉土为主,局部为砂质粉土或粉砂,土质不均匀,土面无光泽,韧性低,干强度低,摇振反应迅速
$③_2$ 粉质黏土	0.80~5.60	灰色,流塑,高压缩性	薄层状构造,土质不均一,含贝壳碎屑。夹粉土、粉砂薄层,局部呈互层状,切面粗糙,韧性低,干强度低~中等,摇振反应慢
$④_{1b}$ 淤泥质粉质黏土	1.10~5.70	灰色,流塑,高压缩性	土质尚均匀。土面有光泽,韧性中等,干强度中等,无摇振反应。该层场地内广泛分布,物理力学性质差
$⑤_{1t}$ 黏质粉土	1.80~3.20	灰黄、褐黄色,可塑,中等压缩性	饱和,中密,层状构造,层间夹少量黏性土薄层,土质不均,土面无光泽,韧性低,干强度低,摇振反应迅速,物理力学性质较好
$⑤_{1b}$ 粉质黏土	8.20~13.50	灰黄色、可塑,中等压缩性	厚层状构造,土面稍有光泽,岩性以粉质黏土为主,局部为黏土,含铁锰质斑点,土质不均,韧性中等,干强度中等,无摇振反应。该层场地内广泛分布,物理力学性质较好
$⑤_{4a}$ 粉质黏土	3.70~8.40	灰色、可塑,高压缩性	厚层状,含少量半碳化物,土质尚均匀,土面稍有光泽,韧性中等,干强度中等,无摇振反应。该层场地内广泛分布,物理力学性质较差
$⑤_{4b}$ 黏质粉土	1.80~5.50	灰色、可塑,低压缩性	厚层状,含少量贝壳碎屑,岩性以黏质粉土为主,局部为砂质粉土或粉砂,土质不均匀,土面无光泽,韧性低,干强度低,摇振反应迅速。该层场地广泛分布,物理力学性质较好

3)宁波火车站结构概况

轨道交通宁波火车站为2号线和4号线换乘站,目前2号线已运营,4号线车站为地下4层站,位于宁波火车站南广场下方;火车站上部结构在2号线施工时已全部完成,只预留4号线端头盾构接收条件,整体结构无预留盾构吊装孔,且车站标准段部分已浇筑轨顶风道,过站空间受限,如图1-15所示。

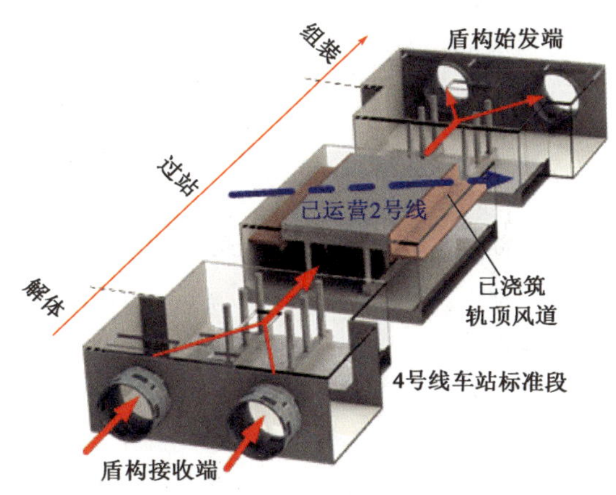

图1-15 4号线宁波火车站结构示意图

根据车站结构图纸和实际测量数据,火车站部分标准段受2号线运营线道床和轨顶通道影响,空间受限;轨行区净空最小处高度为4.6m,宽度为6.5m;双线中间车站结构只受道床影响,最小净空高度为5.9m,宽度为6.2m,如图1-16所示。

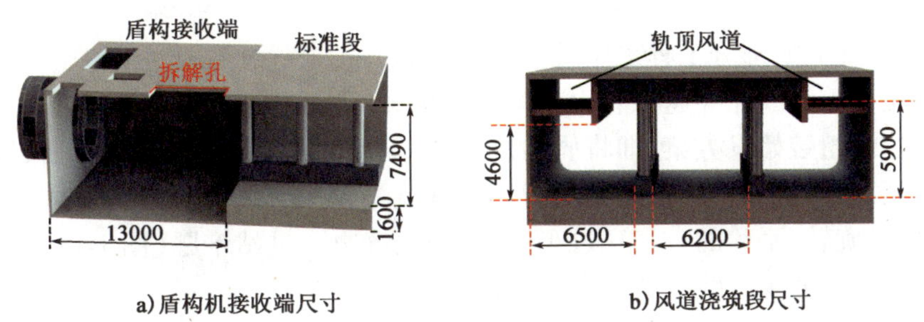

a)盾构机接收端尺寸 b)风道浇筑段尺寸

图1-16 4号线宁波火车站过站尺寸(尺寸单位:mm)

隧道施工设计选用的盾构机规格为刀盘直径6.35m,盾体直径6.34m,除去后配套设施后,整机长度为10.016m,盾构机组件及配套设备尺寸质量见表1-4,采取常规整体过站方案,在考虑辅助钢板厚度、钢板滑移、盾构顶升等后所需的结构净空尺寸在6.59m左右。

盾构机组件及配套设备尺寸质量表 表1-4

序号	名 称	质量(kg)	外形尺寸(mm×mm×mm)
1	刀盘	38500	6350×6350×1465
2	前盾	53366	6340×6340×2078
3	中盾	71745	6340×6340×2600
4	盾尾	28096	6340×6340×3873

续上表

序号	名　称	质量(kg)	外形尺寸(mm×mm×mm)
5	管片拼装机	19130	5220×5047×4310
6	主驱动	52467	3154×1670×1670
7	设备桥	18000	12784×4825×3760
8	喂片机	4056	5930×1872×887
9	1号拖车	27000	10252×4710×3900
10	2号拖车	29000	12185×4620×3900 包括外侧走台宽 500mm
11	3号拖车	25000	10928×4680×3900 包括外侧走台宽 500mm
12	4号拖车	24000	10928×4680×3900 包括外侧走台宽 500mm
13	5号拖车	23000	10928×4600×3900 包括外侧走台宽 500mm
14	6号拖车	16000	10718×4610×3900
15	螺旋输送机	20700	12754×1100×1719
16	通风系统	约3500	
17	初装油	约5400	
18	其他设备	约1000	盾尾散件、其他连接螺栓及换刀设备等

因此,宁波轨道交通4号线宁波火车站已不具备实施盾构井吊出后转场与整机空推过站的方案。

1.2.2 技术背景

面对空间不足问题,部分工程采用盾构机解体的方式进行过站或吊装。

长春轨道交通1号线在穿越长春火车站北广场时,由于车站既有结构过站宽度不足,固采取了主体分体过站组装始发方案,即将盾构机主体部分拆分为刀盘、前盾、中盾、盾尾,吊装下井后多次平移至始发处,该工程过站高度满足装备过站要求,因此,无需对盾体进行进一步拆解,各盾体部件以旋转、平移的方式穿过车站,成功地解决了过站难题(图1-17)。但此方案并不适用于宁波轨道交通4号线宁波火车站的情况。

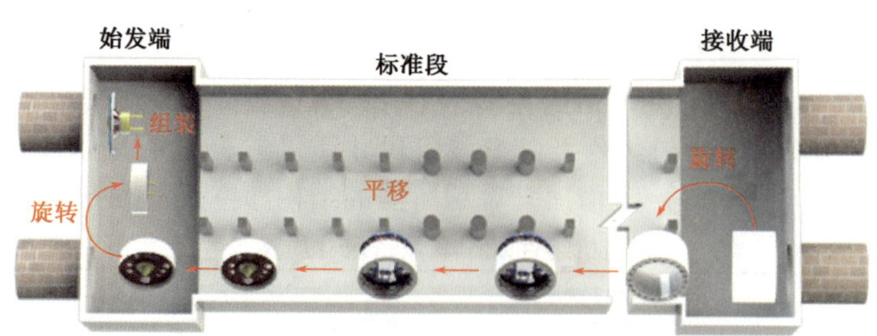

图1-17　长春轨道交通1号线过站方案

上海轨道交通15号线在穿越上海西站时,由于盾构机直径的变化,导致已建车站内部净空不足,因而采用了盾构机分体过站后组装技术,将盾体的前盾、中盾、后盾各从中部分割成上下两部分,而盾构机刀盘及铰接环则采用倾斜过站方式,顺利解决了有限空间内盾构机过站施工难题(图1-18)。该方式虽能保障盾构机过站满足空间要求,但拆解、组装技术要求高,操作不当极易影响盾构装备的稳定性,进而影响后续施工。

a)刀盘过站

b)盾体拆解

图1-18 上海轨道交通15号线过站施工

考虑宁波轨道交通4号线宁波火车站既有结构过站空间高度与宽度均不满足盾构机整体过站的空间要求,在保证盾构机稳定性的同时,参考上海轨道交通15号线的解体过站方案,将盾构机整体拆分为更小的构件,以达到过站所需要的空间要求。

目前盾构机拆解常用的方式有两种:一种为"硬"拆解,即将盾构机主体切割成小块,以达到施工要求,例如上海轨道交通15号线;另一种为"可拼装"式盾构机结构拆解,例如广深港客运专线狮子洋隧道首次完成了国内大型盾构海底隧道洞内解体拆卸(图1-19),所采用泥水平衡盾构机的前盾体和中盾体采用双层设计(外层厚度4cm),盾尾采用单层设计,盾构对接后将前盾体和中盾体内层解体拆卸,外层不拆除,永久留存于隧道中,在拆机时起到支撑保护和安装吊点的作用,前盾体与中盾体内部均设计为6块,块间采用螺栓连接,刀盘则分割为8块拆除。

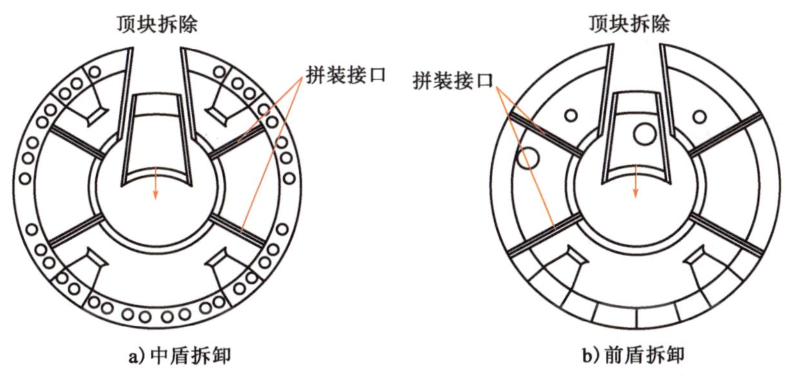

图1-19 广深港客运专线狮子洋隧道泥水盾构机采用的解体方案

除上海轨道交通15号线外,在我国轨道交通施工中,面对复杂的地下空间环境,其他工程亦多次采用洞内拆解的方案,但均采用了硬拆解的方法。例如2015年,北京轨道交通14号线13标段通过"金蝉脱壳"的方式实现了在同一井口进出,此为全国首例轨道交通盾构机洞内解体,其中刀盘被切割成9块(图1-20);厦门轨道交通3号线过海段实现了海底洞内盾构机第一次弃壳解体拆除,历时30天对盾构机各部位进行分割、运输(图1-21);乌鲁木齐轨道交通1号线07标段历时12天完成盾构机在暗挖车站内的分割解体,并原位退出,创造了盾构机洞内解体的纪录。

图1-20 北京轨道交通14号线13标段盾构机洞内解体

图1-21 厦门轨道交通3号线过海段盾构机洞内解体

洞内拆解技术能有效减少空间的影响,但是硬拆解方法存在一定的弊端,拆解后盾构机很难再次还原,即使能重新组合也很难保证盾构机的密封性以及圆度。

因此,有必要基于现有盾构机拆解方法研发可拼装式盾构装备,在保证能有效减小盾构机尺寸与质量的同时,更能保证盾构机在拆解后能够有效快速地完成组装。

1.3 可拆解盾构装备研发及工程应用需要克服的难题

通过工程调研可知,在宁波轨道交通4号线的工程与技术背景下,拆解过站为目前较好的解决方案,因硬拆解对盾构机损伤较大,很难在再次始发后保持盾构机施工的稳定性,因此,研发拼装式可拆解盾构装备势在必行。在类似工程案例较少的条件下,可拆解盾构装备工程应用中需要克服装备研发以及工法更新等各方面的技术难题。

1.3.1 装备研发

对于可拆解盾构装备研发,首先面临的问题为盾构机的分块模式及如何制定分块原则等。在盾构机分块研究中,中国铁建重工集团通过数值模拟的方式分析比较了刀盘“2+1”与“4+1”分块形式、盾体2分块与6分块形式的强度与稳定性(图1-22、图1-23),同时提出在盾构机分块原则上除考虑结构稳定性外,更应考虑盾构机工程应用情况、拆解盾构机的加工难度、拆解部件的运输要求、拆解空间的大小以及盾构机的可重复利用性等方面;另外,对于刀盘的拆解,常采用暴力切割的方法,而岩石隧道掘进机(Tunnel Boring Machine,TBM)所采用的焊接箱形结构面板式刀盘则可根据生产及运输条件分块加工,在施工现场拼接,其多采用“4+1”式分块形式,并得到广泛应用(图1-24)。对于宁波轨道交通4号线过站工程,其首要限制条件为车站内部空间较小,其次为盾构组装后的二次始发,因此,在选取分块方案时,首先考虑车站净空，使分块大小能满足狭小的过站空间要求，另外在减少分块大小与质量的同时，更应减少分块数量，保证能有效、快速地完成盾构机组装。

a）“2+1”分块形式

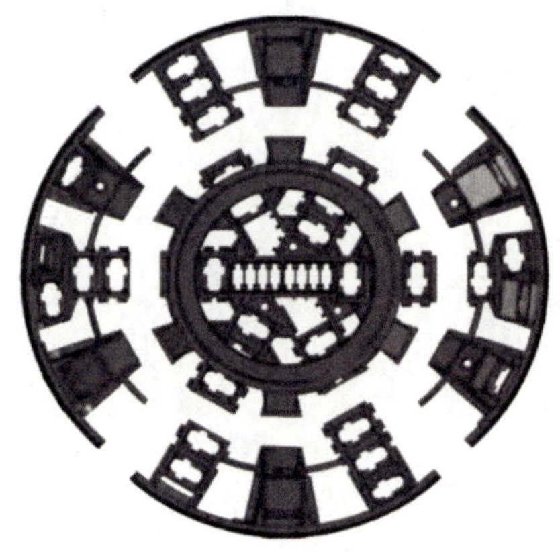

b）“4+1”分块形式

图 1-22　刀盘分块形式

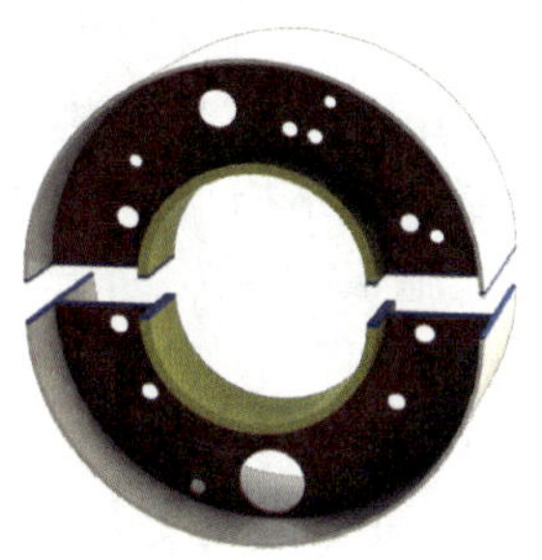

a）盾体2分块形式

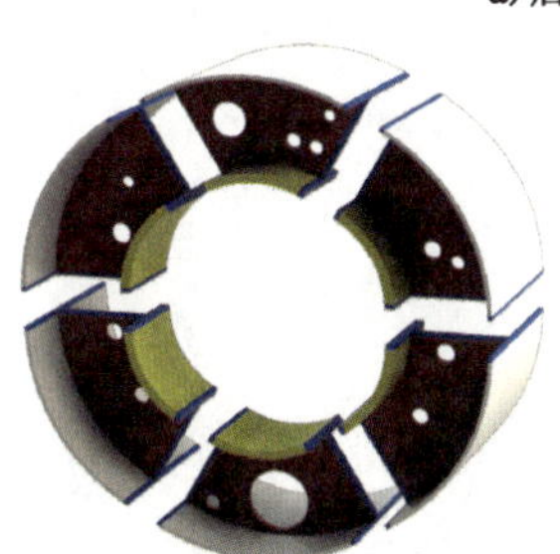

b）盾体6分块形式

图 1-23　盾体分块形式

根据已有的工程实例，拆解盾构机各部分均需在施工现场完成拆卸与组装，固其连接方式不应太复杂，但又要求能保证各拆分构件之间的刚度、密封性以及稳定性。目前，常见的连接方式有拼装式和焊接式两种。保证盾构机连接处的强度、刚度、整体平行度以及密封性是研发拼装式可拆解盾构装备的重难点之一。

除分块与连接方式之外，可拆解盾构机制造选材、内部线路布置、内部机构改造等方面，均是可拆解盾构装备研发所面临的难题。

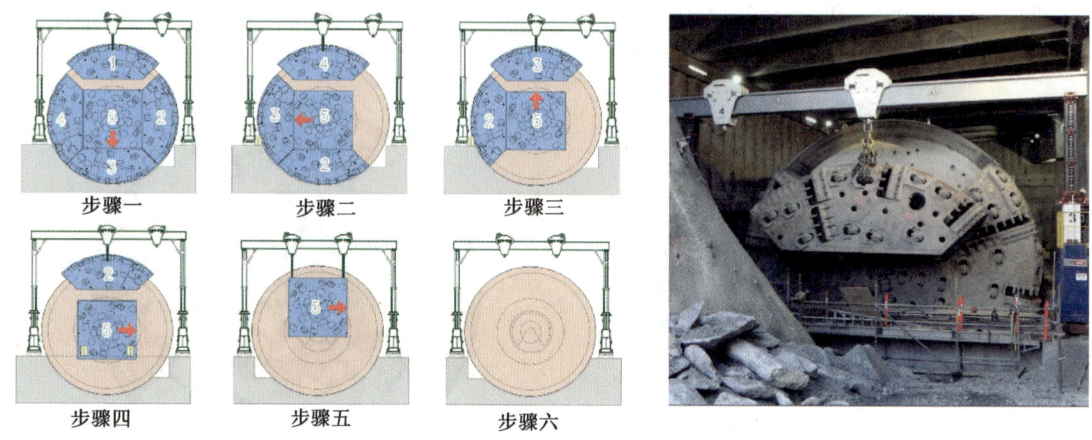

图 1-24　西班牙 Legacy Way 隧道 TBM 可拆解式刀盘

1.3.2　施工工法

目前,国内外没有拼装式可拆解盾构机过站的先例,急需一套完整的过站施工工法。根据施工工序,拼装式可拆解盾构机过站工法应有拆解、过站、组装三部分构成。其中拆解与组装方法主要根据盾构机结构进行选取,由于盾构机内部复杂的结构与极大的质量,其安全隐患与风险较多,因此选取合适的吊装设备与拆解工序是安全施工的保障,亦是可拆解盾构装备施工所面临的难题之一。

对于过站方法的选取,常规的盾构机过站、运输方法依旧适用于可拆解盾构机。与此同时,因盾构机拆解为尺寸、质量更小的分块,可研发具有针对性的更加高效的部件过站方法。因过站工法变化,施工空间狭小、吊装工序繁多,极有必要制订对应的风险评估体系及预案以保障安全过站。

1.4　小　　结

随着盾构施工技术的发展,其应用范围不断扩大,所面临的风险与挑战亦越来越多,为适宜不同的地质条件与施工环境,对老旧盾构机进行改造升级已成为行业发展的当务之急。

宁波轨道交通 4 号线宁波火车站因车站空间不足且无预留吊装孔,造成盾构机整体“过不去”“吊不出”的难题。调研发现,类似问题在其他工程中也屡有发生,但均采用将盾构机硬拆解后过站组装的方案,该方案易对盾构机稳定性造成一定影响,因此亟须研发既满足过站空间要求且能保证装备稳定性的过站技术体系。

基于此,宁波轨道交通联合设计、施工、装备等单位从盾构装备、过站工法、风险评估三个角度研发了可拼装式拆解盾构机过站技术体系,并在宁波轨道交通 4 号线宁波火车站工程中成功应用。

第2章　可拆解盾构装备制造关键技术

可拆解盾构装备制造的关键技术侧重点在于刀盘、盾体的改造或再制造，使之具有分块、拼接的功能；与之配套的其他设备、管线或系统的配置与改造，亦是可拆解盾构装备制造的关键；同时，为配合拆解后部件平移、旋转过站而制造的辅助设备，也是可拆解盾构装备制造的重点之一。

2.1　可拆解盾构装备设计原则

盾构机的刀盘、盾体和主驱动作为盾构机拆解的关键部件，不仅结构尺寸较大，而且质量也比其他零部件大。设计时要考虑采用机械化以及自动化的方式进行拆解、过站、组装。总体设计原则如下：

(1)保证拆解后盾构各关键部位不出现较大变形，且后期恢复时定位可靠。

(2)保证拆解过程中对设备损伤、人员伤害的风险低。

(3)保证拆解劳动强度低及盾构后期恢复成本低。

(4)考虑加快循环周期和节省工程投资，拆解及过站相关装备应利于后续再利用。

(5)盾构机拆解后，分块尺寸、质量满足吊装及过站空间要求，同时尽量减少拆解分块数量，提高过站效率。

(6)盾构机拆解装备及工序设计应与拆解区的实际空间状态相匹配。

(7)拆解作业宜安排在平坡段，尽量利用成熟的装备、工艺，以减小施工难度，确保施工质量和施工进度满足要求，提高施工安全性。

(8)刀盘可拆解结构设计主要遵循"载荷平衡、耐磨抗振、破岩高效、排渣顺畅"的原则。考虑施工地质状况、刀盘受力对称平衡性、铲渣效率、管路及刀具布置等，确定刀盘分块形式。

(9)拆解前应在合适的位置加设支撑梁和筋板，并加设定位装置等；解体分割线要注意避开并尽量远离螺栓孔、定位孔、安装孔、内置管路和主轴承中心环等关键位置；切割时关键部位采用碳爆切割，热辐射面积小，切割速度慢；其他部位采用氧气乙炔切割，切割速度快。

针对以上设计原则，对盾构机主要部件进行设计与制造，以实现拼装式可拆解的技术要求。盾构机主体部件包括刀盘、前盾、中盾前后、盾尾、主驱动、管片拼装机、推进液压缸和人舱等,如图 2-1 所示;另外还包括相应的辅助系统、配套设施、管线设置等,是一套复杂的、相互作用的装备联合体。

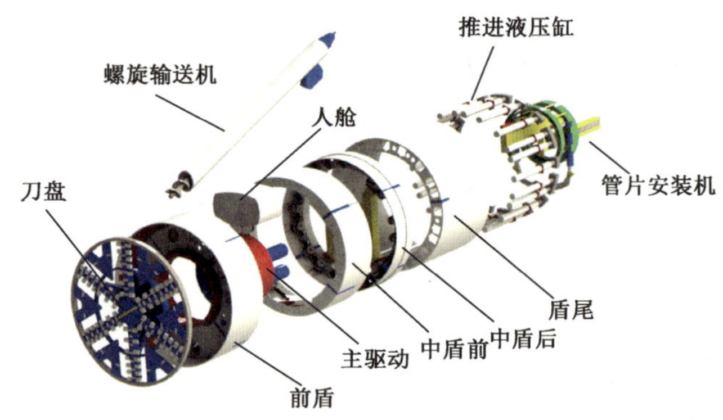

图 2-1　盾构机主要部件组成

2.2　可拆解盾构机刀盘设计制造

2.2.1　刀盘结构

刀盘是盾构工作的关键部件,设置在盾构机前端,通过旋转或其他运动方式对地层进行全断面开挖的钢结构和刀具的总成(图 2-2),它决定着整个隧道的成洞直径和掘进效率。

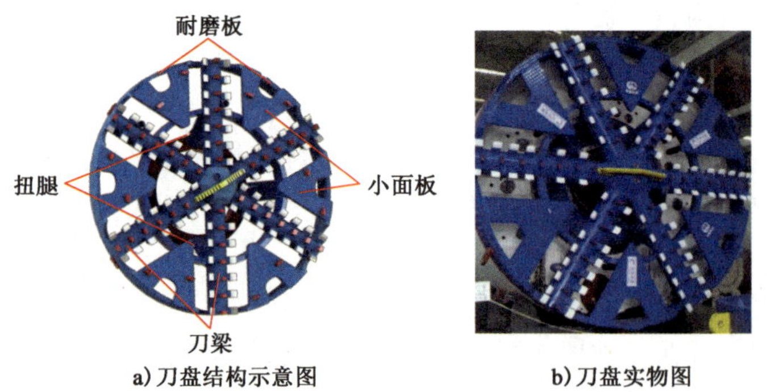

a)刀盘结构示意图　　b)刀盘实物图

图 2-2　刀盘结构

刀盘布置 6 根辐条和 6 个面板,辐条采用圆管式结构,面板采用非箱形结构的厚钢板,刀盘的开口率达到 43%,有利于渣土进入土舱、同时降低搅拌扭矩、预防泥饼的形成。

在稳定地层,当出土量控制出现误差导致半舱掘进时,面板可对部分机械起到支撑作用,防止开挖面大面积坍塌。刀盘采用扭腿传力结构,可将推阻力均匀传递到刀盘法兰及主轴承,减少集中应力;同时可布置更多的法兰螺栓,使每个螺栓承受的荷载减小,增强其可靠性。

2.2.2　刀盘配置

刀盘配置有各类刀具以及泡沫/膨润土喷口,如图 2-3 所示。刀盘中心区域设置水冲洗系统避免土舱中心形成泥饼,配置 1 把镶硬质合金的鱼尾刀,配合鱼尾刀的中心锥结构将中心渣土排向周边进入进渣口。配合中心鱼尾刀在其他轨迹配置 72 把刮刀、56 把先行刀、12 把边刮刀,刀具高低搭配,切削效率高;刀盘外圈设置 12 把撕裂刀,保证开挖直径。

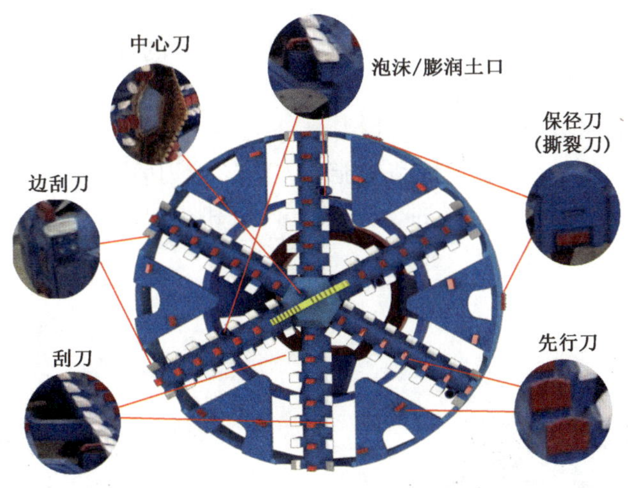

图 2-3　刀盘配置示意图

正面及大圆环均堆焊有耐磨材料,大圆环外侧焊接有耐磨钢板,并配置 12 把贝壳保护刀,以确保大圆环与开挖面的间隙,增强刀盘的耐磨性能。刀盘配置 1 把超挖刀,可确定超挖位置及测量超挖行程,如图 2-4 所示。为使超挖刀具有仿形功能,系统在盾体回路中增设一个检测液压缸,利用检测液压缸位移信号得出超挖刀的位移量。系统中设有顺序阀,可自动消除测量累积误差。超挖刀液压系统采用独立的泵站,避免了主液压系统受到超挖刀系统污染的可能。

a)

b)

图 2-4　刮刀仿形超挖刀

刀盘正面均匀分布5个渣土改良入口，其中3个为泡沫喷口，2个为膨润土喷口；喷口采用新式防堵塞设计，可增加喷口使用寿命，如图2-5所示。如果喷口发生堵塞还可从刀盘背面整体拆除，便于更换。刀盘背面以不同轨迹配置4根主动搅拌棒，用以搅拌土舱内的渣土，增加渣土流动性，防止土舱内结泥饼。

2.2.3 刀盘分块

刀盘分块设计主要针对分割块数、分割位置、分块连接，主要原则是确保泡沫管路、支撑牛腿和刀盘法兰的完整。设计时盾构刀盘既要满足盾构施工的强度可靠性要求，又要充分满足加工组装、运输和拆解的安全性要求。

结合刀盘结构特征和功能相对完整，将刀盘分为一大两小三块，如图2-6所示，中心法兰为一大块，可保证刀盘主结构的稳定性和功能。刀盘超挖刀管路和泡沫系统的管路全部布置在中心法兰块上，两小块上只布置了部分刀具。大块和小块之间采用螺栓定位、焊接加固的方法。

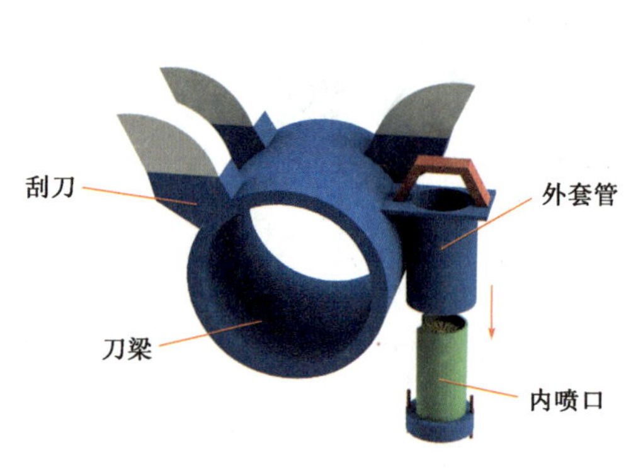

图2-5 泡沫喷口安装示意图

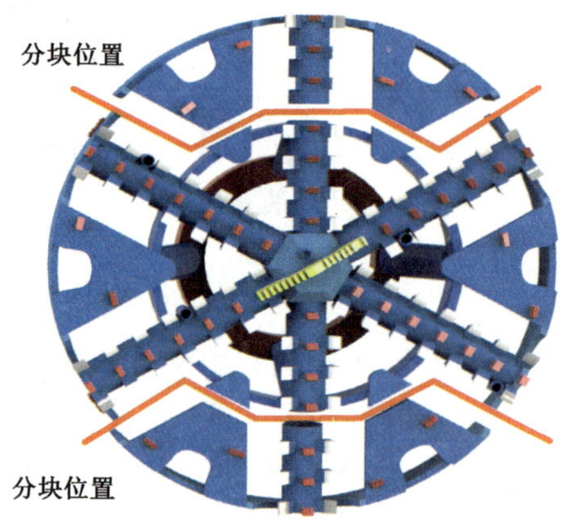

图2-6 刀盘分块示意图

1）刀盘分块步骤

（1）刀盘拆卸后反转垫高，清理表面渣土，将法兰面涂油包裹防护。

（2）焊接分割定位装置。

（3）划左、右两边分割线。

（4）沿分割线切割刀盘。

2）分块注意要点

（1）定位装置焊接前先两边点焊固定，确定定位孔与螺栓配合合适，之后再全面焊接。

（2）分割线划分时要考虑下割枪的空间，避免分割线所在空间过小，无法作业。

（3）为方便进渣，刀盘有些位置额外焊接有斜板，分割作业中，要提前将这些斜板割除。

2.2.4 刀盘结构强度模拟

对刀盘整体结构进行有限元强度计算，校核结构是否满足强度要求。如果不满足强度要求，则根据计算结果提出结构设计修改方案，使其满足强度要求。

(1)结构及载荷情况

刀盘结构的三维模型如图 2-7 所示，刀盘主要承受主驱动的驱动扭矩和掌子面的土压力，计算时取总推力为 9000kN，扭矩取主驱动最大扭矩 8681kN · m。

(2)计算模型简化及边界条件确定

为了计算的方便，在建立有限元模型时对刀盘的模型进行了简化，去除辐条上的泡沫孔和膨润土孔以及连接法兰上的螺栓孔等局部特征。选用为 ANSYS WORKBENCH 进行有限元分析，采用六面体单元剖分网格，曲线边界进行了优化剖分，生成了 163927 个六面体单元，297800 个结点，剖分的有限元网格如图 2-8 所示。刀盘所用材料为 Q345B 厚钢板，有限元模型采用的材料参数：弹性模量 2.0×10^5MPa、泊松比 0.3、密度 7850kg/m^3、线膨胀系数 1.2。

图 2-7　刀盘结构的三维模型

计算时施加的扭矩为 8400kN · m，计算推力取 9000kN，并且约束刀盘法兰连接面的全部自由度作为位移边界条件，如图 2-9 所示。

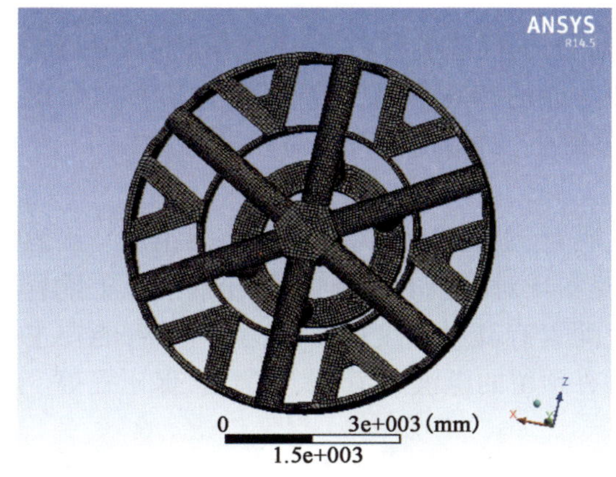

图 2-8　刀盘的有限元网格

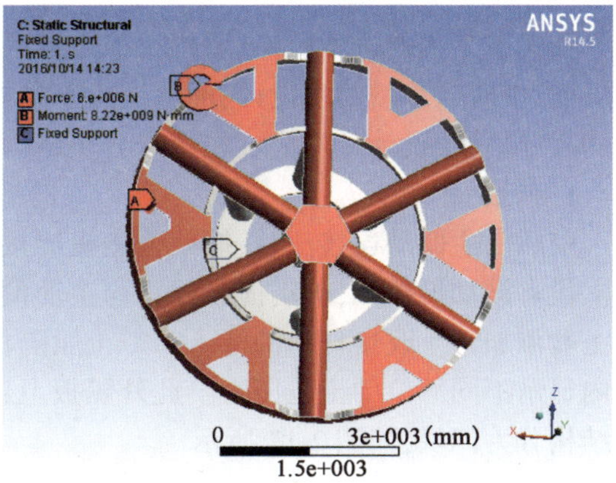

图 2-9　刀盘的计算边界条件

(3)计算结果与强度评价

刀盘的等效应力分布云图如图 2-10 所示。刀盘结构的最大等效应力为 164.3MPa，刀盘绝大部分区域的等效应力小于 127MPa。刀盘的综合位移分布云图如图 2-11 所示，刀盘结构的最大综合位移为 3.1mm。刀盘设计所用材料为 Q345B，该材料的许用应力为 295MPa，大于刀盘结构的最大等效应力。因此，该刀盘的结构设计满足强度要求。

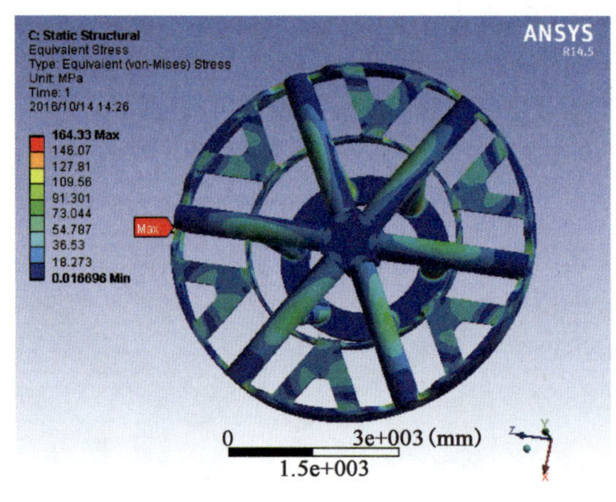

图 2-10　刀盘的等效应力分布云图

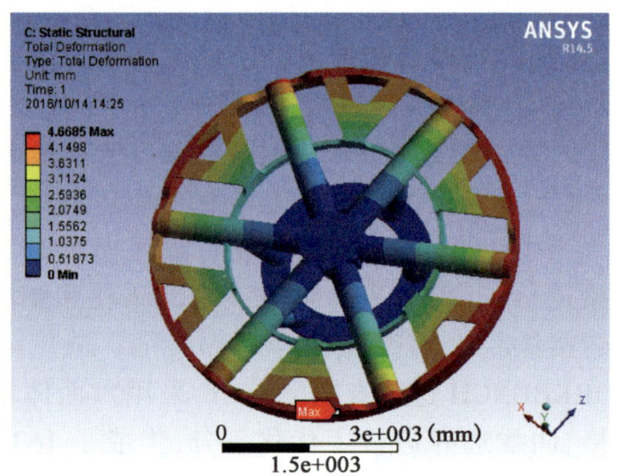

图 2-11　刀盘的位移分布云图

2.3　可拆解盾构机盾体设计制造

2.3.1　盾体分块与结构设计

在考虑工程的过站边界、盾构机稳定性的基础上，为保证装备的通用性，可将盾构机前盾、中盾前、中盾后均按四块设计；而盾尾由于结构和功能的特殊限制，且保证盾构机再次始发盾尾的尺寸精度，设计成两块。在特殊分块结构的基础上，对结构进行针对性设计。

1）前盾

前盾由主驱动连接法兰、螺旋输送机连接座、盾壳、土舱隔板、人舱连接座等组成。土舱隔板上设有被动搅拌棒，被动搅拌棒可与主动搅拌棒实现对渣土的强制搅拌；土舱隔板上配置有向土舱添加渣土改良材料的注入口。土舱隔板上配置有高灵敏度的土压力传感器，能在主控室内显示不同部位的土舱压力。此外隔板上还设有预留的电液通道、水气通道、保压孔等。前盾结构分为四块，如图 2-12 所示。

刀具吊装块上的内六角平端紧定螺钉在掘进前安装，换刀时拧掉此螺钉，安装吊环螺钉 M20 × 35mm，吊装螺栓孔处填充硅胶；焊缝均在工地上焊接，焊接时注意控制温度，焊后焊缝打磨光滑；上下两块盾体连接时涂密封胶。

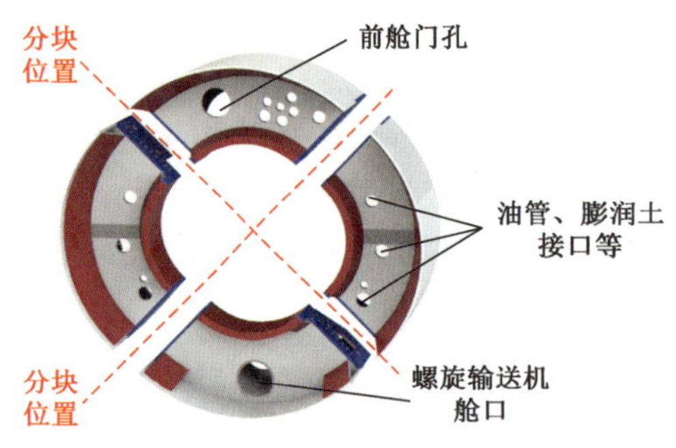

图 2-12　前盾设计示意图

前盾结构主要特点设计如下。

（1）切口耐磨设计及固定搅拌棒

前盾设计为直筒形，并在前部焊有耐磨层，增加耐磨性。为了改善渣土的流动性，土舱内隔墙上设有两个搅拌棒，搅拌棒强制搅拌渣土和添加材料，增加和易性。土舱设有 4 个专用改良通道，其中两个注泡沫，两个注膨润土，搅拌棒中间有一个用于注入添加材料的通孔，搅拌棒表面用耐磨焊条网状堆焊，增加耐磨性。

(2)前舱门

人舱内部压力隔板上部设有 ϕ600mm 前舱门人孔和一个前舱门，工作人员可通过前舱门进入开挖舱检查更换刀具或处理舱内问题。

(3)土压传感器

开挖舱内配置了 5 个土压传感器，可将压力信号传给可编程逻辑控制器(PLC)并直观地显示在主控室内的显示屏上。

(4)壁厚

由于前盾增加了 4 对分块法兰，且有土舱隔板，前盾的刚度相对常规盾构机得到了加强，但也增加了一定的质量，为保证盾构机能够在以淤泥粉质黏土、粉土、粉质黏土为主的地质中保持良好姿态，前盾壁厚设计成 50mm(原始设计为 60mm)，以减少前盾的质量。

(5)其他

隔板上设有一个电液通道和一个水气通道，当工作人员进入土压舱内维修刀盘或者更换刀具时，电液通道给土压舱内提供低压照明电源和焊接电源，水气通道给土压舱内提供切割部件所需的氧气和乙炔以及人员应急呼吸的新鲜空气。此外隔板上还开有保压孔、进水孔、排水孔等，盾壳壁上设有 6 个膨润土接口。

前体由土舱面板及主筋板将盾壳与主轴承中心环连接成一体，主轴承靠外圈连接螺栓固定到中心环上。前体解体是盾构解体的关键部分，前体解体时需要保护好几个位置：中前体螺栓孔、主轴承中心环、中心环螺栓孔、螺旋输送机插入套、土压传感器安装孔和土舱壁其他预留孔等。同时，还要尽量保护好各处附加筋板等部件。

2)中盾

中盾和前盾之间采用螺栓连接，中盾前后均分为四块，为保证制造过程中连接方式的稳定性，前后分块角度相同，如图 2-13、图 2-14 所示。中盾主要由连接法兰、两层隔板和米字梁组成。

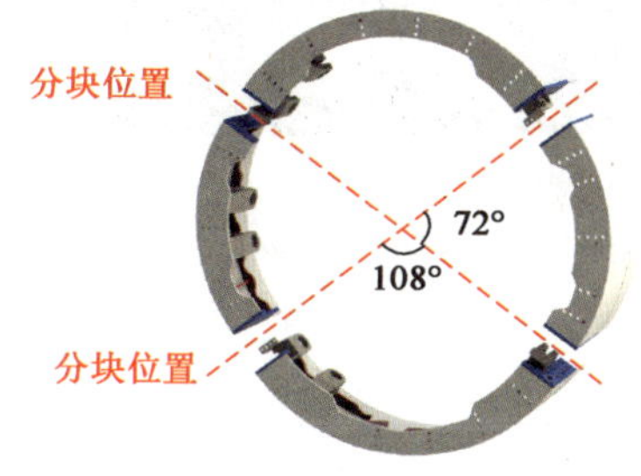

图 2-13　中盾前设计示意图

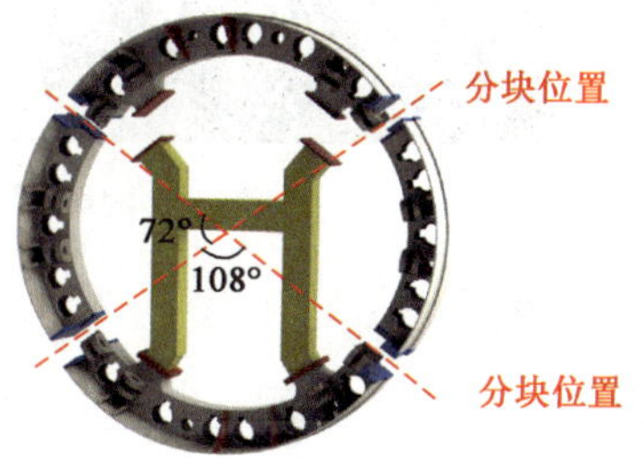

图 2-14　中盾后设计示意图

中盾结构主要设计特点如下。

(1)中盾前后铰接结构

中盾前部和中盾后部之间采用主动铰接形式，设计有两道聚氨酯密封，中盾前后侧轮廓直径尺寸稍小于前侧，中盾后与之相反，在铰接部位设有 B 孔和 C 孔两种注入孔，如图 2-15 所示。B 孔:往两道密封之间注油脂(为自动注脂),形成一个密封腔体;C 孔:紧急情况下用于加注聚氨酯密封。

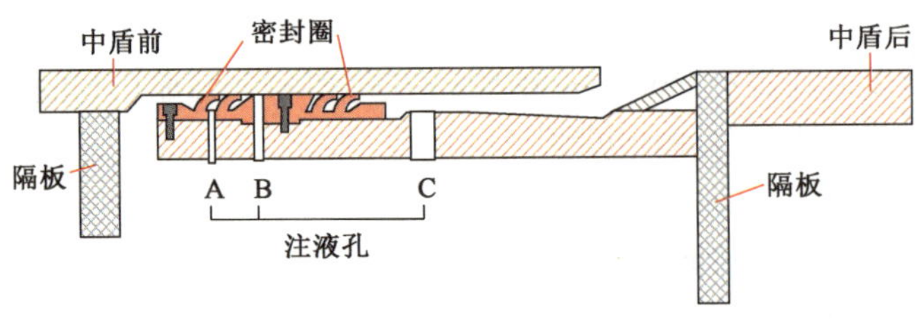

图 2-15　铰接密封示意图

(2)超前注浆管

在特殊工况下,需要对地层进行加固,防止开挖面坍塌造成地表沉陷。根据超前注浆的影响区域,沿中盾盾壳圆周设计有超前注浆管,可对地层进行超前钻探、注浆加固。同时在前盾隔板上布置有铰接式超前注浆管,可通过刀盘开口往隧道正前方钻孔、加固。

(3)分块连接面

上、下、左、右四块盾体连接时应涂满密封胶。按相应扭矩要求将连接螺栓拧紧,焊缝均在工地上焊接,焊接时注意控制温度及焊接变形,焊接后焊缝打磨光滑。

(4)结构增强设计

中盾前相对于前盾有隔板、中盾后有米字梁作为主要支撑,在分开后存在结构变弱的情况。在设计中,加强了中盾前法兰连接面的强度即将法兰板加宽和法兰板加厚,在中盾前中部位置设置一道加强筋板,详见图 2-16。加强筋板和中盾前法兰连接,既加强了中盾前的结构强度又加强了铰接液压缸支撑座的强度。

图 2-16　中盾前中部加强筋板

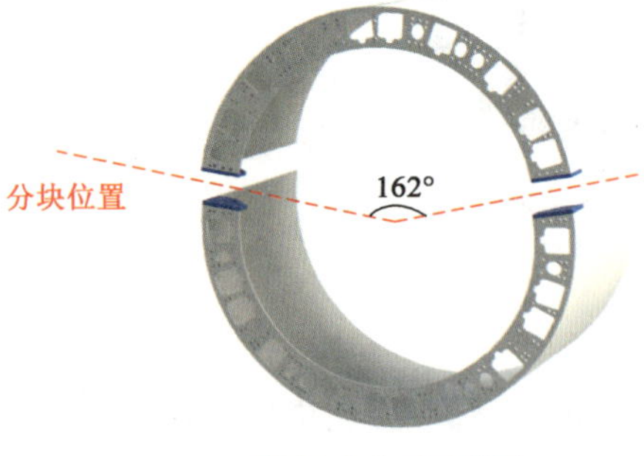

中盾后结构由于存在米字梁和推进液压缸的支撑座,在设计四分块后,增加了四对分块法兰,增加了结构强度。

3)盾尾

盾尾上布置的注浆及油脂管路采用外置式。每根注浆管设置有观察窗,利于清洗、维修。盾尾刷密封由三排焊接在壳体上的密封刷组成,防止注浆材料和水漏进盾体内部。盾尾分为两块,分块位置如图 2-17 所示。

分块位置

162°

图 2-17　盾尾分块位置示意图

2.3.2　分块连接方式设计

可拆解盾构机盾体在分为多块之后，各分块之间需进行有效连接，以达到拼装还原的效果。盾构机上常见的连接方式为螺栓连接、焊接或铰接，因螺栓连接在保证可操作性的基础上，又具有一定的密封性，因此，采用了螺栓连接配合焊接的连接方式。

对螺栓连接的受力情况进行分析可得：

①组装时按照最下块受力的情况，分析连接螺栓的抗剪强度，经过计算得到单个螺栓的抗剪强度为 2.3MPa，远小于材料的许用切应力 360MPa。

②按照实际掘进时可能出现的最下块受到阻挡，其余分块仍然受到推进液压缸作用向前推进的情况，分析连接螺栓的抗剪强度，经过计算得到单个螺栓的抗剪强度为 131MPa，小于螺栓材料的许用切应力 360MPa。

③对连接面的螺栓进行抗拉强度的分析，经过计算得到单个螺栓的拉伸应力为 93MPa，小于螺栓材料的许用应力 360MPa。

因此，分块之间采用螺栓连接的形式是满足使用要求的。

为保证盾体的便拆卸性，前盾、中盾前、中盾后分块盾体的连接法兰采用螺栓连接；为保证分块盾体的法兰连接后的精度，每块法兰需设置销钉；为保证分块盾体的法兰连接后的密封性，螺栓孔外侧设置整圈密封，同时在法兰外侧设置 5mm 的坡口，盾体组装完成后，对其进行焊接以加强盾体系统的密封性，保证设备的安全，如图 2-18、图 2-19 为前盾法兰及其连接结构。其他分块部位均采用相同的连接方式，见图 2-20、图 2-21。

图 2-18　前盾法兰

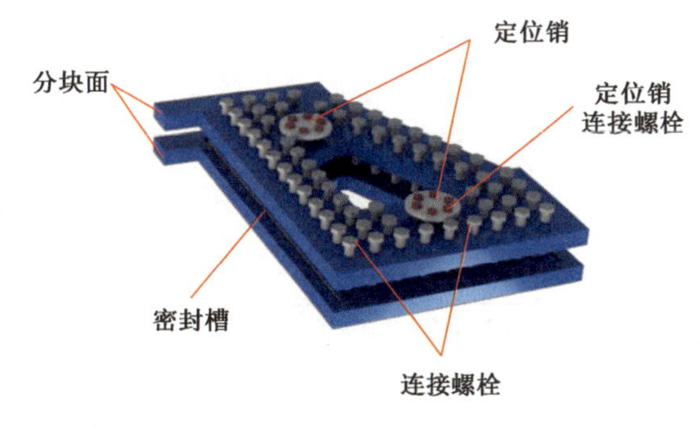

图 2-19　前盾法兰连接结构

2.3.3　分块密封设计

1）前盾分块密封设计

常规盾构机前盾一般设计为内、外两个圆，在内圆安装主轴承装置。可拆解盾构机在设计时主要考虑两个位置：一是内圆弧与主轴承之间的密封设计；二是块与块之间的密封设计。

图 2-20　中盾前法兰

图 2-21　中盾后法兰

(1)主轴承与前盾分块密封

主轴承与前盾分块接触面位置分别设计成凹凸槽,如图 2-22 所示。凹凸槽作用有二:其一,形成定位槽,防止各块侧移;其二,形成曲形结构,增加密封作用。在主轴承上设计两道密封槽,槽内安装 O 形密封圈。

(2)块与块之间密封设计

前盾各分块之间采用相同的设计方式,凹凸槽与 O 形密封圈结合,如图 2-23 所示。

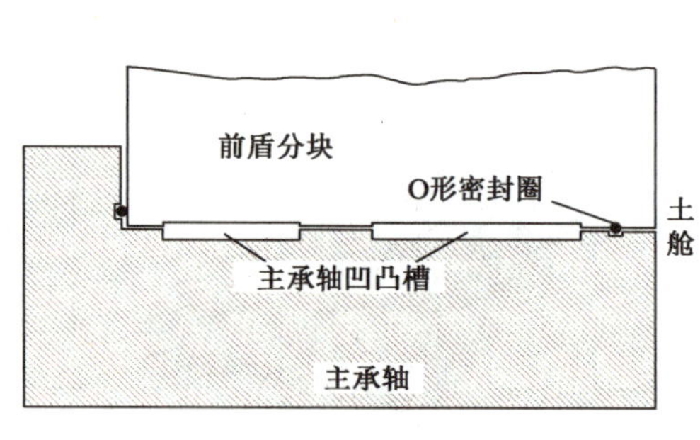

图 2-22　主轴承上密封槽设计

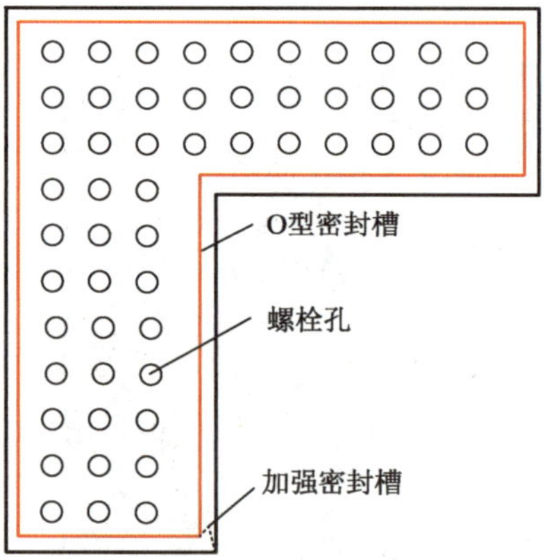

O型密封槽
螺栓孔
加强密封槽

图 2-23　盾构机各块之间密封设计

盾构机各块之间需要进行螺栓连接,密封圈需要将所有螺栓孔覆盖在密封范围之内,保证螺栓孔密封性。

在设计时,为保证整体密封性,需要考虑块与块边缘位置的密封设计。在边缘处,设计一个加强密封槽,槽内安装密封条,将主轴承上密封圈和块与块之间密封相接,形成完成的密封系统。

2)中盾分块密封设计

盾构机中盾在设计密封时只需考虑块与块之间的密封性即可,分块设计与前盾相同。

在解体盾构机全部分块安装完毕后,在与土体接触的盾构机外壳接缝处进行焊接,如图 2-24所示。其目的有如下两点:

①盾构机主机在地层中推进时推进压力大，为保证盾构机的强度，在盾构机外表面分割面进行焊接，焊接加强盾构机强度。

②盾构机主机常年在地下施工，在使用过程中极易损坏其密封性，焊接分割面起到隔绝地层与密封的效果。

a)

b)

图 2-24　块与块之间焊接密封

2.3.4　盾体制作工艺

1）前盾、中盾前制作工艺过程

前盾分为四块，内部安装主驱动，后部与中盾采用螺栓连接，下部安装螺旋输送机，上部配置人舱，其结构如图 2-25 所示。

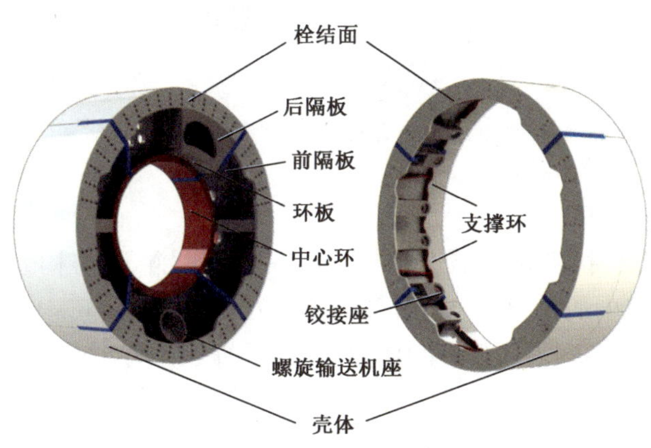

图 2-25　前中盾结构示意图

（1）零件制作

制作壳体、中心环、法兰预留收缩余量和加工余量。

（2）组装焊接流程

①工作台调平，划线，组装壳体，调整圆度定位，组装前隔板、筋板、中心环、环板、后隔板，加工艺支撑，焊接，探伤。

②拆分，焊接仰焊缝，探伤。

③组焊椎板筋板、大小椎板。

④将分块组装成整圆，调整圆度，组焊尾部壳体，探伤。

⑤组焊超前注浆块；组焊铰接支座、支撑环，探伤。

⑥组焊分块连接法兰、调整垂直度、平行度、直线度。

⑦焊接分块连接法兰，控制焊接变形，保证法兰间隙≤1mm，焊缝探伤。

⑧前盾人舱试压。

⑨去掉支撑，检查、校正圆度，划加工基准圆和等高线。

⑩拆开盾体，焊接仰焊缝；表面喷砂、喷底漆。

制造情况见图 2-26。

(3)组装与加工

整体组装、拔合螺栓、定位销，检测盾体尺寸；加工法兰面、中心环，钻孔；组焊螺旋输送机座；配装舱门、渣土门、前盾隔板支座。

(4)涂装

加工表面涂防锈油，其余表面喷涂处理，见图 2-27。

图 2-26　前盾制造

图 2-27　中盾前制造

2)中盾后制作工艺过程

盾后壳体分为四块，中间装配有米字梁、主推液压缸箱形结构及铰接液压缸等结构。前部通过铰接液压缸与中盾前部相连，后部通过螺栓与盾尾相连。中盾加工的关键是要掌握控制其变形的方法，以保证中间米字梁、主推液压缸箱形结构、铰接座等位置准确，中盾后结构见图 2-28。

(1)零件制作

壳体、前后隔板、铰接环、支撑环、盾体分块法兰、米字梁等零件下料，卷圆、拼焊、加工等。注意壳体、铰接环、法兰预留收缩余量和加工余量。

(2)组装焊接

中盾壳体组装，平台放样划线，依次组装后隔板、壳体、筋板、环板、前隔板、铰接环板，调整圆度，加工艺支撑，焊接，探伤；米字梁与 4 个支腿一起组装成组件、焊接，探伤；筋板组装、焊接；拆分壳体，焊接仰焊缝；壳体组装成整圆，调整圆度、垂直度，安装盾体分块连接法兰，焊接过程控制变形，保证间隙≤1mm，探伤；组装米字梁和 4 个支腿组件，焊接；组装铰接支座，焊接，探伤；拆分，焊接仰焊缝；除锈，涂底漆。

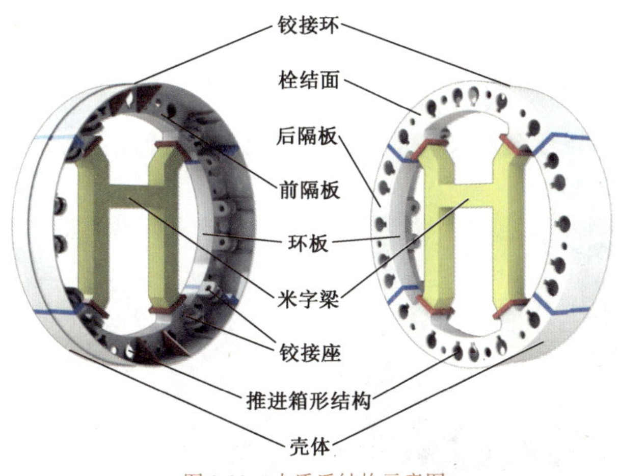

图 2-28　中盾后结构示意图

(3)加工

整体组装，车加工后隔板、铰接环，米字梁主梁连接板；用钻模钻后隔板螺栓孔和液压缸安装螺栓孔；前盾试装，配焊防扭块。详见图 2-29、图 2-30。

图 2-29　米字梁连接

图 2-30　中盾后整体结构

(4)涂装

机加工表面涂防锈油，其余表面喷涂面漆。

3)盾尾制作工艺过程

盾尾壳体分为两块，内部装备螺旋输送机、运输皮带、管拼拼装机、作业平台、推进液压缸等结构。前部通过螺栓与中盾后相连，结构详细见图 2-31。

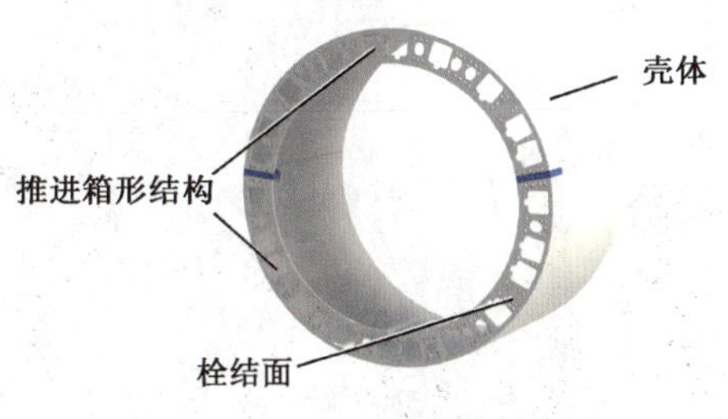

图 2-31　盾尾结构示意图

(1)零件制作

壳体、加强环、注浆板、油脂板零件下料，卷圆、拼焊、加工等，壳体。注意注浆板预留收缩余量和加工余量。

(2)组装焊接、加工

平台划线组装盾尾壳体,火焰矫正壳体圆度;放样划线,切割注浆板位置,安装注浆板,焊接工艺固定块,焊接,探伤;火焰矫正壳体圆度;加强环、限位环、吊耳组装焊接;修磨注浆块活塞孔,并对注浆板和油脂管水压试验;拆分,抛丸处理、表面喷防锈漆;组装成整体,调整圆度、垂直度,组焊盾尾支撑。

(3)加工

以壳体找正,加工加强环至要求尺寸,划尾部螺纹分度圆线;尾部端面止浆板安装孔钻孔、攻丝。详见图 2-32、图 2-33。

图 2-32　盾尾壳体成形

图 2-33　盾尾下部制造

(4)涂装

机加工表面涂防锈油,其余表面喷涂面漆。

2.4　可拆解盾构机关键部件配置

2.4.1　主驱动

刀盘驱动通过高强度螺栓安装在前盾的连接法兰上,为刀盘提供扭矩。驱动扭矩的传动路线为:电机→减速机→小齿轮→主轴承内齿圈→刀盘,小齿轮两端设有调心滚子轴承。

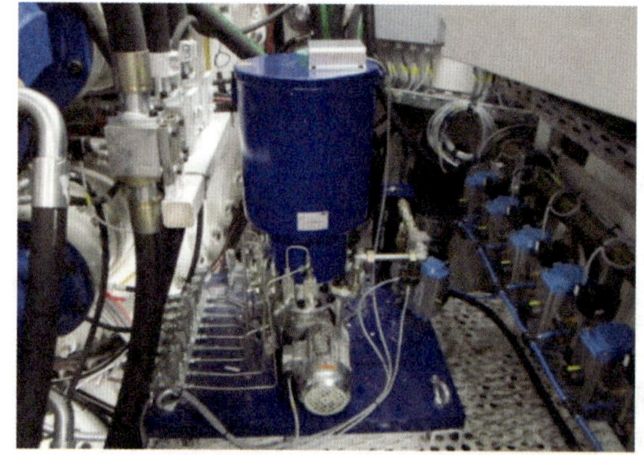

图 2-34　气动油脂泵

(1)密封系统

齿轮区有内、外两个密封系统:内、外密封系统分别负责密封齿轮箱内部油液以及对开挖舱内渣土的密封,防止渣土及灰尘进入到齿轮油箱内。

外密封系统由一道迷宫密封加四道唇形密封组成。迷宫密封使用的是 HBW 密封油脂,油脂直接用气动油脂泵从拖车的油脂桶里输送到注脂点,见图 2-34。

第一道和第二道之间的密封腔内注入的是 EP2 油脂，油脂通过环区的定距环不停地将油脂分配出去；第二道与第三道密封之间的密封腔注入的是齿轮油，能够保持一定的压力（一般设置为 0.2bar）并对密封唇口进行润滑；第三道与第四道密封之间做泄漏检测腔。由于油脂比较黏稠，泵送不便，故使用高压缩比的气动泵泵送 HBW 及 EP2 油脂，可以产生很高出口压力，而且通过调节空气流量可以控制油脂注入量，可节约施工成本，安全可靠，故障率低。

内密封系统由一道迷宫密封和三道唇形密封组成。第一道唇形密封和第二道唇形密封之间注 EP2 油脂；第二道唇形密封和第三道唇形密封之间是泄漏检测腔。由于油脂比较黏稠，泵送不便，故使用高压缩比的气动泵来泵送 EP2 油脂，可以形成高出口压力，而且通过调节空气流量可以控制油脂注入量，可节约施工成本，安全可靠，故障率低。

（2）齿轮润滑

小齿轮区配有齿轮油循环冷却装置。主轴承的驱动小齿轮轴承、小齿轮齿和三排滚子轴承通过喷溅润滑和压力循环润滑。

（3）主轴承

配置三排圆柱滚子轴承，带有内齿，轴承有效使用寿命≥10000h。

（4）主驱动输出

主驱动全液压驱动。在后配套上装有电机驱动的液压泵，液压主驱动配备变速器和液压马达。结合变量泵和液压马达排量改变，可将刀盘转速与扭矩设置到最佳。

2.4.2　回转接头

回转接头的作用是将用于渣土改良的泡沫、膨润土或水输送到刀盘上的喷口，并备有液压专用通道。回转接头主要由固定部分（定子）和回转部分（转子）等部件组成，如图 2-35 所示。定子不随刀盘转动，转子随刀盘转动。旋转编码器安装在回转接头尾部。实际掘进时，可通过主控室画面实时监测超挖刀的位置，并正确判断刀盘开口位置，从而进行正面超前加固等工作。

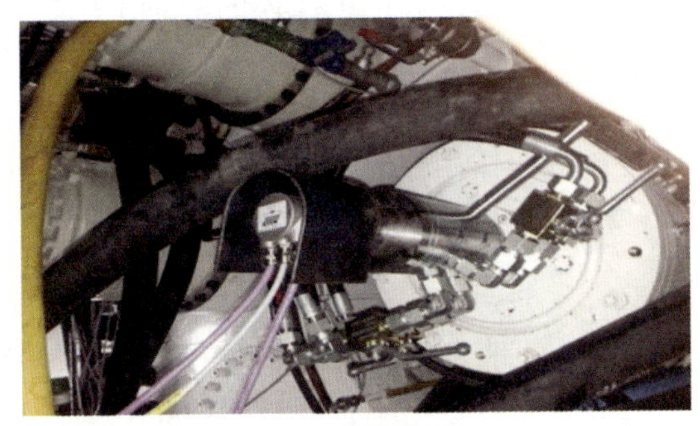

图 2-35　回转接头

2.4.3　推进及铰接机构

1）基本结构

推进液压缸的主要作用是为盾构机提供推力。由于管片的分度不同，推进液压缸的布置也会随之而改变，考虑掘进调向可操作性，需要将液压缸进行分组。通过调整每组液压缸的不同推进速度来对盾构机进行纠偏和调向，见图 2-36。

由于盾构机设计采用主动铰接形式，在转弯段掘进时，要求盾尾也随着盾构做出相应调整，且要求调整的幅度不宜过大和过小，固在 4 处不同位置的铰接液压缸配置了内置位移传感器，用来监测圆周方向不同位置的变化情况。

2）盾构推力计算

盾构机的总推力根据各种推进阻力的总和及所需的富余量决定，对于土压平衡盾构通常考虑的推进阻力有盾体的摩擦力、开挖面的支撑压力、盾尾与管片及密封刷间的摩擦力、后配套的拖拉力、刀具的推力等。

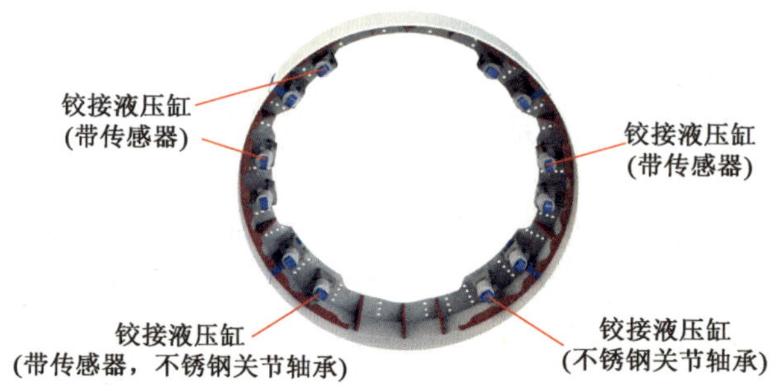

图 2-36　盾体铰接液压缸示意图

这些推进阻力根据地层情况和盾构机的尺寸参数计算如下：

(1)盾体的摩擦力

盾体与地层间的摩擦阻力由公式(2-1)计算：

$$F_1 = 0.25\pi DL(2P_e + 2K_0P_e + K_0\gamma D)\mu_1 + W\mu_1 \tag{2-1}$$

式中：D——盾构机直径(m)；

L——主机长度(m)；

W——盾构机主机质量(kN)；

γ——掘削断面上的土体浮重度(kN/m^3)；

K_0——掘削断面上土体的静止土压系数，取值 0.41；

μ_1——地层与盾构机外壳间摩擦系数，通常取 $\mu_1 = 0.5\tan\alpha$，α 为掘削断面上土体的内摩擦角(°)；

P_e——作用在盾构机上顶部的竖直土压强度(kPa)。

P_e通过下式计算：

$$P_e = \sum_{i=1}^{n}\gamma_i H_i \tag{2-2}$$

式中：n——地表至盾构机外壳上顶区域内的不同浮重度的土层的层数；

γ_i——第 i 层的浮重度(kN/m^3)；

H_i——第 i 层厚度(m)。

根据工程条件计算所得：

$$F_1 = 0.25 \times 3.14 \times 6.34 \times 8.55 \times (288 + 115 + 343 + 137) \times 0.27 + 3800 \times 0.27 = 11170(\text{kN})$$

(2)盾尾与管片间的摩擦力

盾尾与管片间的摩擦力由公式(2-3)计算：

$$F_2 = n_1 W_s \mu_2 + \pi D_0 b p_2 n_2 \mu_3 \tag{2-3}$$

式中：n_1——盾尾内管片的环数；

W_s——1 环管片的重量(kN)；

μ_2——管片与盾尾间的摩擦系数；

μ_3——管片与盾尾密封刷的摩擦系数；

D_0——管片外径(m)；

b——盾尾密封刷与管片的接触长度(m);

n_2——盾尾密封刷的层数;

p_2——盾尾密封刷内油脂压力(kPa)。

根据工程条件计算所得:

$$F_2 = 1 \times 250 \times 0.3 + 3.14 \times 6.2 \times 0.1 \times 300 \times 4 \times 0.15 = 425(\text{kN})$$

(3)开挖面的支撑压力

对于土压平衡盾构开挖面的支撑压力按公式(2-4)计算:

$$F_3 = \frac{\pi D^2 P_s}{4} \tag{2-4}$$

式中:D——盾构机直径(m);

P_s——实际掘进土压(kPa),此处取 360kPa。

根据工程条件计算所得:

$$F_3 = \frac{3.14 \times 6.34^2 \times 360}{4} = 11359(\text{kN})$$

(4)后配套拖车的拖拉力

后配套的拖拉力由公式(2-5)计算:

$$F_4 = W_4 \mu_4 \tag{2-5}$$

式中:W_4——后配套的自重(kN);

μ_4——后配套拖车与轨道的摩擦系数。

根据工程条件计算所得:

$$F_4 = 1500 \times 0.1 = 150(\text{kN})$$

(5)刀具上的推力

刀盘的设计主要以软土刀具为主,每把切刀所需的推力为 5.6kN,现将先行刀、边切刀和中心鱼尾刀以切刀为当量计算。

根据工程条件计算所得:

$$F_5 = (72 + 44 + 12 \times 2 + 1 \times 12) \times 5.6 = 851.2(\text{kN})$$

(6)系统推力

系统的装备推力为上述推进阻力的总和乘以富余量系数 α,此处取 1.5。

$$F = \alpha(F_1 + F_2 + F_3 + F_4 + F_5) \tag{2-6}$$

根据工程条件计算所得:

$$F = 1.5 \times (11170 + 425 + 11359 + 150 + 851.2) = 35932.8(\text{kN})$$

选用推进液压缸实际推力为 40860kN,满足使用要求。

2.4.4　渣土输送系统

1)基本结构

渣土输送系统由螺旋输送机和皮带输送机组成,螺旋输送机将掘进时产生的渣土从土舱输送到皮带输送机进料段,皮带输送机将渣土输送到渣土车上。

(1)螺旋输送机

螺旋输送机由螺旋轴、连接筒体、伸缩节、出渣节、驱动装置组成。

螺旋输送机的耐磨设计主要包括两方面:主要是叶片耐磨设计和筒体耐磨设计。叶片耐磨设计是在叶片轴前部外圆镶焊合金耐磨块,在螺旋叶片迎渣方向堆焊耐磨网格;筒体耐磨设计是在前盾螺旋输送机筒体内套表面贴有耐磨复合钢板,前端两节筒体内表面贴复合耐磨钢板。详见图 2-37。

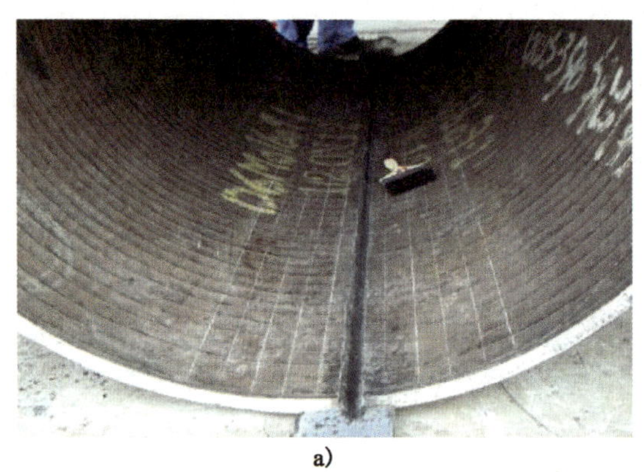

a)

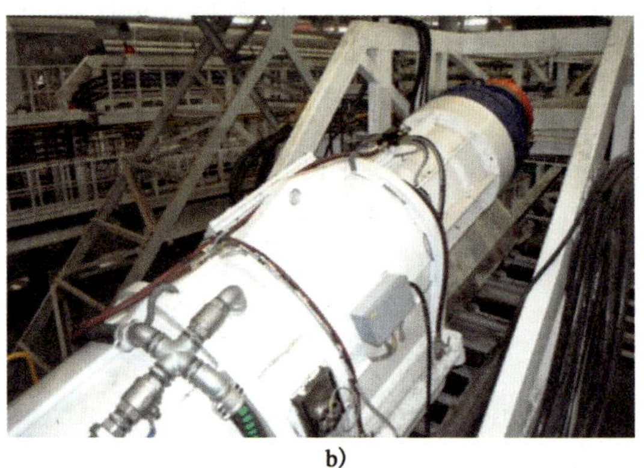

b)

图 2-37　螺旋输送机耐磨设计

螺旋输送机采用中心驱动方式,主要包括液压马达、减速机、轴承、密封等。螺旋轴采用驱动端固定,另一端浮动的支撑形式,螺旋输送机采用唇形密封保护驱动装置。在螺旋输送机筒体上设置有渣土改良口,当发生螺旋轴卡住现象,可以通过控制液压马达正反转或伸缩机构来脱困,必要时可打开设置在螺旋输送机筒体上的观察窗对壳体内部进行清理。

螺旋输送机前闸门位于土舱内,通过液压缸来实现闸门的开启和关闭。突然断电时,后闸门会自动关闭,以防止涌渣。

(2)皮带输送机

固定式皮带输送机由倾斜段、中间水平段、卸料段构成。皮带输送机采用变频电动机驱动,可实现无级调速。皮带输送机具有防逆行、防过载功能。皮带输送机采用小倾角设计,提高了输送稀渣的能力。

在正常运行过程中,在回程皮带处设置有可调节的聚氨酯刮板、合金刮板和水清扫器、空段清扫器,用来清理粘在皮带上的渣土。

盾构机用皮带输送机跑偏主要发生在盾构水平转弯或者上下坡掘进时,造成皮带输送机跑偏的原因主要有以下几点:

①盾构水平转弯时,使皮带输送机头尾滚筒中心线不平行导致皮带输送机跑偏。

②螺旋输送机出渣口偏离皮带输送机接料斗,使渣土不能落到皮带中心,造成渣土对皮带的侧向冲击,导致落在皮带断面的渣土偏斜,最终导致两侧受力不一致。

③渣土成分比较复杂,有些地质(例如黏性土)黏性大,刮板不易清理,使改向滚筒和托辊黏渣严重,导致皮带输送机跑偏。

④皮带经过运行一段时间后,皮带有一定的伸长率,皮带张紧度不够导致皮带跑偏。

针对以上原因,采取以下措施减少皮带的跑偏现象:

①用倒链定期对皮带进行张紧。

②调节上托辊安装支撑角度，调整托辊在不同卡槽的安装位置进行安装角度的调整。具体的做法是：面向皮带运行的方向，皮带往哪边跑偏，皮带跑偏处相应侧的托辊进行前倾安装，如图 2-38 所示。通过调节托辊机架的角度防止跑偏，面向皮带前进方向，当皮带往左侧跑偏时，托辊机架左侧抬高，当往右侧跑偏时同样。

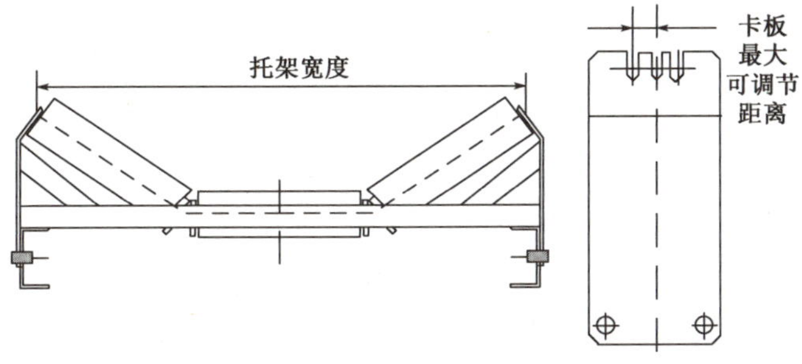

图 2-38　托辊安装示意图

③调节头部滚筒和尾部滚筒之间的相对位置。尾部滚筒的调整方法是面向皮带运行方向，当皮带向右侧跑偏时，尾部右侧滚筒轴承座向前移或者左侧向后移动；头部滚筒的调整方法则方向相反，如图 2-39 所示。

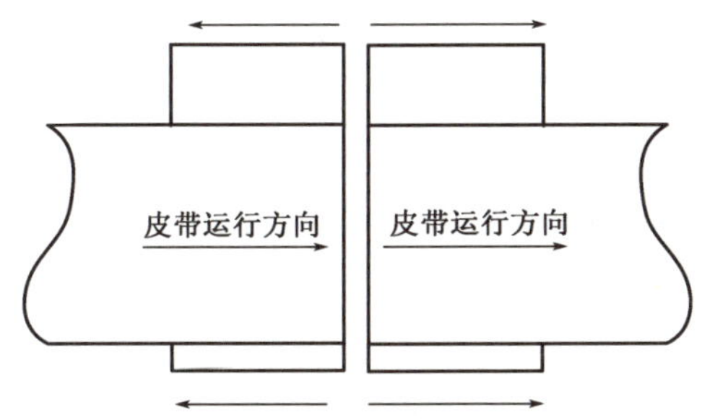

图 2-39　滚筒调整示意图

在皮带输送机从动托辊上安置了打滑检测装置，当皮带打滑时会自动报警。拖车上设置有皮带输送机跑偏开关，当皮带跑偏量过大时，皮带输送机将自动停止。两侧都设置有拉绳开关，紧急情况可以拉动拉绳使皮带输送机停止。当皮带松弛时，通过手扳葫芦带动土箱和主驱动滚筒后移实现张紧，见图 2-40。

图 2-40　皮带输送机张紧，驱动可调装置

2）螺旋输送机输送能力计算

（1）被输送物料层横断面积

$$F=\frac{\pi}{4}\times(D^2-d^2) \tag{2-7}$$

式中：D——螺旋直径（m），取0.9m；

d——螺杆直径（m），取0.22m。

根据工程条件计算所得：

$$F=\frac{\pi}{4}\times(0.9^2-0.22^2)=0.5982(\mathrm{m}^2)$$

（2）物料轴向最大运动速度

$$v=\frac{s\cdot n}{60} \tag{2-8}$$

式中：s——螺旋节距（m），取0.63m；

n——螺旋输送机最大转速（r/min），取22r/min。

根据工程条件计算所得：

$$v=\frac{0.63\times22}{60}=0.231(\mathrm{m/s})$$

（3）理论生产率（最大）

$$Q=3600F\psi v \tag{2-9}$$

式中：ψ——填充系数，取1。

根据工程条件计算所得：

$$Q=3600\times0.5982\times1\times0.231=497.46(\mathrm{m^3/h})$$

3）皮带输送能力计算书

（1）设计参数

设计参数见表2-1。

设计参数表　　表2-1

输送物料介质	渣土重度（kN/m³）	皮带带宽（m）	皮带速度（m/s）	皮带行程（m）	倾斜段角度（°）	皮带架侧角（°）	驱动形式	驱动功率（kW）
粉质黏土、中粗砂	25	0.8	2.5	60	10	35	电驱	37

（2）皮带输送机输送能力

①掘进开挖出土速率 $Q_{1\max}$（m³/h）：

$$Q_{1\max}=\frac{\pi}{4}D^2v_1\xi \tag{2-10}$$

式中：D——开挖直径（m）；

v_1——开挖速率（m/h）；

ξ——松方系数，取1.5。

根据工程条件，按开挖速率4.8m/h，代入式（2-9），得：

$$Q_{1max}=\frac{\pi}{4}\times 6.34^2\times 4.8\times 1.5=227.2(m^3/h)$$

②皮带输送机出渣能力 Q_{2max}(m^3/h)：

$$Q_{2max}=Av\tau \tag{2-11}$$

式中：A——物料的最大截面积(m^2)，具体计算方法如图 2-41 所示，图中 B 为皮带宽度，θ 为物料堆积角(取 $\theta=20°$)；

v——额定功率下的皮带速度(m/s)；

τ——由于倾斜导致的断面折损系数，应取 0.95，现取 0.91，具体参见表 2-2。

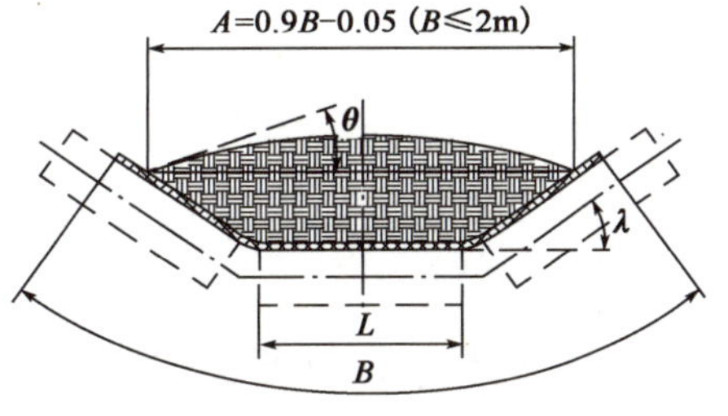

图 2-41　物料最大截面积计算方法

根据工程条件，按皮带宽度 B 为 0.8m，$v=2.5$m/s：

$$Q_{2max}=0.067\times 2.5\times 3600\times 0.91=555(m^3/h)$$

倾斜输送机面积折减系数 **K**　　表 2-2

倾角(°)	2	4	6	8	10	12	14	16
K	1	0.99	0.98	0.97	0.95	0.93	0.91	0.89

③皮带输送机出渣能力校验：

$Q_{2max}\gg Q_{1max}$，皮带输送机出渣能力远大于开挖出渣速率，也大于螺旋输送机输送能力，完全满足开挖出渣能力要求。

(3)驱动功率 P_u(kW)

$$P=P_1+P_2+P_3+P_4+P_5 \tag{2-12}$$

$$P_u=\frac{P}{\eta} \tag{2-13}$$

无负载功率 P_1(即无渣土输送，皮带输送机自身功率)：

$$P_1=fwLv \tag{2-14}$$

式中：f——托辊摩擦系数，取 0.03；

w——除渣土外每米托辊质量(kg)；

L——皮带长度(m)；

v——皮带速度(m/s)。

$$P_1=0.03\times 200\times 120\times 2.5=1.8(kW)$$

水平负载功率 P_2(水平输送渣土功耗)：

$$P_2=fRLv \tag{2-15}$$

式中：R——输送带渣土每米质量(N)。

$$P_2 = 0.03 \times 1695 \times 60 \times 2.5 = 7.63(\mathrm{kW})$$

垂直负载功率 P_3(垂直输送渣土功耗):

$$P_3 = RL_1 v\sin\alpha \tag{2-16}$$

式中:L_1——倾斜段长度(m);

α——倾斜段角度(°)。

$$P_3 = 1695 \times 13.5 \times 2.5 \times \sin10° = 9.9(\mathrm{kW})$$

导料槽负载功率 P_4(导料槽功耗):

$$P_4 = 2SP\mu_1 \tag{2-17}$$

式中:μ_1——橡胶板与皮带间摩擦系数。

$$P_4 = 0.03 \times 60 \times 0.01 \times 105 \times 0.7 = 2.52(\mathrm{kW})$$

刮板负载功率 P_5(3 道刮板功耗):

$$P_5 = 3S'P'\mu_1 v \tag{2-18}$$

式中:S'——刮板面积(m^2);

P'——刮板与皮带单位面积压力(Pa)。

$$P_5 = 3 \times 0.02 \times 0.05 \times 105 \times 0.7 \times 2.5 = 0.525(\mathrm{kW})$$

由式(2-12)可得电机所需功率 P_u:

$$P_\mathrm{u} = \frac{P}{\eta} = 31.1(\mathrm{kW})$$

$$\eta = 0.915 \times 0.94 \times 0.98 \times 0.85 = 0.716$$

其中,电机效率 0.915,减速器效率 0.94,联轴器效率 0.98。

经核算,电机需要功率 31.1 kW,选取电机功率为 37kW。

2.4.5 管片拼装机

管片拼装机的主要作用是安装管片。除此之外,如果需要进行超前地质钻探可在管片拼装机的预留位置上安装超前钻探设备。管片拼装机的伸缩、旋转和移动等功能都是比例控制的,可以对管片实现精确定位。管片拼装机通过遥控器进行控制。管片拼装机总共有 6 个自由度。管片拼装机具有前后移动、旋转、红色液压缸的伸缩、蓝色液压缸的伸缩、抓举头的倾斜和抓举头的旋转功能。

管片拼装机组成包括拖架梁、移动架、旋转架和抓举装置。安装机遥控器上有一个紧急制动器。当开动安装机遥控器控制板上的紧急制动器时,安装机立即停止工作。遥控器复位时,只能用开动启动开关来重新启动。旋转动作采用两套独立的限位系统,任一系统给出限制信号,相应动作即刻停止,从而在双重保护模式下确保系统安全可靠运行,如图 2-42 所示。

a)

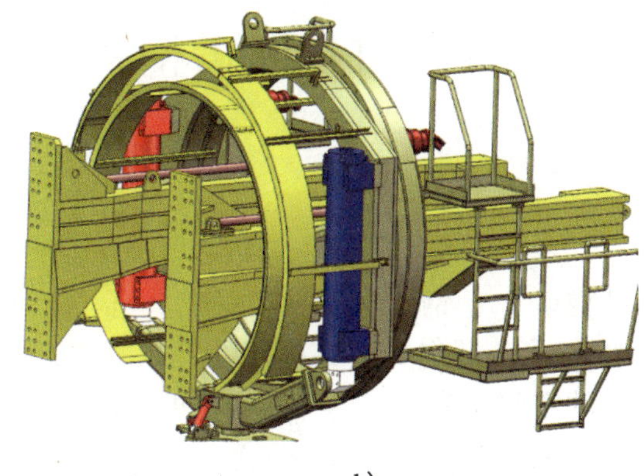

b)

图 2-42　管片拼装机

2.4.6　人舱

人舱是从常压状态进入土舱的过渡设备,由主、辅双舱并联结构组成,主舱与土舱用带隔板的法兰相连。主、辅舱通过中间的舱门可以实现工作人员快速进出,提高工作效率。人舱安装在盾体左侧,可方便工作人员更换刀具或进行相关检查、维修等操作。

主、辅舱主要由舱内外加减压手动阀、空气流量计、消防系统、通信系统、照明系统、加热系统、气体检测和压力显示记录装置组成,如图 2-43 所示。

2.4.7　设备桥

设备桥为桁架结构,架设在管片拼装机托架梁和 1 号拖车上,前端通过拖拉液压缸与管片拼装机主梁连接,拖拉液压缸有压力监测,超出设定压力控制系统将报警。设备桥的纵向长度满足一环管片储存空间长度及 6m 长度钢轨延接的要求,并且在不拆管路的情况下可以通过临时拆除外侧走台,来满足 2150mm 始发边墙的要求,如图 2-44 所示。

图 2-43　人舱

图 2-44　设备桥

2.5　可拆解盾构机配套/辅助设施配置

2.5.1　拖车

车体结构以 H 型钢和钢板拼接而成。拖车上布置有盾构机工作必需的电气、液压、流体的元件和管路，所有设备布置在拖车的左右两侧，拖车采用外走台设计，人员行走更加安全，中间预留足够的空间允许编组列车前进，如图 2-45 所示。

a）拖车结构

b）外则走台

图 2-45　拖车结构和外侧走台

拖车的整体结构可以适应 150m 的转弯半径。盾构机拖车行走轮能满足使用 38kg/m、43kg/m、50kg/m 的钢轨，根据项目提供的轨枕高度不同，轮对可进行相应的调整。并且可以通过临时移动拖车上的设备（图 2-46、图 2-47）来可满足 2150mm 始发边墙的要求。

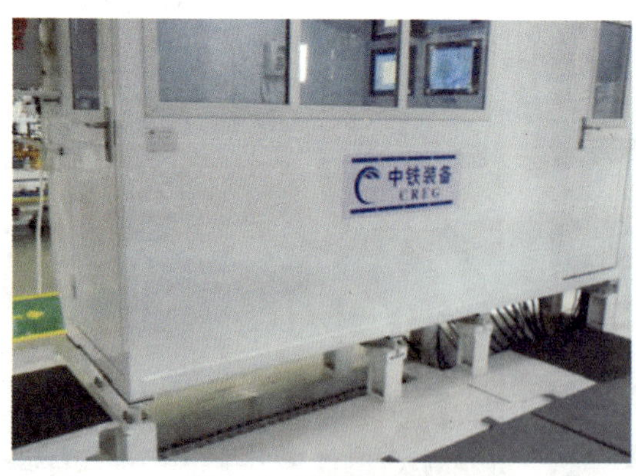

图 2-46　可移动砂浆罐

图 2-47　可移动主控室

拖车上的设备布置见表 2-3。

拖车设备布置表　　表 2-3

拖车号	设备布置		
	左侧	右侧	上侧
1	主控室、HBW 密封油脂、EP2 油脂	砂浆罐、注浆泵	
2	膨润土注入系统	液压泵站	
3	泡沫原液、泡沫搅拌和内循环水系统	控制柜	
4	空压机、储气罐	变压器	二次风机
5	污水箱	电缆箱	皮带输送机渣土出口
6	空置	1 个双联水管卷筒	储风筒及其起吊装置

2.5.2　注浆系统

注浆系统的主要功能是填充盾构掘进后管片与地层空隙，稳定管片，减少地表沉降，见图 2-48。

注浆系统由带搅拌杆的砂浆罐、柱塞式注浆泵、注浆清洗装置、管路（内径没有台阶）、压力传感器、控制球阀等组成。

同步注浆系统操作可分为“手动”与“自动”两种操作方式。在手动操作中，可单独操作每一路注浆；在自动操作中，所有注浆点都设有连续压力监测，如果超过了最大设定压力，相应位置的注浆将自动停止，直到该值降到最小设定压力以下，再次启动。

(1) 注浆注入量的控制方法与原理

在每台注浆泵的活塞尾部安装有脉冲计数器，通过计量注浆泵的泵送次数来计算浆液的注入量。采用 SCHWING 的 KSP12 型注浆泵，单杠泵送一次的注入量为 12L。并带有注浆环累计量和总累计量的显示，以方便指导施工（包括同步注浆和双液注浆量的显示）。

(2) 注浆流量和压力控制

流量靠泵的动作次数来控制，动作次数由脉冲计数器来检测，由此调节调速阀控制流量；通过控制注浆压力来进行注浆控制，压力检测点位于注浆管与盾尾的连接四通处，可更准确地反映注入管片背部的注浆压力，见图 2-49。

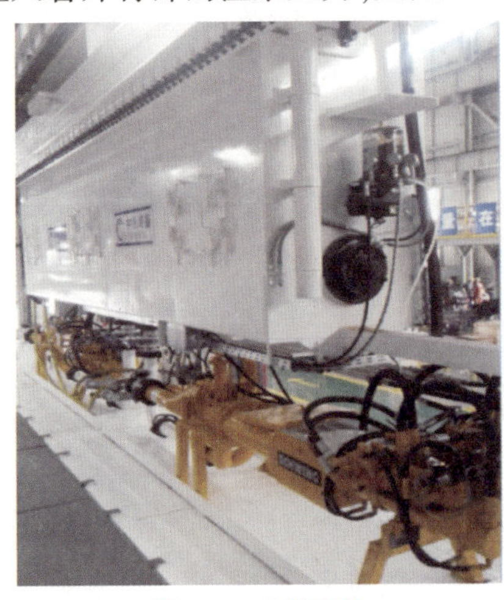

图 2-48　注浆系统

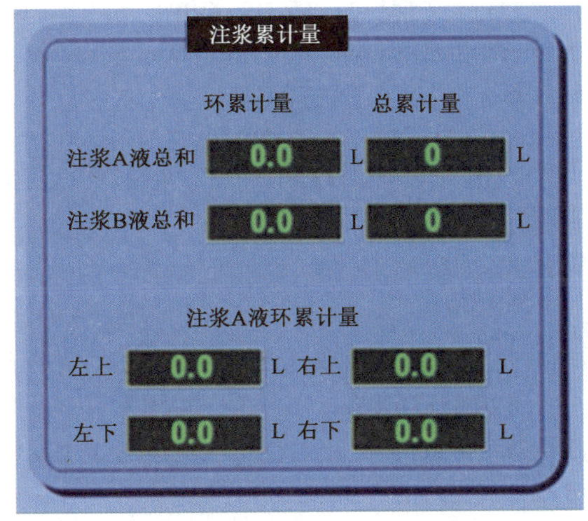

图 2-49　注浆流量和压力控制

(3)同步注浆系统清洗

在砂浆罐以及注浆泵和砂浆罐之间的连接段设置有清洗口,每次注浆结束,可操作注入膨润土或清水来清洗注浆管,能够防止注浆管发生堵塞。清洗后产生的污水排放到污水管路里,可保证隧道的清洁施工。

(4)盾构的推进与注浆同步保证措施

同步注浆与盾构推进同时进行,通过同步注浆系统及盾尾的注浆管,向管片与盾尾空隙同时注浆。同步注浆浆液在极短的时间内将盾尾空隙充填密实,从而使周围岩体获得及时的支撑,可有效地防止地层的坍陷,控制地表的沉降。

同步注浆坚持"掘进必须注浆"的原则,注浆结束标准应以注浆量和注浆压力双重标准进行控制。结合地表监测结果,对注浆参数进行调整,严格执行信息化施工控制。

(5)注浆能力计算

注浆能力参数选择如表 2-4 所示。

注浆系统主要参数　　表 2-4

序　号	名　称	数　值
1	开挖直径(m)	6.35
2	管片外径(m)	6.20
3	管片长度(m)	1.20
4	最大进尺(mm/min)	80
5	安全系数(背后注浆)(%)	150
6	A 液注浆泵的能力(m^3/h)	10

①理论单位注浆量。

计算公式:

$$Q_{理论}=\frac{\pi}{4}(D_s^2-D_0^2)v \tag{2-19}$$

式中:D_s——开挖直径(m),$D_s=6.35$m;

D_0——管片外径(m),$D_0=6.20$m;

v——掘进速度(mm/min),$v=80$mm/min。

由此计算:

$$Q_{理论}=\frac{\pi}{4}\times(6.35^2-6.20^2)\times\frac{80}{1000}\times 60\approx 7.09(m^3/h)$$

②实际注浆量。

计算公式:

$$Q_{实际}=Q_{理论}a \tag{2-20}$$

式中:a——注浆率,一般取 1.2~1.5,此次按照最大量 1.8 计算,注浆量为理论空隙量的 120%~150%。

由此计算:

$$Q_{实际}=7.09\times 1.8\approx 12.77(m^3/h)$$

③每路注浆量。

采用四路注浆,每路注浆量为:

$$12.77 \div 4 = 3.19(\mathrm{m^3/h})$$

④一环管片注浆需要量。

$$Q_{环} = \frac{\pi}{4}(D_s^2 - D_0^2)L\alpha \tag{2-21}$$

式中参数同上。

$$Q_{环} = \frac{\pi}{4} \times (6.35^2 - 6.2^2) \times \frac{1500}{1000} \times 1.5 \approx 3.32(\mathrm{m^3/环})$$

系统配置砂浆罐容量：$V = 8\mathrm{m^3}$，满足需求。

2.5.3　泡沫注入系统

泡沫注入系统主要由泡沫原液箱、泡沫混合箱、变频螺杆泵、流量计、电动调节阀、泡沫发生器、管路球阀等组成，见图 2-50。主要功能：①为改善渣土特性，使盾构前方土体均匀，便于施工；②降低土的渗透系数，稳定掌子面；③降低刀盘扭矩，减少机具磨损；④减少土的黏性，防止“结泥饼”现象。

图 2-50　泡沫注入系统

(1)泡沫注入系统工作原理

泡沫注入系统中泡沫原液通过原液泵注入带有搅拌杆的泡沫混合液箱，在泡沫混合液箱中泡沫原液和水通过一定比例形成泡沫混合液，混合液通过混合液泵泵送到泡沫发生器，在泡沫发生器里泡沫混合液与空气混合形成泡沫，泡沫通过管路注入刀盘上泡沫喷口、土舱及为满足螺旋输送机输送而需要改良的位置。其中原液泵通过变频控制混合液中泡沫的百分含量，以适应不同的地质需要。每路的泡沫注入量通过变频控制混合液泵来实现，根据渣土情况、压力要求，调节控制加入量，泡沫注入系统调节装置见图 2-51。

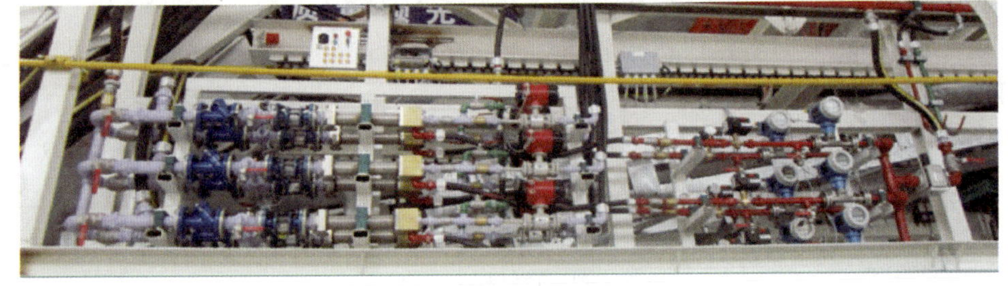

图 2-51　泡沫注入系统调节装置

泡沫混合液通过泡沫混合液泵的频率调节流量，压缩空气的流量由流量传感器进行检测，PLC 控制电控阀门的开度，得到最佳的混合比例。从泡沫发生器出来的泡沫压力由压力传感器进行检测，反馈到 PLC，使泡沫的注入压力低于设定的土压力。

(2)泡沫注入系统控制方式

①手动控制。空气和混合液根据需要任意调节。

②半自动控制。根据设置定量注入泡沫混合液和空气。

③自动控制。根据推进的速度和注入设置自动注入泡沫混合液和空气。

(3)泡沫注入设备

整机及泡沫基本参数设置见表2-5。

整机及泡沫基本参数 表2-5

整机参数		泡沫参数	
项目	参数	项目	参数
开挖直径 D(m)	6.35	CF泡沫添加剂(%)	3
管片宽度 L(m)	1.2	FER膨胀率(%)	15
最大掘进速度 v(mm/min)	80	FIR注入率 η(%)	60

一环管片泡沫需要量:

$$Q_{泡沫}=Q_{土环}\eta \tag{2-22}$$

计算可得:

$$Q_{泡沫}=37.9\times\frac{60}{100}=22.74(\mathrm{m}^3/环)$$

一环管片泡沫所需的原液量为:

$$Q_{泡沫原液}=22.74\div(15+1)\div30=0.04(\mathrm{m}^3/环)$$

配置 $1\mathrm{m}^3$ 泡沫原液罐满足使用。

2.5.4 膨润土注入系统

膨润土注入系统主要用于改善砂卵石地层特性,以增强渣土的流动性、可塑性。膨润土注入系统由膨润土罐、膨润土输送泵、流量传感器、过滤器和刀盘及螺旋输送机注入点等组成。同时在盾壳周圈设有膨润土注入口,在需要时可以注入膨润土以降低推进阻力。该系统具有手动和自动控制功能,根据需要任意调节膨润土的注入量进行手动控制;根据推进的速度和注入设置自动注入膨润土进行自动控制。

膨润土注入设备计算参数见表2-6。

膨润土注入设备计算 表2-6

序号	名称	数值
1	开挖直径(m)	6.35
2	管片外径(m)	6.2
3	管片长度(m)	1.2
4	平均进尺(mm/min)	40
5	注入率(%)	15

(1)理论单位注入量

注入量计算：

$$Q=\frac{\pi}{4}D^2\frac{v}{1000}\eta \tag{2-23}$$

计算可得：

$$Q=\frac{\pi}{4}\times 6.35^2\times\frac{40}{1000}\times\frac{15}{100}\approx 0.19(\mathrm{m^3/min})$$

即需要的膨润土量为：

$$Q=0.19\times 60=11.4(\mathrm{m^3/h})$$

配置 1 台挤压泵排量为 $16\mathrm{m^3/h}$。

(2)一环管片膨润土需要量

每环管片的注入量计算公式如下：

$$Q=\frac{\pi}{4}\times D^2L\eta \tag{2-24}$$

由此可得：

$$Q=\frac{\pi}{4}\times 6.35^2\times 1.5\times 0.15=7.1(\mathrm{m^3/环})$$

2.5.5　油脂润滑密封系统

(1)齿轮油润滑系统

齿轮油润滑系统主要功能是润滑主轴承的滚珠、小齿圈、小轴承和大齿圈等，同时带走主轴承传动产生的热量。

主轴承润滑系统由强制润滑和油浴润滑两部分组成。采用螺杆泵加压循环过滤实现上部强制润滑；采用油浴浸润进行下部润滑。可在主控室内监控温度、流量及油位等。

控制方式包括手动控制和自动控制。可以手动开启齿轮油泵，对主驱动箱内的轴承、齿轮和齿圈等进行手动润滑；也可以随盾构机掘进进行自动润滑，掘进结束自动停止润滑。

(2)HBW 及 EP2 密封系统

刀盘驱动密封共分内外密封系统，其中 HBW 油脂采用气动泵直接注入，EP2 油脂采用电动多点泵注入、气动泵补油的方式。

外密封由一道迷宫密封加三道唇形密封组成。刀盘驱动第一道迷宫密封使用的是 HBW(CONDAT)密封油脂，第一道和第二道之间密封腔注入 EP2，主驱动第二道与第三道密封之间齿轮油加压腔。

控制方式包括手动控制和自动控制。可手动开启 EP2 润滑泵，对主驱动、螺旋输送机、回转中心和管片拼装机等进行手动注入润滑油脂。也可与盾构机掘进同步，保证主驱动的正常稳定运行。

(3)盾尾油脂密封系统

泵送盾尾油脂到密封刷之间形成压力密封环。油脂在密封刷和管片之间形成一层油膜,防止水或其他物质进入盾体,并延长尾刷的寿命。盾尾油脂密封系统主要由气动油脂泵、气动球阀、压力传感器和手动球阀管路等组成,见图 2-52。盾尾油脂系统的控制方式有手动控制和自动控制两种模式。

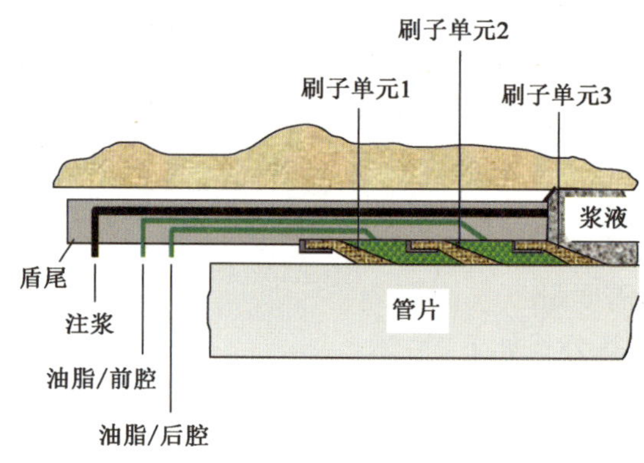

图 2-52　盾尾油脂密封系统

气动盾尾密封润滑油脂泵安装在后配套系统上,将油脂桶里的油脂打到密封腔里。如果润滑油脂桶空,油脂泵会自动停止动作并发送报警信号到主控制室。在盾尾区域,每一个油脂腔都有油脂注入管。此盾构配置有 12 路油脂管路,每腔 6 个注入点。

系统由主司机在主控制室操作,有自动和人工两种模式。自动控制时油脂分配阀可以通过时间和压力控制循环动作,时间可以在控制面板上通过 PLC 预先设置,各注入口在控制室内均有压力显示,一旦达到预先设定的压力值,即转向下一个阀运作,压力控制优先于时间控制,见图 2-53。

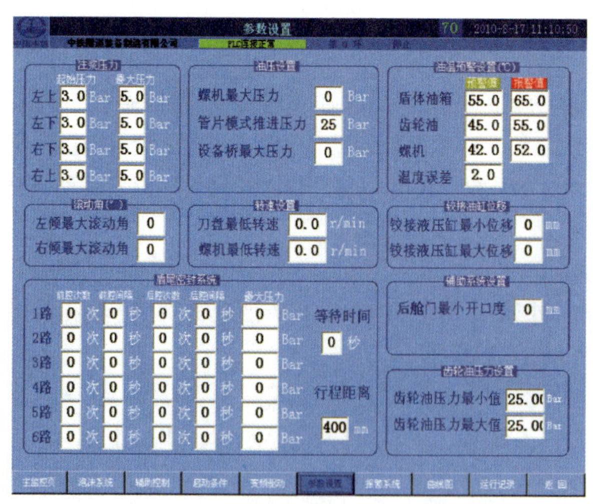

图 2-53　盾尾密封参数设计界面

2.5.6　循环水及污水处理系统

循环水系统由外循环水系统和内循环水系统组成，见图2-54、图2-55。系统通过水冷式元件，带走设备工作时产生的热量，降低设备和隧道内部温度，采用内外循环模式，减少主要元件结垢。

图2-54　循环水系统

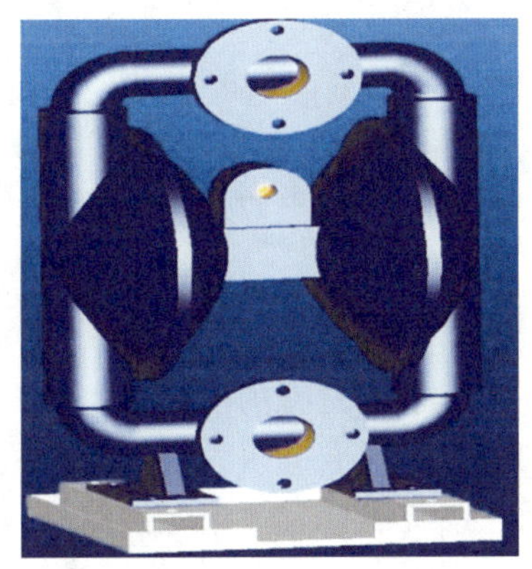

图2-55　污水处理系统

外循环水系统由进回水水管卷筒、袋式过滤器、板式换热器等组成。外循环水经过板式换热器对内循环水系统和液压系统进行冷却，在每节拖车上安装有备用水接口，方便各个部位清洗。外循环水主要冷却液压泵站和内循环水。内循环水系统由循环泵、热交换器、水冷元件、冷却水罐等组成。内循环水主要冷却齿轮油、主驱动减速机壳体和空压机。设备通过安装在盾体内的气动隔膜泵（流量50m^3/h）在一定距离长度内把污水排出隧道外面。

2.5.7　压缩空气及气体保压系统

压缩空气系统主要由空气压缩机、压缩空气储气罐、空气滤清器、三联件、气动球阀以及必要的仪表辅件等组成。系统为气动元件提供动力，为气压模式掘进提供气源，见图2-56。

图2-56　压缩空气系统

气体保压系统用于调节土舱的压力，稳定开挖面。该系统采用德国SAMSON全气动控制系统，主要由气源、气源处理组件、减压阀、气动控制器、气动压力变送器、气动执行器、气动定位器、气动调节阀等元器件组成，见图2-57。

2.5.8　液压系统

盾构机液压控制系统主要包括：推进液压系统、管片拼装机液压系统、螺旋输送机液压系统、同步注浆液压系统、辅助液压系统、循环冷却系统、超挖刀液压系统及铰接液压系统等。

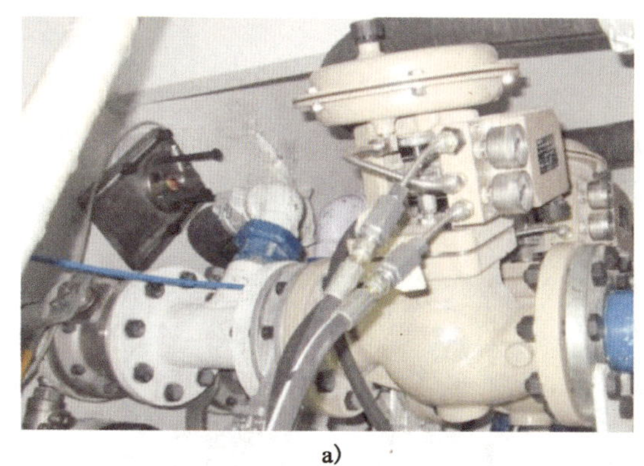

a)

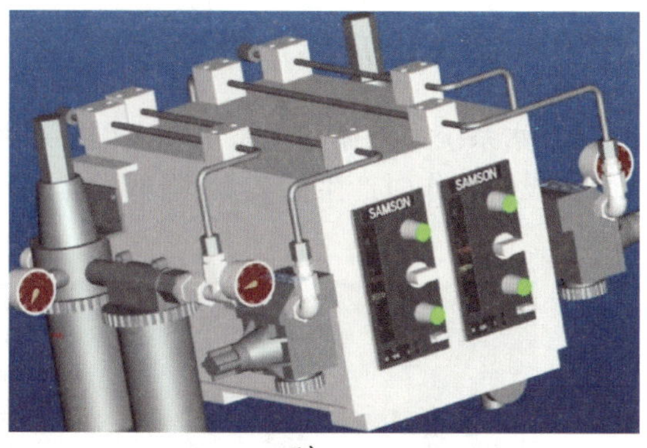

b)

图 2-57　气体保压系统

(1)推进液压系统

推进液压系统为盾构机提供向前掘进的推力,推进液压缸圆周方向分成若干区,通过调整每区液压缸的不同推进压力来进行盾构的纠偏和调向。系统采用动态负载敏感控制,可降低电机功耗。系统设计有大流量回路,可使推进液压缸在管片安装模式快速伸缩,提高管片拼装效率。控制阀组设有安全阀,保证推进液压缸工作压力安全稳定。同时推进控制阀块上设置有单向阀和插装阀保证液压缸停止时可靠锁紧,防止推进液压缸回缩,见图 2-58。

a)

b)

图 2-58　推进液压系统

(2)管片拼装机液压系统

管片拼装机液压系统通过电液比例多路阀控制回转运动、平移及提升缸的伸缩动作,速度无级可调,可提高管片的安装精度,实现管片快速安装,见图 2-59。回转驱动减速机设有机械制动装置,可保证回转运动的安全可靠。抓持的状态信息由压力继电器提供,未抓紧时会有报警。在抓持液压缸控制块中还设有安全阀,用以防止压力过高,损坏管片和设备,系统中的液控单向阀有防泄漏的功能,可保证管片在长时间内可靠抓持。

(3)螺旋输送机液压系统

螺旋输送机液压系统是通过改变液压泵泵和液压马达的排量,实现螺旋输送机转速的无级调节,见图 2-60。螺旋输送机可正反向转动,在螺旋输送机被卡时,采用反向转动,配合螺旋轴的伸缩能够实现螺旋输送机脱困。液压马达的泄油管路上设有温度传感器,提供给控制系统进行实时监控。在紧急断电情况下,后闸门可自动关闭,从而有效防止涌渣现象。

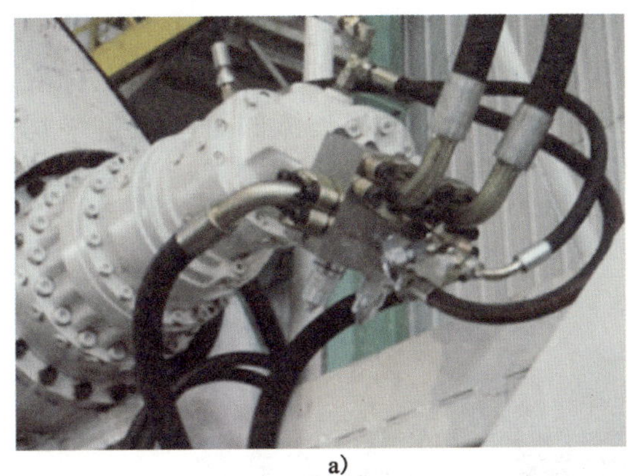
a)

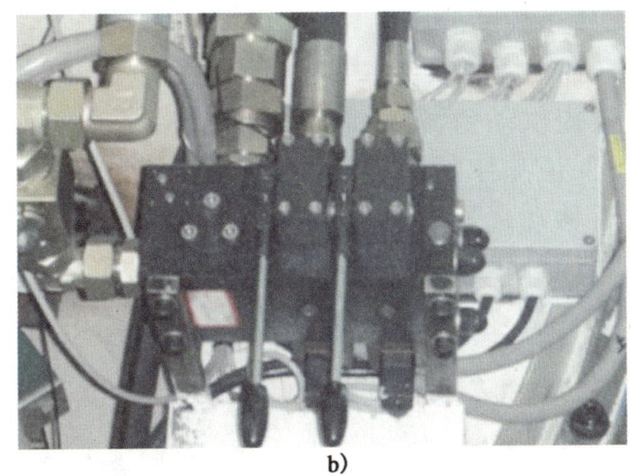
b)

图 2-59　管片拼装机液压系统

a)

b)

图 2-60　螺旋输送机液压系统

（4）同步注浆液压系统

注浆液压系统主要是为施维英（SCHWING）注浆泵提供压力油源，并可以对注浆泵的工作速度进行无级调节，见图 2-61。系统采用一台力士乐的恒压变量泵作为油源，泵的排量完全满足最大推进速度下注浆速度的需求。注浆速度无极可调，通过电比例调速阀控制注浆泵的注浆速度，从而无级控制注浆泵的注浆量。

a)

b)

图 2-61　同步注浆液压系统

(5)辅助液压系统

辅助液压系统主要为管片输送小车、螺旋输送机伸缩及闸门液压缸、后配套拖拉液压缸等提供动力源,见图2-62。管片输送小车的举升运动采用分流集流阀进行流量平均分配,保证动作的同步性;后配套拖拉液压缸采用主动拖拉控制方式,可实现后配套系统的前后移动。

a)

b)

图2-62　辅助液压系统

(6)循环冷却液压系统

循环冷却液压系统主要作用是对泵站油箱中的液压油进行循环过滤和冷却,以保证盾构液压系统的正常运行,见图2-63。冷却器采用的是板式水冷换热器,冷却效率高,可根据实际情况增减板片。油箱上装有液位传感器及温度传感器,在主控室上位机上设有液位及温度报警装置。

a)

b)

图2-63　循环冷却液压系统

(7)超挖刀液压系统

超挖刀液压系统采用独立的泵站,避免了主液压系统受到超挖刀系统污染的可能,见图2-64。为使超挖刀具有仿形功能,系统在盾体回路中增设了一个检测液压缸,利用该检测液压缸位移信号得到超挖刀的位移量。系统设计有顺序阀,可自动消除测量累积误差。

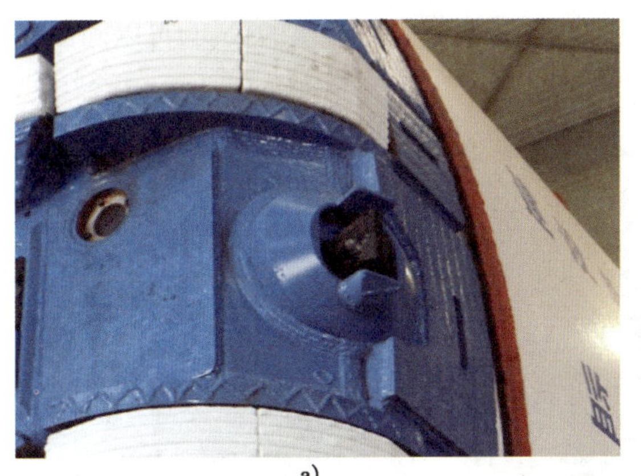
a)

b)

图 2-64　超挖刀液压系统

(8)铰接液压系统

铰接液压系统为盾尾提供拖拉动力,同时可自动适应盾尾调向要求,前文已详述,见图 2-65。

a)

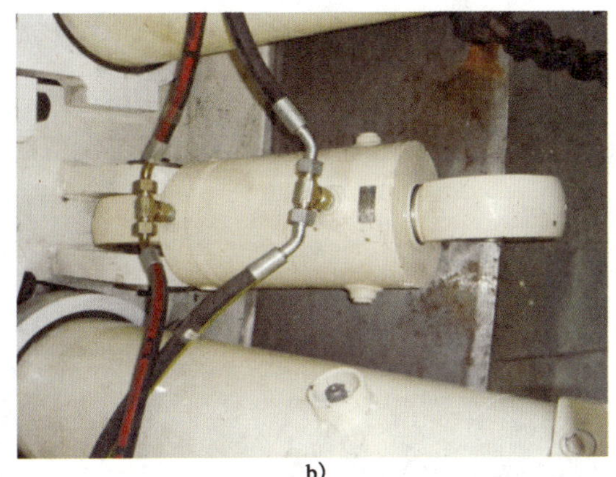
b)

图 2-65　铰接液压系统

2.5.9　动力供电系统

动力供电系统由高压电缆、高压开关柜、变压器、低压配电柜等组成。隧道高压供电等级为 10kV,低压动力电等级为 400V,控制系统供电为 220V(AC)、24V(DC)。功率≥30kW 的电机采用星-三角启动;功率 <30kW 的电机采用直接启动方式。

变压器放置在后配套拖车上,可将隧道高压供电转换为各级所需电压。

配电柜位于后配套拖车上,安装在便于操作的位置,通过总线控制并驱动附近区域的设备。所有配电柜的防护等级不低于 IP55。在配电柜面板上装有电力参数仪,通过总线将所有电量参数远程传输给主控室,并在上位机界面上显示,见图 2-66。

图 2-66　配电柜

设备配置无功功率自动补偿系统，补偿控制器自动控制补偿电容组的投切，可以确保功率因数不小于0.9，并在主配电柜上显示，见图2-67。

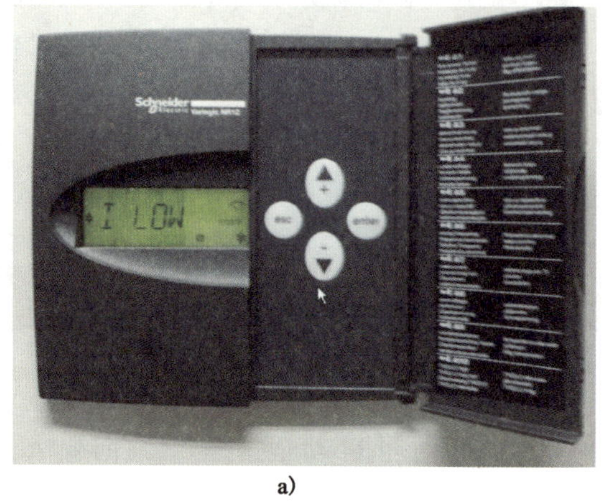

a)

b)

图2-67　无功功率自动补偿系统

盾构机主机的主要接地系统与所有台车连接，所有台车上都有合理的接地极，盾构机就形成一个等电势区域，从而提高了人员与设备的安全性，见图2-68。

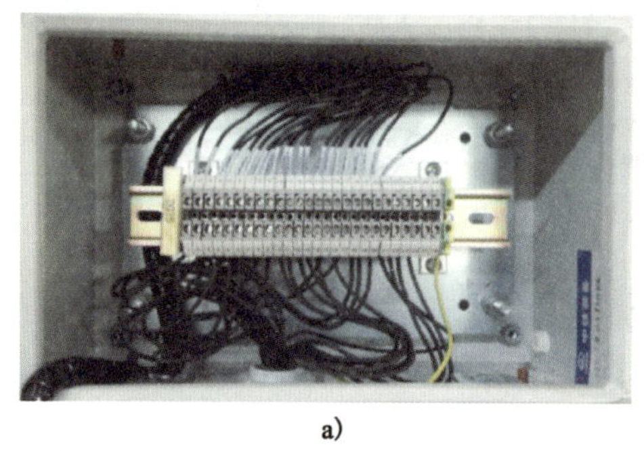

a)

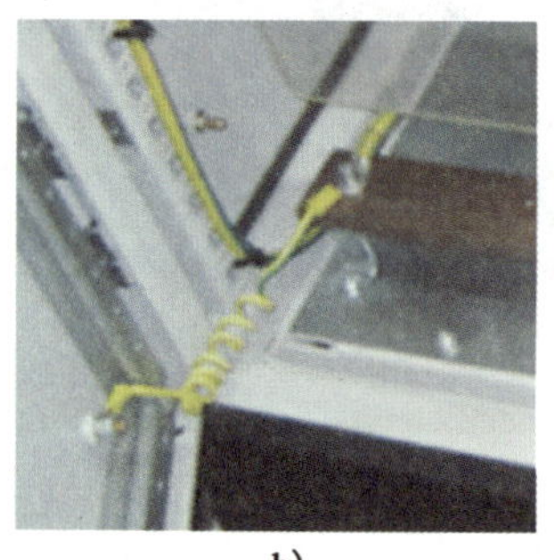

b)

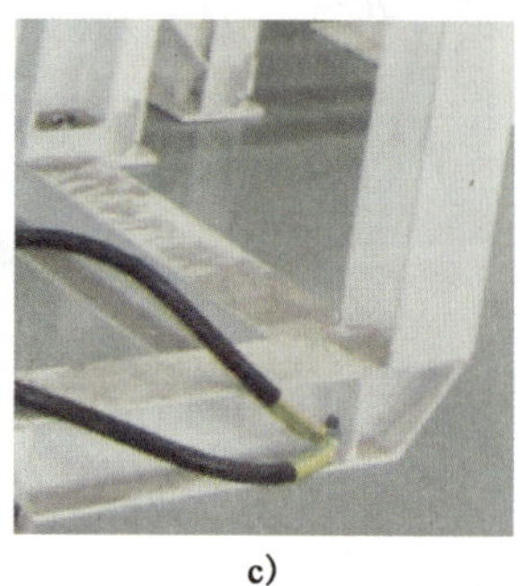

c)

图2-68　接地系统

2.5.10　可编程逻辑控制器(PLC)及数据采集

控制系统以Siemens PLC为核心，以就近控制为原则，实施分布式I/O控制。各拖车之间连接的电缆只有通信电缆及电源电缆，使盾构拆装机工作更加便捷。控制线路的简化降低了设备的故障率。控制I/O点在控制对象的附近，有利于设备故障的排查处理。将PLC模块、继电器等元件由主控室分散到盾构各个部位，主控室将有更大的操作空间。由于延长线缆的减少，更有利于设备的分体始发，降低了项目施工成本和时间。

可编程控制器的硬件参数和I/O控制点的配置考虑了必要的冗余，使得可编程控制器运行更加可靠，并方便后续系统的扩展和改进，见图2-69。

(1)主控室

主控室分为前后两个独立的部分，前部为控制舱，后部为操作室。操作室主要包括控制台、监控触摸屏、导向系统控制终端、电话、书写台等,见图 2-70。控制舱主要布置了 PLC 主控制系统、控制电源、继电器等。

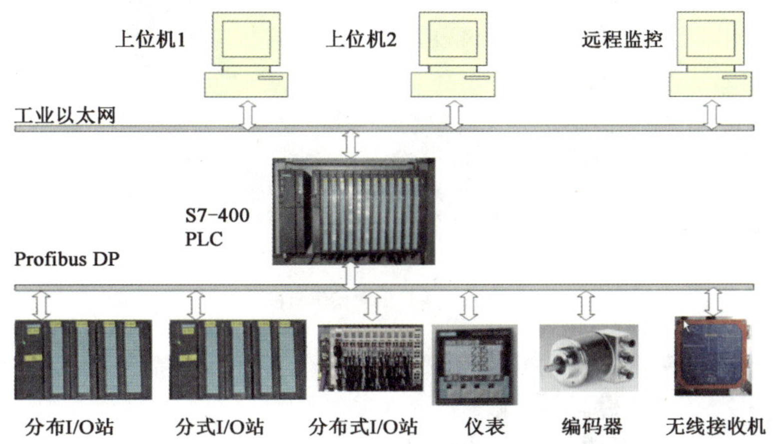

图 2-69　控制系统

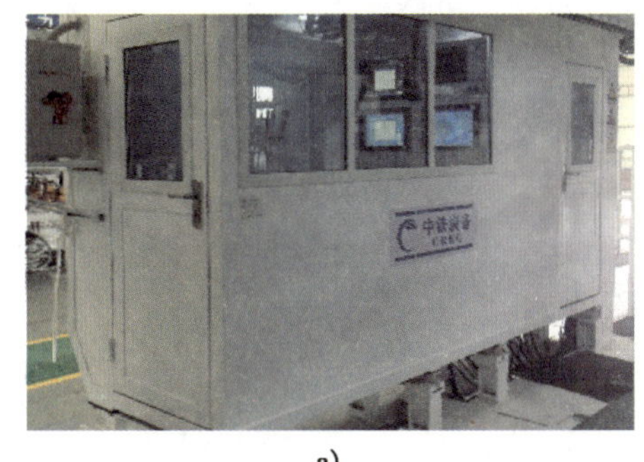

a)

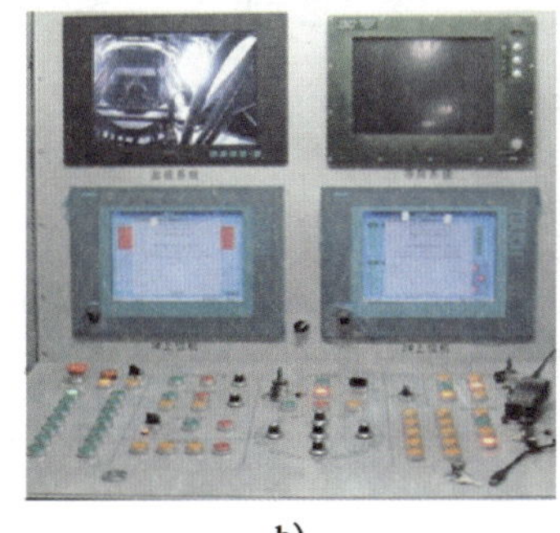

b)

c)

图 2-70　主控室

(2)联锁与紧急停机

在主控制室的操作面板、配电柜、螺旋输送机现场控制盒、刀盘现场控制盒(人舱内)、皮带输送机现场控制盒、管片小车现场控制盒和管片拼装机无线遥控装置都设置有紧急停止按钮,见图 2-71。紧急情况下按下紧急停止按钮,相应系统将自动断开电源,保证人员的安全。此外,在主控室和每节拖车人行走道侧都配备主紧急停止按钮,紧急情况下按下该类紧急停止按钮,低压总开关将断开,除照明和工控机外,其余电气设备将全部断电。在各个重要部位设置维修保养开关,维保人员可以通过此开关确保维保状态下设备和人身安全。

PLC 对各个系统的状态与参数进行监测和控制,当系统工作异常或出现不符合安全逻辑的操作时,PLC 在联锁条件下将不会启动系统。所有紧急停止系统不但在硬件线路上与各供电系统联锁,而且所有急停信号都被采集到 PLC 中,在程序逻辑上屏蔽相关系统的运行,从而达到双重保护的目的。

(3)数据采集系统

数据采集系统由两台工业计算机组成,硬件采用专业触摸屏工控计算机,可满足长期 24h 不间断运行,见图 2-72。

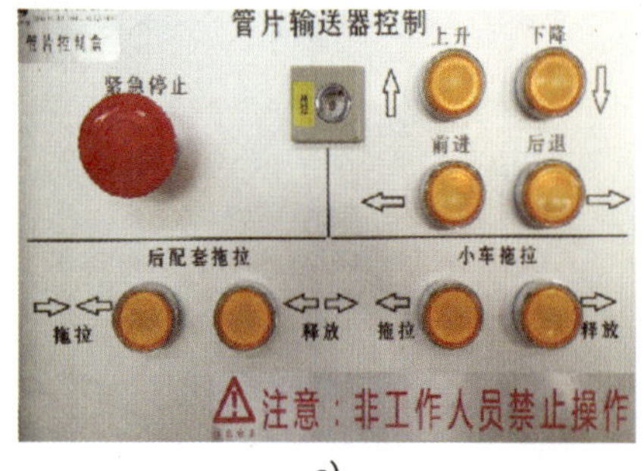

a)

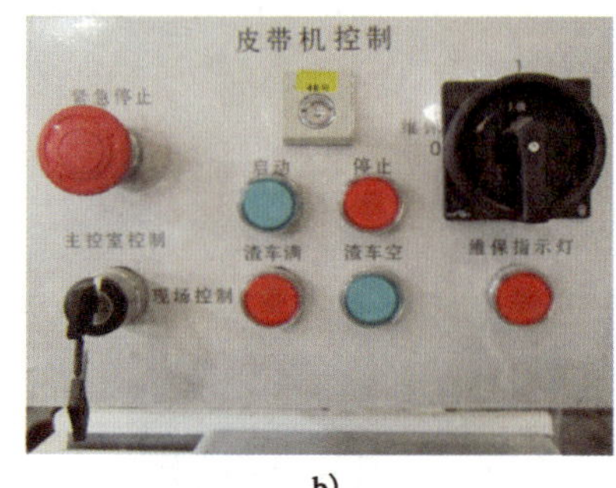

b)

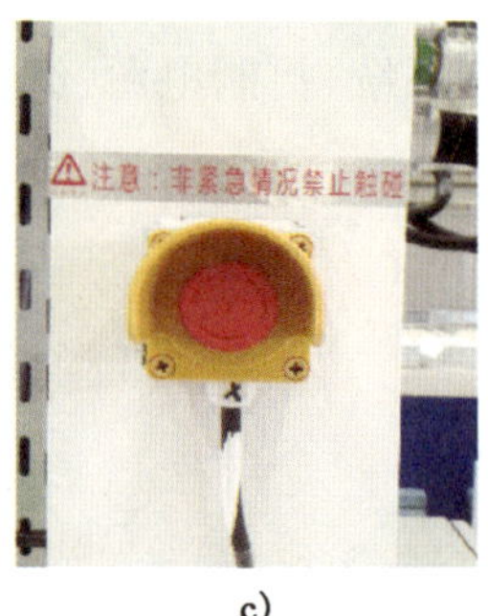

c)

图 2-71　主控制室操作面板

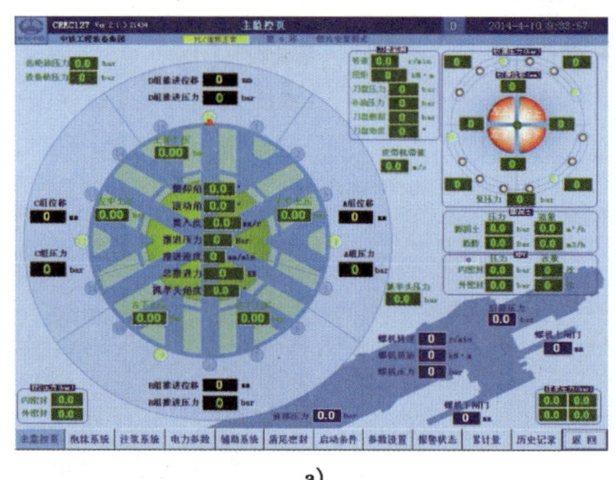

a)

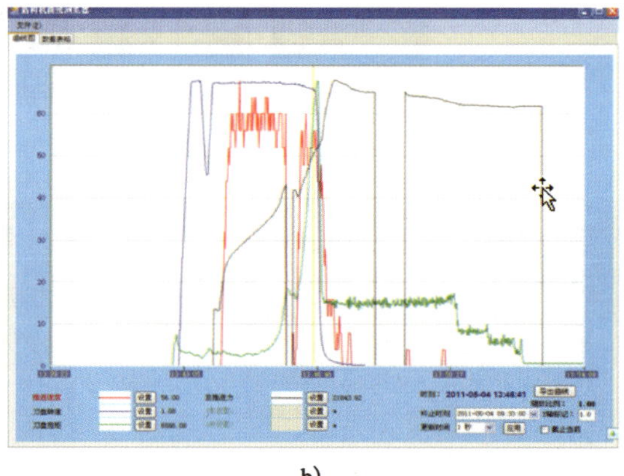

b)

图 2-72　工控计算机屏

工控计算机屏能实时显示盾构的各项数据,同时还能对重要保护参数进行设置;系统的报警页面,能实时显示设备出现的故障。报警信息与采集数据均提供实时显示与历史数据显示两种方式,便于维保人员进行处理。

两台工控计算机的数据同步显示,并具有互换性,互为备份,可防止因工控计算机故障而造成设备停机。设备采用的数据采集系统可将每日的掘进数据以数据文件的形式自动保存,可通过曲线和表格等形式实现对设备掘进状态和参数的分析。

2.5.11　激光导向系统

导向系统由自动测量全站仪、倾斜仪、测量目标、后视棱镜、无线电台、供电系统、机头控制盒、驾驶室控制盒、工业计算机、供电通信线缆等硬件和采集处理数据的软件组成。

导向系统可以实现对盾体掘进位置和姿态的即时测量与显示,显示的测量参数主要有前盾、中盾、盾尾中心点的坐标、俯仰角、方位角、滚动角、掘进里程、环数等。设备位置及姿态信息还通过直观、形象的图形在主界面显示。测量所有的原始数据及结果都被存储到数据库中。系统可通过标准的线形设计要素计算隧道设计轴线,并具有自动计算扭偏曲线功能。

2.5.12 通信、照明、监视系统

(1)通信系统

在主机及后配套系统上配置3部防爆电话和3部声能电话,分别安装在前盾的人舱内、工具舱及人舱外,另有1部电话安装于主控制室,见图2-73。防爆电话可与主控室电话互通,均可与地面通话。声能电话可实现任何情况下相互对讲。

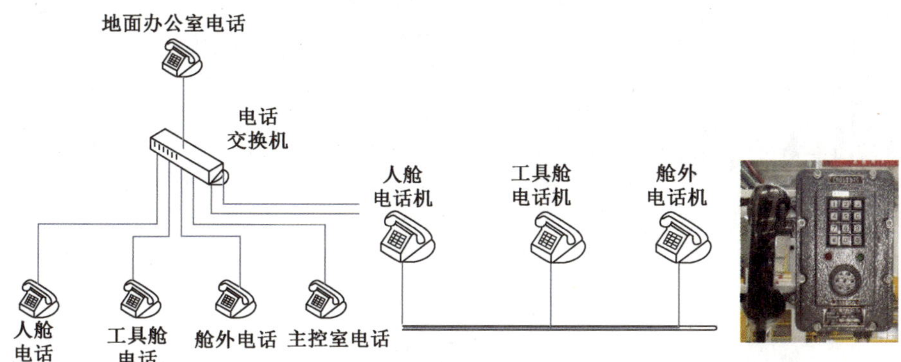

图2-73 通信系统

设备上还提供声光报警装置,包括皮带输送机启动前的报警、管片安装旋转报警及管片拼装机抓取状态报警等。

(2)照明及应急照明

照明日光灯分布于整个设备范围的人行通道、重要工作位置、盾体及主控室,并配置应急照明装置,在设备停电后,系统可自动切换到应急照明,持续时间不小于2h。

(3)视频监视系统

在螺旋输送机出渣口、砂浆罐、皮带输送机出渣口及管片拼装区域各安装一部网络摄像头,主控室内安装一台工控计算机,可实时监视以上区域的图像。

(4)高压电缆及电缆箱

配备可容纳500m高压电缆的电缆箱,位于4号拖车的右侧。电缆采用规格为$3\times50mm^2+3\times35/3mm^2$的橡套软电缆。

2.5.13 通风系统

盾构机采用洞外压入式通风,将洞外的新鲜空气输送到盾体及后配套区域,带走污浊空气,为工作人员提供新鲜空气,带走隧道热量,降低工作环境温度。

该系统主要由风管、风筒起吊设备、二次射流风机(含消音器)、储风筒等组成,见图2-74。

2.5.14 有害气体检测系统

配置一套便携式气体检测装置,用于检测人舱内部的CH_4、CO、CO_2和O_2含量,并具备声光报警功能,见图2-75。在螺旋输送机出口处安装有固定检测仪,用于检测螺旋输送机出渣口

处的有害气体，包含气体中的 CH_4、H_2S 和 CO 含量。

a)

b)

图 2-74　通风系统

a)

b)

图 2-75　有害气体检测系统

2.5.15　消防系统

考虑盾构机上有火灾出现的安全隐患，主机部位米字梁前、后位置及后配套拖车部位配置有手提式干粉灭火器和 CO_2 灭火器。

2.6　可拆解盾构机盾体管路布置

盾构机管路主要分为风、水、气、液压和注浆这五个大类。管路敷设原则如下：

(1)管路要简单明了，不重复敷设。

(2)解体与组装方便，解体部位尽量使用方便接头。

(3)实用价值高，满足盾构机运行的各项要求。

(4)分区域敷设，各区域之间尽量只设主管路。

2.6.1 设备桥管路敷设

为方便盾体管路分区敷设，设备桥管路开始分左右两侧进入盾体。按照管路分类，保压系统、油脂油料系统、膨润土系统从设备桥左侧上部进入盾体；泡沫系统从左侧中部进入盾体；液压系统主管路从右侧顶部进入盾体；注浆系统管路从右侧中部进入盾体，见图 2-76、图 2-77。

a)

b)

图 2-76　设备桥左侧泡沫管敷设及左上管路敷设

a)

b)

图 2-77　设备桥右侧注浆管路敷设及右上液压管路敷设

螺旋输送机液压管路、管片小车液压管路、拖拉液压缸液压管路，不进入盾体，在设备桥上设置液压阀块，直接接入液压缸与液压马达。

2.6.2 盾尾管路敷设

盾构机解体计划将盾尾分为上、下两部分解体，且盾尾与中盾、设备桥分离。

盾尾管路只接 4 路注浆管和 14 路盾尾油脂管，如图 2-78 所示。注浆管分别接入左上、右上、左下、右下 4 个位置；盾尾油脂管分别接入正上、左上、左中、左下、右上、右中、右下 7 个位置，每个位置分为前后两路，共 14 路，如图 2-79 所示。

图 2-78　盾尾注浆管路接头

图 2-79　盾尾油脂管接头

2.6.3　中盾管路敷设

中盾解体方案中，中盾将分为上、下、左、右共 4 块，米字梁固定在中盾底块上，设计中，将各系统的控制阀块安装在米字梁上。

液压系统主管路进入中盾右侧中部，分一根管路从米字梁中间到中盾左侧，再通过控制阀块按照上、下、左、右 4 个区域连接推进液压缸与铰接液压缸。由于各液压缸需要实现单独操作，所有各液压缸的进出液压缸将无法实现分块集成，只将各区阀块进行集成安装在米字梁上。

水、气系统管路进入中盾左侧中部，分一根管路沿米字梁中部到中盾右侧，再通过安装在米字梁上的气动控制阀接入所需部位。

盾尾油脂主管路也进入中盾左侧，再通过安装在米字梁上的气动控制阀连接到盾尾，见图 2-80 ~ 图 2-85。

图 2-80　盾尾油脂主管路接头

图 2-81　铰接主进油管

2.6.4　前盾管路敷设

解体计划中，前盾将分为上、下、左、右共 4 块。为避免拆分对管路产生影响，各管路敷设情况如下：

(1)膨润土管路先进入左侧前盾中部土舱壁，再分一路连接前盾右侧中部土舱壁。
(2)泡沫管路直接接入中心旋转接头。
(3)保压管路从左侧上部进入盾体，连接在前盾上部，再接入人舱与保压舱。
(4)黄油管从左侧进入盾体，穿过螺旋输送机下部，直接接到多点泵。
(5)黑油脂管从左侧进入盾体，直接接到油脂分配阀，见图 2-86 ~ 图 2-89。

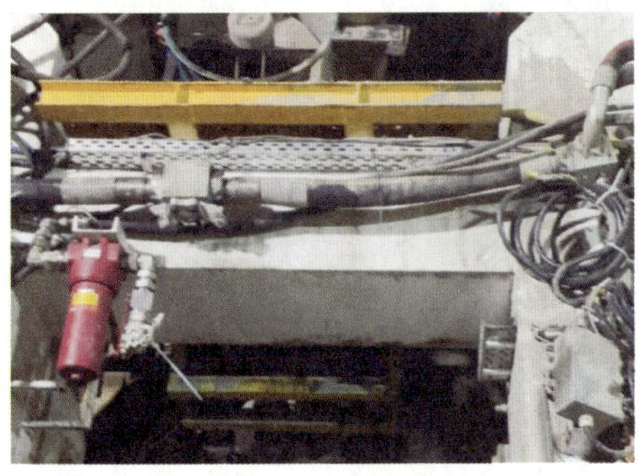

图 2-82　主回油管敷设

图 2-83　中盾右侧推进系统进油管接头

图 2-84　中盾左侧推进系统进油管接头

图 2-85　中盾左侧循环水进水管接头

图 2-86　中心旋转接头

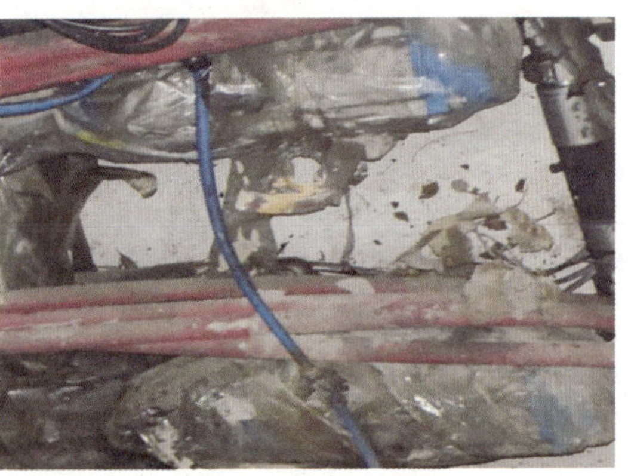

图 2-87　黑油脂分配阀

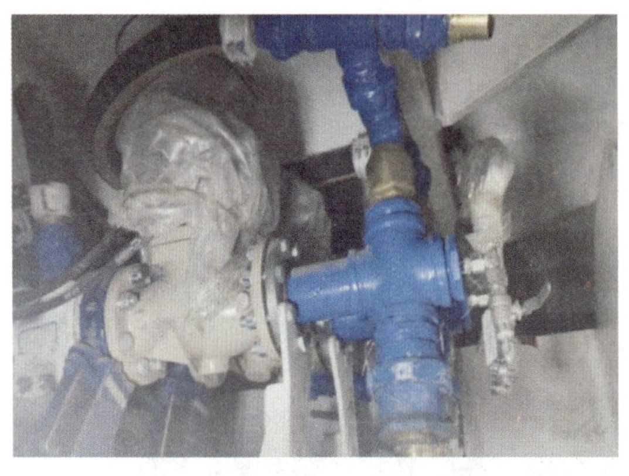

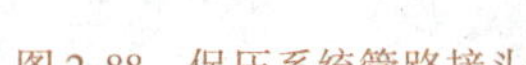

图 2-88　保压系统管路接头

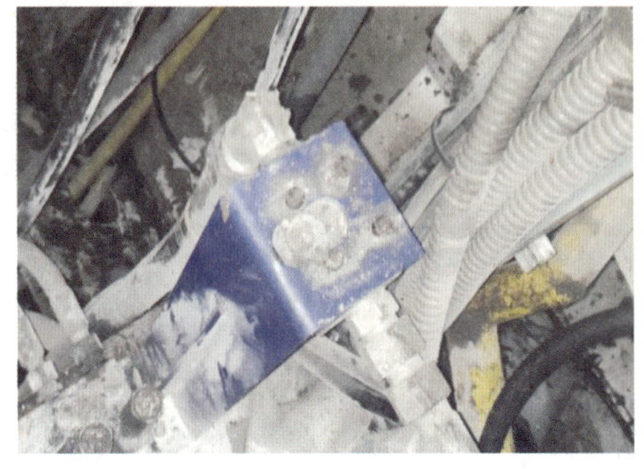

图 2-89　黄油主管路接头

2.7　可拆解盾构机过站辅助装备制造

2.7.1　盾构机主机快速过站装备

盾构机在小范围内移动时一般满铺钢板，盾构机在钢板上滑动摩擦进行平移即可。如果过站，将盾构机顶升平移到站台上，然后将盾构机放到平移钢板或者支架上，通过液压缸顶推，将盾构机移至另外一个端头。盾构机在过站平移过程中，需要重复完成盾构机顶升、平移支架前移、盾构机下放、盾构机顶推，在狭小空间内进行上述重复施工是非常困难的。为解决上述技术问题，采用 6 根直径为 60mm 的钢棒作为滚动轴，采用厚度为 30mm 的钢板为骨架，制作快速过站装置，见图 2-90。

a)

b)

图 2-90　盾构机主机快速过站装置

过站装置在使用前，将锂基脂涂抹到钢棒表面，通过钢棒的滚动摩擦，使装置实现移动。

盾构机主机过站时,在盾构机主机 4 个位置焊接 4 个顶升支撑,使用 200t 液压千斤顶将盾构机顶升 100mm,然后在 4 个角上放置 4 个过站装置,将主机轻轻放到 4 个过站装置上,通过对过站装置的牵引,实现盾构机主机的快速过站。

2.7.2　盾构机主机顶升装备

主机合体后,将主机与接收架用 175H 型钢焊接成一个整体。盾体两侧各焊 2 个 200t 液压千斤顶(图 2-91)的顶升基座,基座位置左右距始发接收架中心 2260mm,前面距盾构机切口环最前端 800mm,后面距中盾后最后端 700mm。4 个顶升基座(图 2-92)需精确定位,确保盾体在顶升的过程中前后、左右均能平衡,保证施工安全。4 台 200t 千斤顶将主机连同接收架一同顶起,边顶升边在接收架下部垫 400mm × 400mm × 30mm 的钢板,位置与顶升基座相对应,每侧两个点位。液压缸顶到一个行程后将接收架和地面之间的空隙垫实,将液压缸缓慢卸力,将主机放到 4 个支撑点位上。加高液压缸支撑,再进行下一个顶升过程。当主机顶升 420mm 后,在接收架下部插入 2 根 400H 型钢,长度 7m,型钢方向和主机平行。按照上述步骤,主机缓慢顶升,再次顶升 420mm,在垂直于主机方向插入 400H 型钢,长度 4.6m,间隔 1.5m 放置 1 根。

图 2-91　顶升千斤顶布置

图 2-92　顶升基座

2.7.3　主机平移/分离装备

接收平台上装备有水平液压杆,能有效地将中盾前与中盾后拆开,见图 2-93。盾体和接收架落到纵移平台上后在纵移平台尾部焊制反力支撑座并留足千斤顶放置空间。使用 175H 型钢分别制作长度为 1m、2m 和 3m 的三种支撑杆,每种支撑杆 2 根。使用 2 台 100t 千斤顶放置在纵移平台反力支撑处将盾构机连同接收架沿隧道方向在纵移平台上顶推纵移。当盾体每向前移动 6m 时,用 4 台 200t 液压千斤顶将盾体顶起(盾体与接收台固定为一体)脱离纵移平台,利用前端安装的一台 50kN 卷扬机将纵移平台前移 6m。如此循环操作,直至盾体主机到始发井口。图 2-94 为主机平移施工现场。

图 2-93　主机分离

图 2-94　主机平移

2.8　小　　结

可拆解盾构装备与常规盾构装备制造最大的区别在于盾体的拼装式分块构造，其分块角度与连接方式选取，谨遵工程实际情况与盾构机结构特征，形成了一套以分块、连接技术为主的可拆解盾构装备制造关键技术。其他核心部件或辅助设备的制造、选用，与常规盾构机类似，保证了盾构装备的稳定性。

第3章　可拆解盾构装备拆解过站工法

为适应有限的过站空间,所研发的可拆解盾构装备具有特殊拼装式结构特征。对于其拆解过站的工法选取需在满足工程特征的基础上,考虑其机械特征,并辅助相应的吊装、运移方法,才能有效地、安全地进行过站施工。本次施工过程中,拆解/安装工法与过站工法相辅相成,共同构成一套完整的施工体系。为了明确各施工进程,本章将在介绍常规盾构拆解、过站、组装方案的基础上,结合宁波轨道交通4号线工程实践,对可拆解盾构装备过站工法按照“拆解→过站→组装”的顺序进行介绍。

3.1　拆解施工

盾构机运输、转场前均需要对其进行拆解施工,以达到缩小尺寸、减小质量、方便运输的目的。常规盾构机拆解方案中的螺旋输送机、人舱、管片拼装机以及各类管线的拆解同样适用于可拆解盾构装备的拆解施工,但对于刀盘、盾体分块的拆卸则应该根据过站空间与施工条件进行具体设计。

3.1.1　既有盾构机拆解方案

目前,国内外常规盾构机拆解常见的有三种方案:一是在预先开挖的扩大硐室内,依靠大型吊装设备实施拆解;二是隧道掘进完成后在硐室内进行盾构机顺序拆解;三是城市轨道交通工程常依靠盾构接收井进行盾构机拆解施工。

具体工程应结合工程地质、施工流程及盾构构造等情况具体选择拆解方案。以上三种拆解方案均趋于成熟,被大量工程所检验与应用,本节针对既有盾构装备拆解方案,简述其拆解工艺流程程与注意事项,为可拆解盾构装备的拆解施工提供借鉴。

1)接收井拆解方案

接收井拆解为目前城市轨道交通中最常用的盾构接收、拆解方案,其需要设置吊装口,通过地面吊装设备与地下拆解的配合来完成盾构机的拆解。以宁波轨道交通4号线某常规盾构施工来说明盾构装备的接收井拆解方案。

(1)电气部分

盾构机电气部分主要包括各类电缆,其在拆解过程中要求与机械部分穿插进行,按照"主机→设备桥→拖车"的顺序进行拆解。在拆解过程中要求:所有电缆拆下后电缆头均需用胶口袋包装并用绑扎带捆扎密封,防止进水和受潮;所有电缆均只需拆下一端,将其收回,盘好并固定(与1号拖车相连的电缆不需拆除)。

当主机行使至接收架固定、且刀盘位置旋转合理后,洞内高压电切断,同时将主驱动电缆拆除、盘好、捆扎并吊出地面储存良好。拆解过程如下:

①拆除所有主机与后配套之间的电缆的后部接头(绝大部分为插接头),将电缆收到主机内盘好、捆扎、固定。

②所有电缆拆除后,拖至主机并进行捆绑。

③拆除螺旋输送机电缆的前部接头,将电缆收到主机室旁的走道盘好、捆扎。

④拆除设备桥电缆的前部接头,将电缆收到主机室旁的走道盘好、捆扎。

⑤拆除1号拖车与其他拖车之间的电缆的后部接头,将电缆收到主机室旁的走道盘好、捆扎。

⑥拆除2号拖车与其他拖车之间的电缆的后部接头,将电缆收到2号拖车右侧尾部平台盘好、捆扎并固定。

⑦拆除3号拖车与其他拖车之间电缆(主要是配电柜到变压器的动力电缆)的前部接头,将电缆收到4号拖车盘好、捆扎并固定。

⑧拆除高压电缆的两端,将端头做好严格的密封包装,然后盘好、捆扎放到变压器的集油槽内。

(2)机械部分

盾构机推至接收架上后,及时清理洞口及刀盘内部的泥土。当安装完最后一环管片后,主机推进至接收架最前端,推进液压缸全部收回,随后开始盾构机机械部分拆解。

拆解流程及注意事项如下:

①整机清理。

a. 拖车的清理,包括注浆泵、储浆罐、皮带、滚筒、注浆管及其他设备和场地的清理。

b. 注浆泵运动部件(如活塞杆等)做防腐处理。

c. 设备桥清理,包括管片起重机等其他设备的清理。

d. 主机清理,包括泵站、螺旋输送机、管片拼装机及主机的所有阀块的清理、注浆孔的清洗、主机下部砂浆的清理、刀盘电机及旋转接头清理。

e. 主机外部清理,尤其是盾壳顶部吊耳焊接部位清理。

②设备状态检查及调整。

a. 刀盘焊接吊耳位置旋转到正上方,即仿形刀停留在左侧水平位置(掘进方向右侧)、铰接液压缸处于中间位置。

b. 管片拼装机缩回所有液压缸并处于前部(即缩回前后液压缸),抓取头处于最下端。

c. 螺旋输送机伸出,后舱门关闭。

③整机液压、电气管线的标识。

按系统将中体与前体,中体与设备桥,设备桥与1号拖车,以及拖车之间的需拆解的胶管要重新进行标识(号码管或铝牌)。注意电气和液压管路的标识,要做到不缺、不漏,清晰明确。

④皮带割除并运出。

a. 皮带的拆除要兼顾下次始发时的皮带硫化,在磨损严重的接头处进行剖切,注意剖切要整齐。

b. 将割断后的皮带卷好后运到地面。

⑤吊耳的焊接。

a. 焊接时须保证焊接质量,指定专人焊接。

b. 采取保温措施和敲击释放应力。

c. 对一个吊耳进行焊接时要保持连续性,不得随意停止。

d. 严格按照焊接标准规范进行操作。

e. 在原吊耳位置进行焊接。

f. 割除刀盘顶部耐磨圈(在原刀盘吊耳处,分 4 段,按原样割除,去除氧化部分,打磨平整)。

g. 把耐磨圈点焊在刀盘面板上;清洁焊接区域,并打磨不平整部分,不得有脏物和水等。

h. 依次焊接刀盘、前体、中体、盾尾吊耳。

⑥顶推支座的焊接。

a. 制作两个顶推支座安装在接收台两侧。

b. 液压泵站转运到井下并测试工作情况。

⑦盾构机液压管线的拆除。

a. 当盾构机主机到达接收架上后,使铰接液压缸处于自由状态,以便拆卸铰接液压缸。

b. 拆除旋转接头上泡沫管、油管,拆除后封口,绑在中体上。

c. 将中前体连接油、水、气管拆除,拆除并封口后捆绑固定、收回。

d. 拆除螺旋输送机上油脂润滑的油脂管,拆除附属油管、风管,拆除后封口绑在连接桥上。

e. 拆除主机至拖车的风管、油管、油脂管,将拆除的风管、循环水管绑在 1 号拖车上,拆除的油脂管与相应的泵一同捆绑。

f. 拆除管片拼装机进油管,拆除后封口,进油管绑在中体立柱上。

g. 拆除部分铰接油管,将油管封口后绑在中体立柱上。

⑧主机与设备桥分离并后退后配套。

a. 将主机和设备桥之间的管线拆除并用堵头密封好,注意堵头一定要清洁干净。

b. 拆卸拖车之间的管线,接头用堵头密封好,注意管堵头一定要清洁干净,以防管路污染(标识完成后进行)。

c. 用管片车及焊接的 H 型钢支架在设备桥前部做成临时支撑,注意焊接牢靠坚固(焊接 H 型钢支架的管片车作为螺旋输送机支撑用),注意同时把设备桥和临时支撑之间也进行焊接。

d. 拆卸主机与设备桥之间的拖拉液压缸,并用机车及拉杆(在 4 号拖车上)将后配套后移,并安装阻车器。

⑨刀盘拆卸。

a. 土舱内的螺栓先拆卸螺栓保护套,再用拉伸预紧扳手或敲击扳手拆卸双头螺柱,加力杠人工拆卸，若不能松动，则用气焊将螺栓切割，拆卸顺序亦为对称拆卸。

b. 刀盘连接处清洗干净涂抹防锈油。

c. 地面敷设枕木将刀盘翻身并装车运出。

⑩主机前移。

a. 在中体两侧焊接顶推支座（含前移及后退两种），顶推支座的位置在左右两侧和接收架的顶推支座对应，焊接质量要保证。

b. 用液压缸将主机前移至站台极限位置，前体紧贴站台。

⑪螺旋输送机拆卸。

a. 将螺旋输送机上的泡沫管及液压管标识好然后拆除，并用堵头密封。

b. 拆除隔膜泵及管片拼装机两侧油管并封堵。

c. 轨道延伸至管片拼装机位置，提前备用两台管片小车，一台推至前部并固定（管片小车总高度至少和管片拼装机旋转轨道下部内边沿的高度相同），另一台推入洞内，待输送机抽出后存放。

d. 拆卸螺旋输送机与前体的连接螺栓。

e. 拆解螺旋输送机与中体的连接拉杆。

f. 放长吊链，同时起重机缓慢提升，使螺旋输送机沿倾斜方向缓慢上移。

g. 将合适的倒链挂在管片拼装机梁上用来倒换钢丝绳，在人舱下面的吊耳处挂一个倒链，倒链依次更换倾斜后移至螺旋输送机能够竖直起吊处。

⑫盾尾拆除。

a. 焊接吊耳（内部正下方，避开盾尾刷）。

b. 将铰接液压缸与盾尾连接处拆解，销子、垫圈、挡圈等安装回原位。

c. 铰接液压缸连接销子涂抹防锈油脂。

d. 拆除紧急密封气管。

e. 拆除注浆管路。

f. 拆除铰接油脂管、风水管。

g. 用液压缸将盾尾顶出。

h. 用起重机的大小钩将盾尾吊出地面并翻身后装车运至新场地内。

⑬管片拼装机的拆卸。

a. 检查管片拼装机油管拆卸及封堵情况。

b. 准备管片拼装机固定支架。

c. 拆除前后移动液压缸销轴将液压缸固定。

d. 拆除安装机连接螺栓。

e. 用起重机及钢丝绳将管片拼装机挂好并将吊索微微起吊。

f. 用倒链向后移动，导向轮退出后起吊。

g. 拆除剩余螺栓，并用履带式起重机大小钩配合翻身后装车运出至新场地内。

⑭管片拼装机轨道梁的拆卸。

a. 拆卸内侧管线的固定。

b. 吊出内侧管线，装车并运出。

c.起重机挂好轨道梁。

d.用液压扭力扳手及风动扳手拆卸轨道梁与中体的连接螺栓。

e.起重机轨道梁装车并运到至新场地内。

⑮主机后移并分离。

a.更换顶推支座顶推方式,将中前体向后顶。

b.用液压缸将中前体后移至井沿的位置并分离。

c.拆除人舱螺栓并吊出人舱。

⑯中体吊出。

a.焊接吊耳,在原来吊耳的位置进行焊接,不得移位。

b.拆卸人舱连接螺栓,并将人舱后移固定焊接,不得损坏管线。

c.大吨位汽车式起重机挂好钢丝绳。

d.拆卸中体、前体连接螺栓:用2个顶推液压缸将中体向前拉出至定位销脱离,同时用顶推液压缸辅助;起吊中体并在地面用小吨位汽车式起重机配合翻身装车并运出至新场地暂存;装车前在结合面涂抹油脂并封闭后垫于方木上;螺栓进行清洁保存。

⑰前体吊出。

a.吊耳在原来的位置焊接。

b.前部结合面涂抹油脂并封闭(油毡)。

c.大吨位汽车式起重机起吊前体并在地面与小吨位汽车式起重机配合翻身、装车、运出至新场地暂存。

⑱接收架上敷设钢轨并延伸。以洞口钢轨高度为基准,向站台方向敷设枕木、钢轨轨线延伸到站台内。拆卸枕木时,履带式起重机等已经退场,把枕木从洞内运出。

⑲螺旋输送机的吊出和运输。

a.敷设井口轨道。

b.螺旋输送机前移至井口。

c.沿着井口对角方向起吊螺旋输送机。

d.吊出后运输到新场地内。

⑳后配套及设备桥拆卸。

a.与主机分离并解体。

b.后配套和设备桥从隧道内用电瓶车牵引至接收井洞门口。

c.然后由起重机吊起,运输至新场地。

2)原位无扩大硐室拆解方案

受限于拆解空间,与接收井接收不同,原位无扩大硐室拆解方案是指当盾构机掘进到指定里程后停机原地拆除。拆除通常按照拖车、连接桥、螺旋输送机、管片拼装机、盾体、刀盘的顺序进行拆解。在满足吊装运输的条件下,各部件尽量整体拆解。

以神华神东补连塔矿2号副井工程为例对原位无扩大硐室拆解方案进行描述。其具体拆解流程:拆解前准备工作→后配套连接处断开→后配套拖车单节拖拉至拆卸工位→拆卸拖车大件设备→拖车框架合并→使用管片运输车运出洞外→拖车20~1号的拆解→安装连接桥步进工装→将连接桥拖拉至拆卸工位→使用管片运输车运出洞外→在盾体和管片位置合适处焊接吊耳→拆解螺旋输送机/皮带输送机→拆解管片拼装机→拆解中盾门字架→拆卸盾体内配置设备→拆解推进液压缸→拆解主驱动→拆除刀盘。

(1)刀盘拆解技术

刀盘拆解时,为了减小刀盘拆解质量,需将刀具和刀具座等零部件先拆解,再拆除刀盘支架,刀盘支架分块(1 大 4 小)依次拆除,待运出硐室外后进行整体修复及组装。

刀盘拆解流程:拆除刀盘上所有刀具等可拆卸部件→工装固定刀盘→将刀盘按“4 + 1”形式进行分割→拆除中间块→按上、左、右、下顺序依次拆除边块→完成刀盘拆解。

具体拆解步骤如下:

①将前盾的中心圆环全部割除,割除前确认切割部位的零部件拆除完毕,并在切割部位合适的位置焊接吊耳,用倒链将其预紧。切割部位最小尺寸不得小于中心圆环周围的焊接部位,最大尺寸应满足车辆运输要求。

②对前盾中心部位进行扩孔,以满足刀盘最大块吊出的尺寸要求。

③清理盾体内部的零部件,并敷设轨道至所需位置。

④在盾体及刀盘合适位置焊接吊耳,并悬挂倒链。

⑤进入土舱内清洗刀盘,并拆除刀盘的滚刀、切刀、泡沫喷嘴、回转接头等可拆卸零部件。

⑥刀盘体外锥面与前盾在圆周方向上使用 H 型钢进行加固焊接。

⑦刀盘固定好后,可将刀盘与主驱动之间剩余连接螺栓全部拆除。

⑧进入土舱内,将刀盘分割为 5 块。

⑨拆卸中心块。拆卸前确认焊接吊耳、支撑架、拆卸小车、倒链等工具、工装准备到位;刀盘中心块在切割时,先切割上部,使用倒链与中心块上方吊点相连并预紧,在刀盘中心块下方与前盾隔板之间使用工字钢或 H 型钢进行支撑,在中心块与平板车之间也用工字钢或 H 型钢进行支撑,然后割除刀盘中心块下面部分,最后把中心块与前盾隔板之间的支撑割除,让机车缓慢向前移动来缓冲中心块向后的扭矩。

⑩按照步骤⑨“中心块拆除”,依次将 4 个边块进行拆卸。

(2)主驱动拆解技术

为减少拆解重量,主驱动采用分体拆解方式,先将驱动电机拆卸,然后将减速机、花键轴拆解下来,剩余的整体拆解。拆解过程:拆除驱动电机,并进行适当的保护处理→使用移动小车沿支撑架将主驱动向外拉出→使用倒链翻转主驱动→将主驱动吊至运输蓄电池车上,运出盾构,完成拆解。

具体拆解步骤为:

①将电瓶车轨道敷设至管片最前端,支撑中盾、盾尾,在盾体内焊接吊耳。

②割除前盾连接螺旋输送机的套筒。

③在前盾顶部和中心圆环上焊接吊耳。

④用倒链在主驱动前后起吊并预拉紧,倒链的总起吊能力要大于等于 36t。

⑤用倒链将主驱动进行预拉紧,拆除主驱动与回转接头连接支撑,主驱动与刀盘连接螺栓。

⑥对前盾隔板进行切割。

⑦在管片处设置一反力架,用于提供拆除主驱动水平拉力。

⑧利用中盾内吊耳将主驱动翻身,平放到平板车上。

⑨将主驱动拉出洞外。

(3)螺旋输送机拆解技术

螺旋输送机拆解过程中面临以下问题:

①空间受限。由于螺旋输送机较长,又穿过前盾、管片拼装机回转支架及上贴中盾,其周围空间受到约束。

②质量较大。由于螺旋输送机质量过大,在有限空间内进行拆解吊装很困难,危险性较大。为了克服存在的困难,保证螺旋输送机安全、完整拆卸,对螺旋输送机进行拆解过程研究,拆解流程如图 3-1 所示。

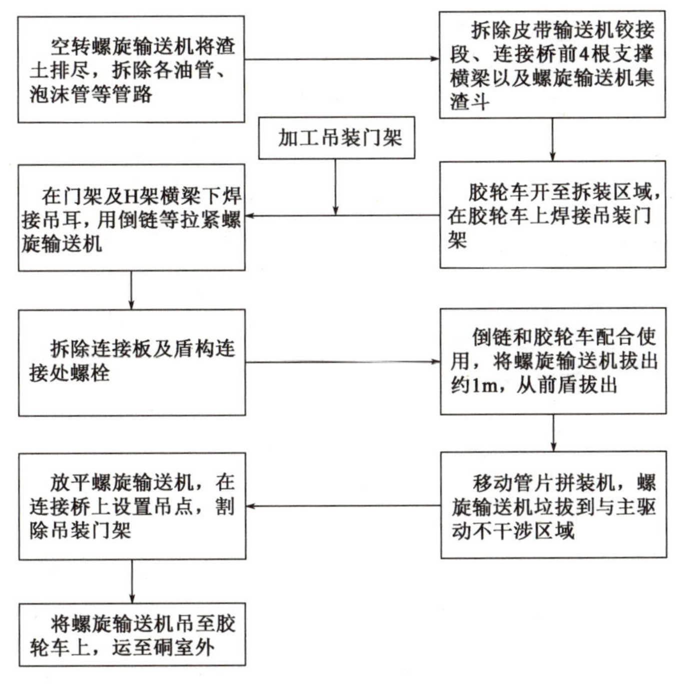

图 3-1 螺旋输送机拆解流程

具体拆解步骤如下:

①先排尽渣土,后断电,拆除油管、接料斗。

②平板运输车上焊接吊装门架;门架及 H 架横梁底焊接吊耳。

③利用倒链和平板运输车配合使螺旋输送机沿隧道轴向方向拔出前盾、管片拼装机,并吊装到连接桥上。

④再利用倒链和平板运输车配合使螺旋输送机平放到平板运输车上,并输送到硐室外。

(4)拖车拆解技术

拖车拆解时按照倒序由后往前拆解,拖车拆完后再拆解连接桥,拆解后通过平板运输车运送出斜井,拆解流程:将皮带输送机、风管固定在拖车中间框架→拆卸拖车中间框架、拖车轮对,通过胶轮车运出隧道→将拖车左右框架连接并用螺栓固定→将拖车左右框架起吊至胶轮车上运出隧道→重复操作,直至完成 20 节拖车拆解→拆卸连接桥左右两侧的平台、轮对并运出隧道→将连接桥主框架起吊至脚轮车上运出隧道。

拆解过程中,利用拆解设备将中间框架、框架上部零部件,以及拖车下部平台上质量较大的可拆设备卸下,利用平板运输车运走。为了提高效率可增加起重机数量,多个拖车同时拆解,再快速运输出斜井。

3)异位扩大硐室方案

扩大硐室拆解与原位拆解两种拆解方式的区别在于:扩大硐室拆解方式具有完全拆解,安全高效,技术成熟等优点,但相较原位拆解,需绕前施工拆解硐室,施工总周期长。拆解作业安排在平坡段,作业空间大,但费用高。若主、副井联合施工,顺序使用同一个拆解硐室,实现资源共享,可部分降低拆解费用。

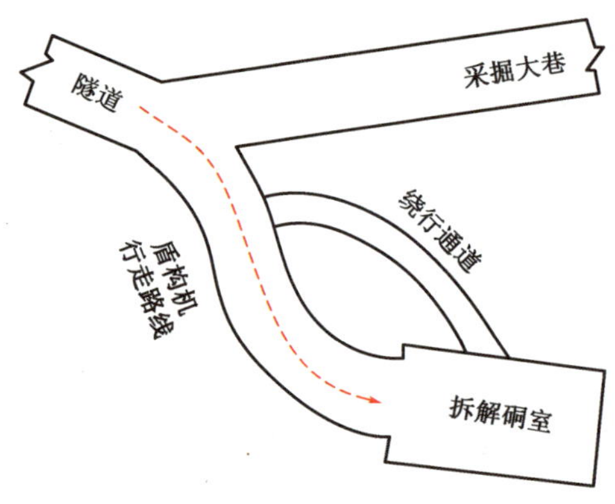

图 3-2　盾构机拆解硐室平面布置示意图

先期修建绕行通道,通过绕行通道修建扩大的拆解硐室,将盾构机推进至拆解硐室内,采用硐室内安装的桥机,实施盾构机的完全拆解。盾构机拆解硐室平面布置如图 3-2 所示。

(1)拆机专用装置组成

一般在拆解硐室内需要安装一定的拆卸专用装置,其一般与接收装置相配合,实现盾构机部件的分离。中铁重工集团曾设计、制造了硐室内拆机专用装置,为可拆解盾构拆分器械提供了设计思路,其主要由底盘、配重块、支座、升降支座、横梁支架、升降液压缸组、斜撑液压缸组组成。整车车架为一字形,中间段采用轮驱,前后段采用伸缩液压缸支腿,中间段采用轮驱机构。

(2)拆解硐室布置

根据设备拆解需求,在拆解洞合适位置宜设置大吨位桥式起重机,用于盾构机拆解时的吊装。桥式起重机采用轨道行走方式,桥机轨道基础宜采用钢筋混凝土梁形式。综合利用桥式起重机吊装设备,应充分考虑桥式起重机运行行走需要的空间(即拆解洞顶部宽度),以及桥式起重机组装区域顶部宽度(考虑到桥式起重机钢结构长度以及桥式起重机组装时期人员操作空间),并要求确保桥式起重机起吊高度,保证拆解时桥式起重机能够正常起吊部件。

对于拆解硐室断面的开挖为方便开挖施工以及现场人员作业,断面形式应尽量小。

另外边墙位置在拆解过程中,需要布设一些升降台车或者高脚手架,便于人员拆解作业,以加快拆解速度,因此,其宽度要考虑升降台车宽度、人员作业范围及吊装安全区。拆解硐室断面如图 3-3 所示。

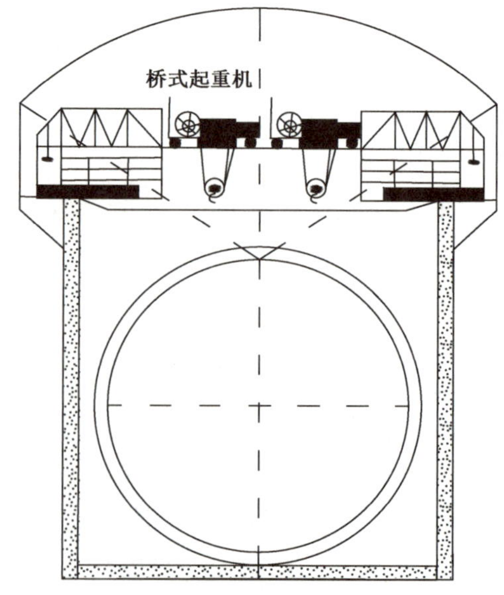

图 3-3　拆解硐室断面示意图

(3)拆解流程

与原位拆解类似,异位扩大硐室拆解方案按照“由后到前,由上到下”的顺序进行拆解,拆解流程为:盾构机推进至扩大硐室后,断开各节后配套拖车电缆、流体管路、液压管路等,做好标记、密封、防护并固定→拆除各节后配套拖车平台、栏杆以及走台等附件→拆除隧道内连续胶带机尾部、胶带机、除尘通风管路、二次风机等→逐节拆除后配套拖车、连接桥→拆除螺旋输送机→拆除管片拼装机→拆除推进液压缸→拆除 H 型钢架→分离、切割盾体→拆除主驱动电机以及减速机→拆除主驱动驱动箱→分块拆除刀盘。各部位详细拆解过程与原位拆解类似,详见前文。

综上所述,常见盾构机拆解方案的具体实施细节类似,均为通过吊起装置(桥式起重机、汽车式起重机、吊耳等)与支架底座的配合来实现盾构的拆解;而对于各部件的拆解顺序则与盾构机的结构、施工设备以及施工空间息息相关。例如洞内拆解按照“由后至前”的顺序进行拆解盾构主体,最后完成刀盘的拆卸;而接收井拆解则首先对刀盘进行拆卸,按照“由前至后”的顺序拆解盾构主体;另外土压盾构机与泥水盾构机结构不同,其拆解的顺序与结构亦不相同。各工程会根据施工现场来选取相应常规盾构机拆解方案。

3.1.2　可拆解盾构机拆解工法设计与应用

1)可拆解盾构机拆解工法设计

宁波轨道交通 4 号线宁波火车站预留盾构机接收/始发端,整体空间 13m×9m×25m,满足盾构机主体的接收空间要求,见图 3-4。由于标准段受上行 2 号线结构的影响,使标准段过站空间受限,因此须采用拆解的方法,降低拆解部件的质量与尺寸,以通过车站标准段空间受限区域。参拼装式可拆解盾构机拆解工法设计如下。

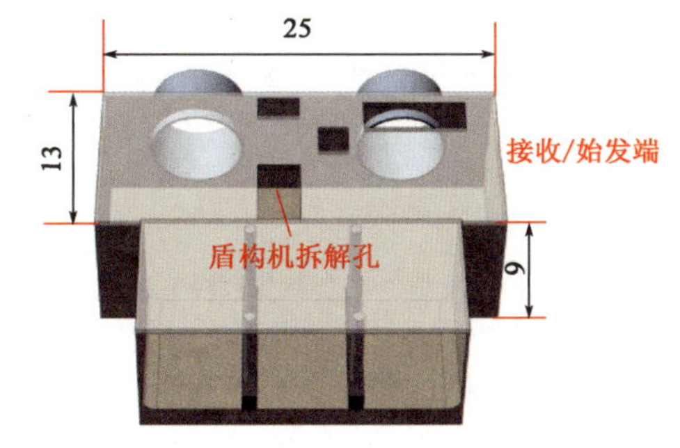

图 3-4　盾构接收端尺寸示意图(尺寸单位:m)

(1)基于现场空间条件与盾构的二次始发的连续性,拆解时应保证盾构的整体结构,因此无需对盾构机进行全面拆解,而是以减小盾构机过站体积为目的进行拆解。

(2)为保证工期,缩短过站时间,应尽量减少分块数量,减少块体过站的总时间。

(3)对于后配套设备(拖车台车以及管线等)按照以下拆解顺序进行:断开各节后配套拖车电缆、流体管路、液压管路→拆除拖车平台、栏杆以及走台等附件→拆除皮带输送机、除尘通风管路、二次风机等→逐节拆除后配套拖车、连接桥。

(4)保证盾构机整体结构以及满足工期要求,仅对盾构盾体各顶块进行拆除,对于可拆解盾构机主体拆解顺序见表 3-1。

整体可拆解盾构主体的拆解顺序为由内及外,由前至后,由上至下,与常规盾构机拆解的不同点在于盾体的拼装式分块结构的拆除,减少了暴力切割对盾构机整体结构的损坏。

盾构机主体拆解步骤

表 3-1

序号	拆解步骤	示意图
1	使用管片拼装机拆除 22 根推进液压缸	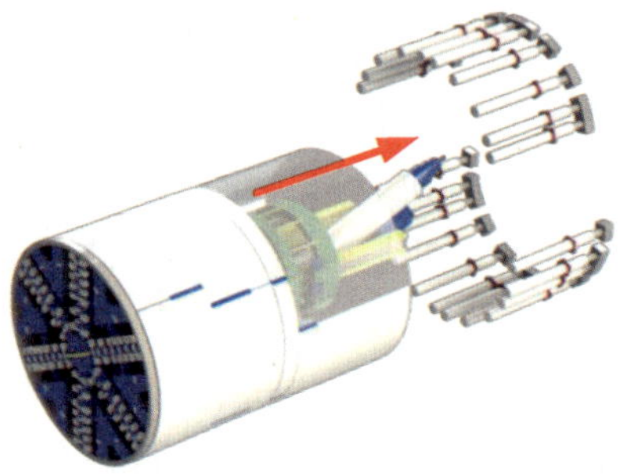
2	盾构机前移拆除螺旋输送机	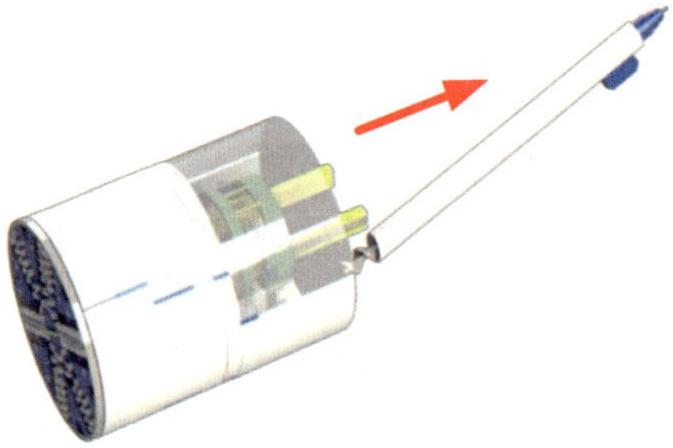
3	拆除管片拼装机	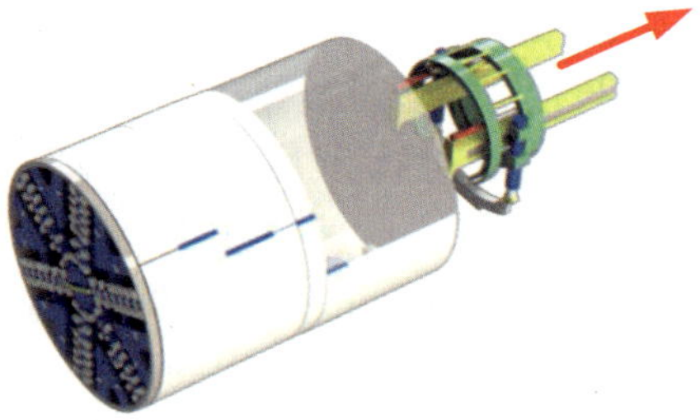
4	接收架分为两段，拆除连接螺栓，盾尾与中盾分离	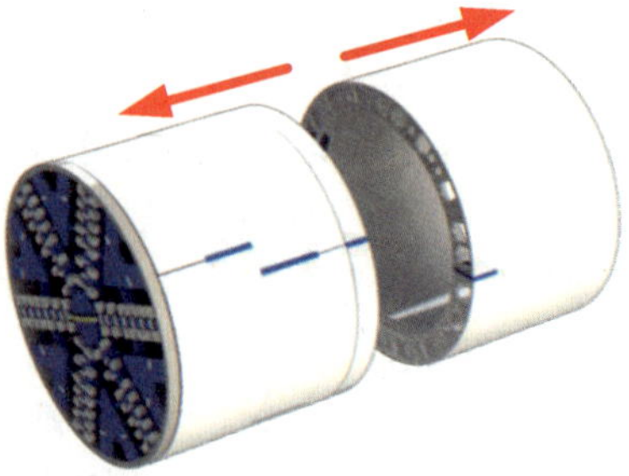

续上表

序号	拆 解 步 骤	示 意 图
5	拆除铰接液压缸，中盾前后分离	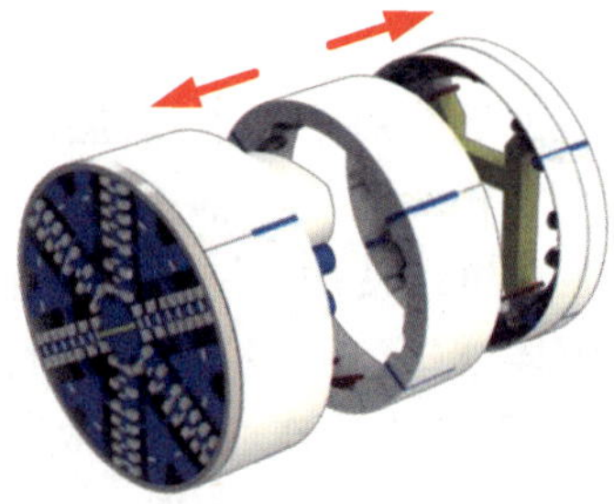
6	拆除紧固螺栓，中盾前与前盾分离	
7	人舱拆除	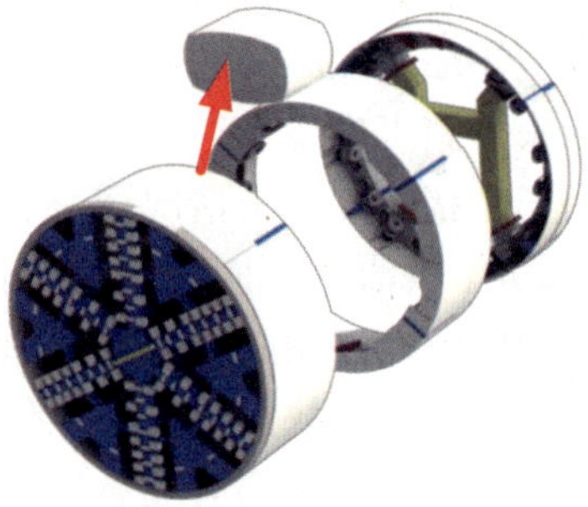
8	刀盘顶块割除	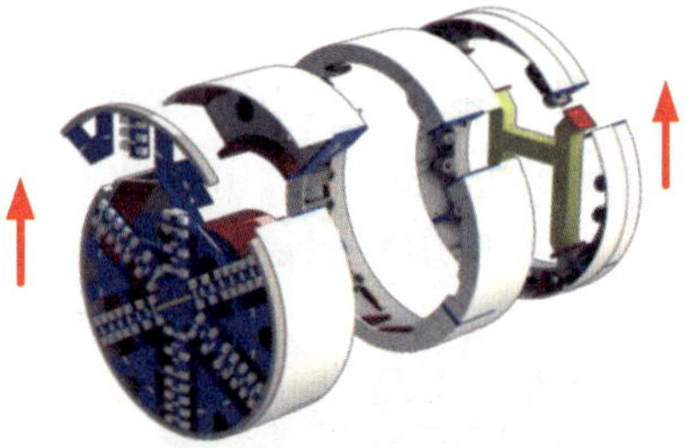
9	拆除紧固螺栓、定位销，切除焊缝，前盾、中盾前、中盾后依次拆除顶块（盾尾顶块拆除）	
10	前盾、中盾前、中盾后拆除部分二次组装	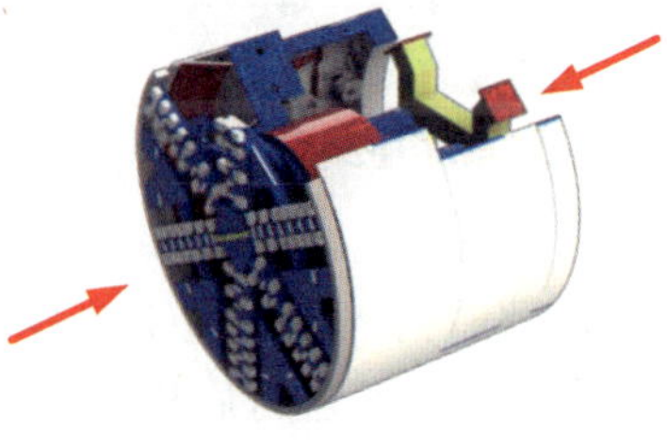

2)工程应用

为适应工期紧迫,作业环境及空间受限条件下的过站施工,宁波轨道交通联合中铁隧道局集团、中铁装备公司制造了拼装式可拆解盾构装备,同时提出了与之配套的洞内拆解盾构机的拆解工法。

该拆解方法按照施工条件,层层递进,在尽量不影响盾构机整体结构的前提下,尽量拆解成与过站空间相匹配的块体,施工安全可靠,并且能够缩短盾构施工时间,拆解后的盾构机可以重新拼装后继续使用,并在宁波轨道交通4号线的施工中成功应用。

盾构解体过站包含多项工序衔接,多人多设备同时运作。盾构机拆解之前需做好“人、材、机”准备工作;组织作业人员做好培训,对每一项工序进行详细现场交底。盾构拆卸前必须制定详细的拆卸方案与计划,同时组织有经验的经过技术培训的人员组成拆卸班组,拆卸前必须对所有的管线接口进行标识(机、液、电)。所有管线接头必须做好相应的密封和保护,特别是液压系统管路、传感器接口等。

(1)盾构机拆机前的准备

①端头井施工准备。

根据车站接收井底板情况,测出底板高程。根据接收架尺寸及高程,在四个端头满浇混凝土,预留泵坑。混凝土上面敷设20mm厚的钢板,黄沙找平。接收架安装在钢板上面。盾构机到达前将洞内解体过站施工机具材料从车站通风井运至工作面。

②盾构机主机顶块拆解吊装工作。

在车站端头井的顶部对应盾构机两侧拱顶的位置分别安装用于吊装盾构机拆分部件的吊梁,所述吊梁包括滑轨和安装在滑轨滑道上的多个倒链滑车,然后在每个倒链滑车上安装倒链。

根据车站情况,选择在左右线端头中间有预留孔位置进行主机解体工作,具体位置见图3-5。

在吊装孔上部安装32t桥式起重机(图3-6~图3-8),桥式起重机的安装调试按照建筑起重机械相关管理规定要求,由专业安拆单位负责桥式起重机安装、调试工作,并组织相关单位联合验收,办理使用登记备案后方可投入使用。

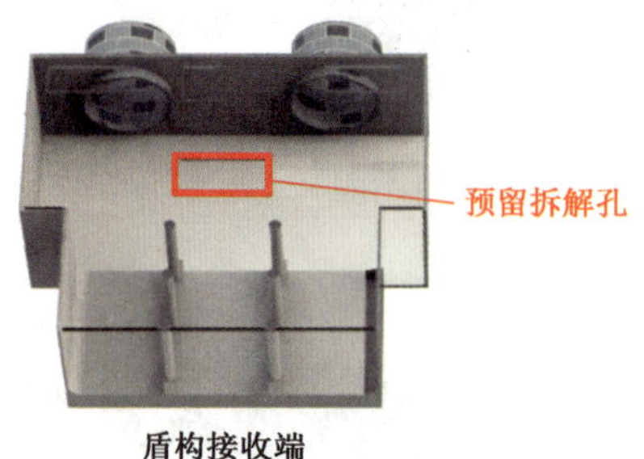

图3-5　预留拆解孔位置

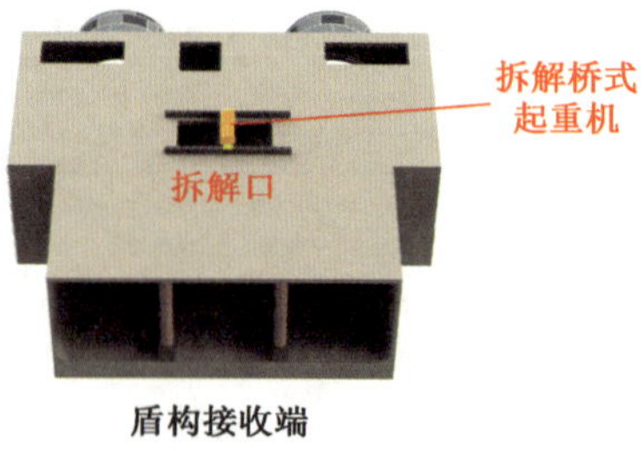

拆解桥式起重机

拆解口

盾构接收端

图3-6　拆解桥式起重机位置

(2)可拆解盾构机拆解施工流程

准备工作完成后,进行盾构机的拆解,拆解过程伴随着盾构主体的旋转、平移,主要拆解场地有两处,一处为盾构接收处,另一处为拆解孔下,其以盾体拆分为界限划分为两个阶段,详见图3-9。

图3-7　安装桥式起重机

图3-8　拆解桥式起重机

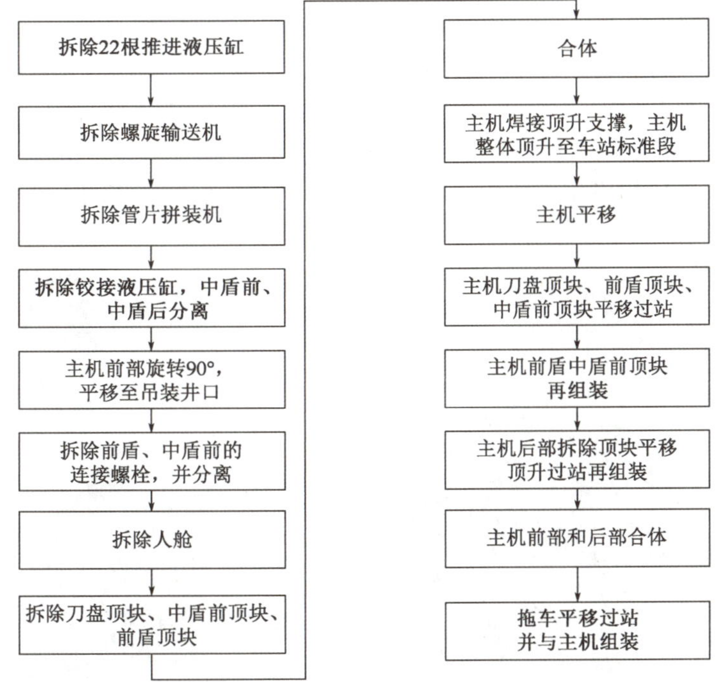

图3-9　盾构机拆解施工流程

具体拆解流程如下：

①使用管片拼装机拆除22根推进液压缸。

为了保证管片与液压缸回收状态的间距超过2000mm，要预先将气管、水管、中前体油管拆除，并且在拆除铰接销子、液压缸座子的螺栓后拆除铰接液压缸；同时，将推进液压缸的进回油管拆除并做好封堵，然后割除推进液压缸的定位调节块，从顶部的液压缸拆起，通过管片拼装机将液压缸吊起来水平抽出，并放置在运输装置上运出；双缸的推进液压缸先将液压缸的撑靴部位拆除，再将22根液压缸分别抽出，见图3-10～图3-12。

图 3-10　拆中前体油管

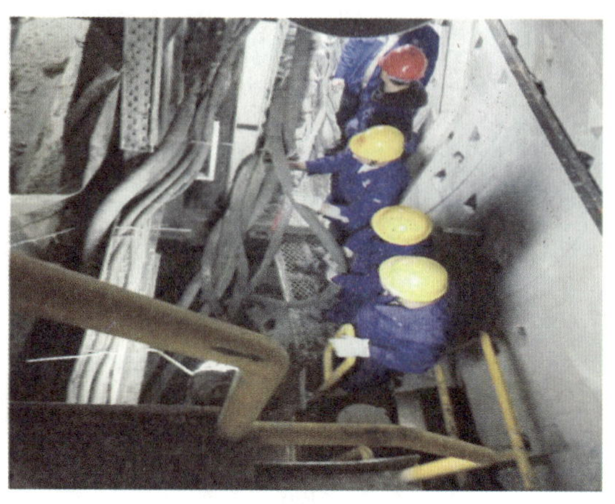

图 3-11　拆气管、水管

②拆除螺旋输送机。

拆除推进液压缸和人舱后，利用已安装在吊梁上的多个倒链将螺旋输送机机体和螺旋输送机驱动部分分别挂住，在盾尾管片上设置多个吊点，安装多个倒链水平拉动螺旋输送机后移，当拉出前盾后，将其慢慢放平；利用吊梁上的多个倒链吊运螺旋输送机水平后移，螺旋输送机后端用管片小车支撑，将螺旋输送机拉出盾体后置于盾构机尾部的管片小车上或通过管片小车将螺旋输送机从盾构机尾部运出。螺旋输送机与前盾脱离过程中，也可以同时将前盾向前移，见图 3-13、图 3-14。

图 3-12　拆除推进液压缸

图 3-13　焊接拆除螺旋输送机的吊耳

③拆除管片拼装机。

和拆解螺旋输送机一样，利用已安装好吊梁上的多个倒链将管片拼装机挂住，在盾尾管片上设置多个吊点，安装多个倒链水平拉动管片拼装机后移；当管片拼装机拉出前盾后，利用吊梁上的多个倒链吊运管片拼装机水平后移，将管片拼装机拉出盾体后置于盾构机尾部的管片小车上或通过管片小车将管片拼装机从盾构机尾部运出盾构隧道，见图 3-15。

④拆除铰接液压缸，中盾前、中盾后分离。

将内部主要管路拆除，利用接收架上的反力液压支撑，将中盾从主动铰接处拆分为中盾前和中盾后，同时将接收架相应拆分为两段，见图 3-16 ~ 图 3-18。

图 3-14　拆除螺旋输送机

图 3-15　拆除管片拼装机

图 3-16　拆除液压缸座子螺栓

图 3-17　拆除铰接液压缸销子

⑤拆除人舱。

直接用吊梁上的倒链将人舱吊住，并将人舱与前体连接螺栓拆除，然后通过盾尾铰接座子用倒链将人舱向后平移，通过滑轨倒链及侧面倒链配合，将人舱缓慢放置到准备好的运输装置上运出，见图 3-19。

图 3-18　盾尾与中盾断开

图 3-19　拆除人舱

⑥刀盘顶块割除拆解。

盾体分离后，首先将刀盘耐磨板进行割除，然后按照设计角度，将刀盘顶块沿着焊缝切割开，并将安装好的倒链沿着吊梁滑轨移动至刀盘对应的位置；通过倒链将分切后顶块吊运至运输装置的接收架底板上，并直接运输至始发端，见图 3-20 ~ 图 3-22。

图 3-20 割除刀盘耐磨板

图 3-21 刀盘顶块割除

⑦前盾、中盾前、中盾后拆除顶块。

a. 在顶块上按照制造厂家提供的吊耳图纸要求焊接吊耳，吊耳焊接后经探伤合格后方可使用。

b. 拆除盾体顶块与其他分块的连接螺栓并用气刨割除焊缝。

c. 用式起重机下放钢丝绳挂顶块的 4 个吊点慢慢起升，待钢丝绳受力拉紧后检查焊缝有无完全割开，检查完毕后慢慢起升吊出顶块并移动式起重机将顶块下放到底板上，并将其移动至始发井，见图 3-23 ~ 图 3-26。

图 3-22 刀盘拆除部分

图 3-23 焊接盾体吊耳

对于顶块的吊起需要进行受力验算。本拆解方案选用 32t 桥式起重机，最大起重量为 32t。以最不利工况吊拆吊装中盾后顶块质量 16t 为例计算。

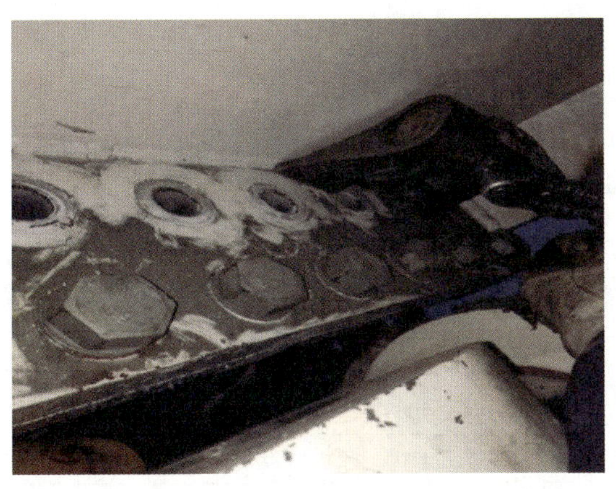
图3-24 拆除盾体顶块连接螺栓

图3-25 拆盾尾上下连接螺栓

$N_{主钩} = 16 \times 1.1$(动载系数) $+ 0.5$(吊钩质量) $= 18.1(\mathrm{t})$

$K_{钩} = \dfrac{N_{钩}}{N_{额定}} = 18.1/32 = 0.566 < 1$,满足吊装要求。

吊物重最大为16t,采用4个吊点,每个吊点4t,选用公称抗拉强度为1700N/mm^{2}的6×37+1钢丝绳,选用$D = 26\mathrm{mm}$,查钢丝绳性能表3-2可知其破断拉力为426.5kN,钢丝绳水平夹角按最小60°计算,安全系数$K = 42.6/(4/\sin60°) = 9.2 > 8$倍,符合施工要求(表3-3)。

图3-26 拆除盾体顶块

钢丝绳(6×37+1)性能表(系数0.82) 表3-2

序号	直径(mm)		钢丝总截面积(mm^2)	质量系数(kg/100mm)	钢丝绳公称抗拉强度(N/mm^2)				
	钢丝绳	钢丝			1400	1550	1700	1850	2000
					钢丝绳破断拉力总和不小于(kN)				
1	8.7	0.4	27.88	26.21	39	43.2	47.3	51.5	55.7
2	11	0.5	43.57	40.96	60.9	67.5	74	80.5	87.1
3	13	0.6	62.74	58.98	87.8	97.2	106.5	116	125
4	15	0.7	85.39	80.27	119.5	132	145	157.5	170.5
5	17.5	0.8	111.53	104.8	156	172.5	189.5	206	223
6	19.5	0.9	141.16	132.7	197.5	218.5	239.5	261	282
7	21.5	1.0	174.27	163.8	243.5	270	296	322	348.5
8	24	1.1	210.87	198.2	295	326.5	358	390	421.5
9	26	1.2	250.95	235.9	351	388.5	426.5	464	501.5
10	28	1.3	294.52	276.8	412	456.5	500.5	544.5	589
11	30	1.4	341.57	321.1	478	529	580.5	631.5	683

续上表

序号	直径(mm)		钢丝总截面积(mm^2)	质量系数(kg/100mm)	钢丝绳公称抗拉强度(N/mm^2)				
	钢丝绳	钢丝			1400	1550	1700	1850	2000
					钢丝绳破断拉力总和不小于(kN)				
12	32.5	1.5	392.11	368.6	548.5	607.5	666.5	725	784
13	34.5	1.6	446.13	419.4	624.5	691.5	758	825	892
14	36.5	1.7	503.64	473.4	705	780.5	856	931.5	1005
15	39	1.8	564.63	530.8	790	875	959.5	7040	1125
16	43	2	697.08	655.3	975.5	1080	1185	1285	1390
17	47.5	2.2	843.47	792.9	1180	1305	1430	1560	—
18	52	2.4	1003.8	943.6	1405	1555	1705	1855	—
19	56	2.6	1178.07	1107.4	1645	1825	2000	2175	—
20	60.5	2.8	1366.28	1284.3	1910	2115	2320	2525	—
21	65	3	1568.43	1474.3	2195	2430	2665	2900	—

钢丝绳的安全系数 *K* 表 3-3

使用情况	安全系数 K	使用情况	安全系数 K
缆风绳用	3.5	用作吊索,无弯曲	6~7
用于手动起重设备	4.5	用作绑扎吊索	8~10
用于机动起重设备	5~6	用于载人的升降机	14

采用 4 个吊点,吊点最大荷载为:

$$T=\frac{16}{4\cos 30^{\circ}}=4.6(\mathrm{t})$$

按 2 倍的安全系数选用卸扣,即 $T=4.6\times2=9.2\mathrm{t}$。

选用额定载荷 9.5t 的卸扣,美式弓形卸扣示意如图 3-27 所示,其技术参数见表 3-4。

a)

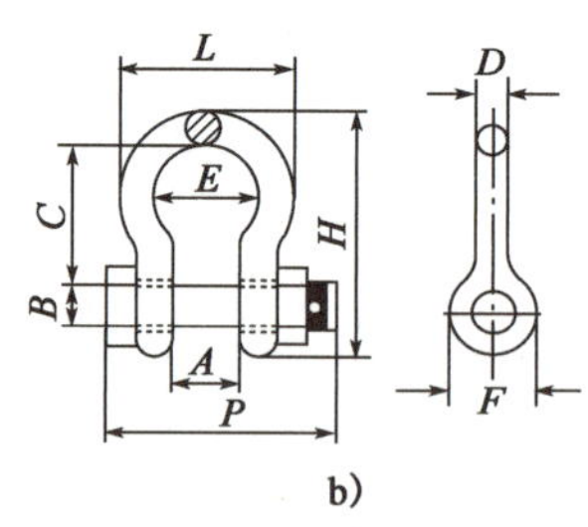

b)

图 3-27 美式弓形卸扣示意图(图中参数见表 3-4)

美式弓形卸扣(G2130)技术参数 表 3-4

型号	额定载荷(t)	A(mm)	B(mm)	C(mm)	D(mm)	E(mm)	F(mm)	H(mm)	L(mm)	P(mm)	质量(kg)
1/2	2	20.6	16.0	47.8	12.7	33.3	30.2	83.3	58.7	71.1	0.36
5/8	3.25	26.9	19.1	60.5	16.0	42.9	38.1	106.4	74.7	89.7	0.76

续上表

型号	额定载荷(t)	A(mm)	B(mm)	C(mm)	D(mm)	E(mm)	F(mm)	H(mm)	L(mm)	P(mm)	质量(kg)
3/4	4.75	31.8	22.4	71.4	19.1	50.8	45.0	126.2	88.9	103.4	1.23
7/8	6.5	36.6	25.4	84.1	22.4	57.9	53.1	148.1	102.4	119.6	1.79
1	8.5	42.9	28.7	95.3	25.4	68.3	60.5	166.6	119.1	134.9	2.57
1 1/8	9.5	46.0	31.8	108.0	28.7	73.9	68.3	189.7	131.1	149.9	3.75
1 1/4	12	51.6	35.1	119.1	31.8	82.6	76.2	209.6	146.1	165.4	5.31
1 3/8	13.5	57.2	38.1	133.4	35.1	92.2	84.1	232.7	162.1	183.1	7.18
1 1/2	17	60.5	41.4	140.1	38.1	98.6	92.2	254	174.8	196.3	9.43
1 3/4	25	73.2	50.8	177.8	44.5	127	106.4	313.4	225.0	229.8	15.38
2	35	82.6	57.2	196.9	50.8	146.1	122.2	347.5	253.2	264.4	23.70
2 1/2	55	104.9	70.0	266.7	66.5	184.2	144.5	453.1	326.9	344.4	44.57
3	85	127	82.6	330.2	76.2	200.2	165.1	546.1	364.7	419.1	69.85
3 1/2	120	133.4	95.3	371.6	91.9	228.6	203.2	625.6	419.1	482.6	120.20
4	150	139.7	108.0	368.3	104.1	254.0	228.6	652.5	467.9	501.7	153.32

⑧主机合体。

各盾体与刀盘的顶块拆除后，整体高度满足了过站的要求。移动接收架，将刀盘前盾、中盾按顺序重新组合合体。

由第1章可知，车站标准段最大的有效过站空间为5.9m×6.2m，盾构机拆除各部件的尺寸符合过站要求；质量亦控制在20t以下，符合架设桥式起重机的起重量要求，详见表3-5。主体拆除部分，尺寸为5.5m×4.7m，亦符合过站要求，见图3-28。

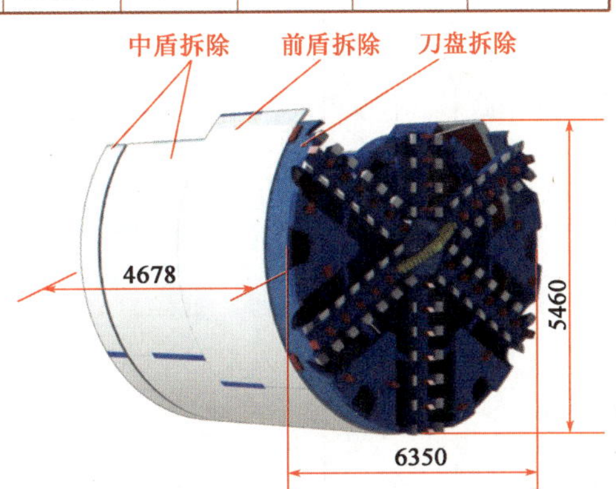

图3-28　盾构主体拆除(拆顶块、盾尾)部件尺寸示意图(mm)

拆解部件的重量及尺寸表　　表3-5

部件	重量(t)	尺寸(长×宽×高)(mm)	示　意　图
前盾上块	15	4325×1864×2078	

续上表

部件	重量(t)	尺寸(长×宽×高)(mm)	示意图
中盾前上块	8	5100×1955×600	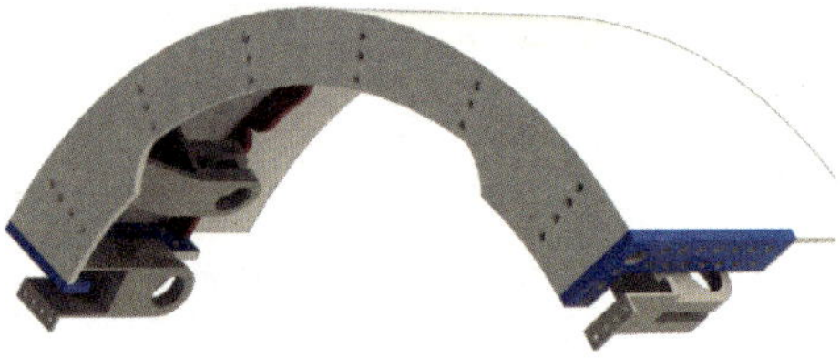
中盾后上块	16	5100×1225×1200	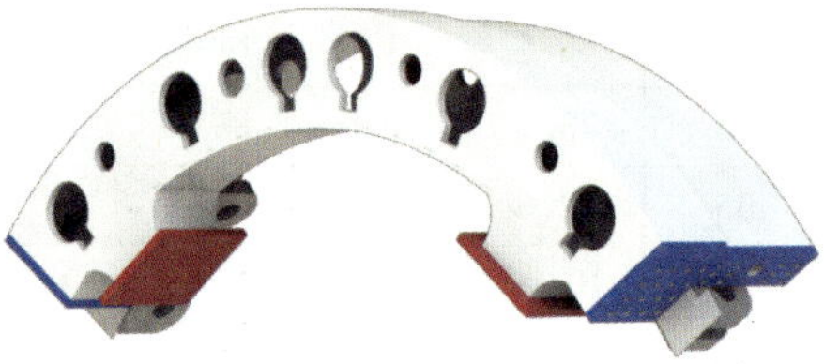
盾尾上块	15	3170×3170×3873	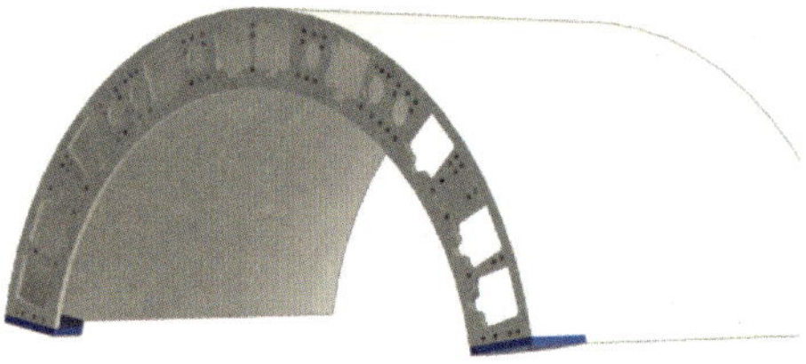
盾尾下块	17	3170×3170×3873	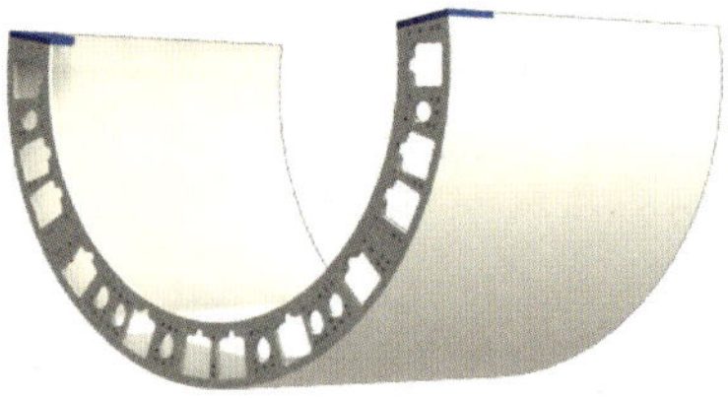
推进液压缸	1.1	260×260×3000	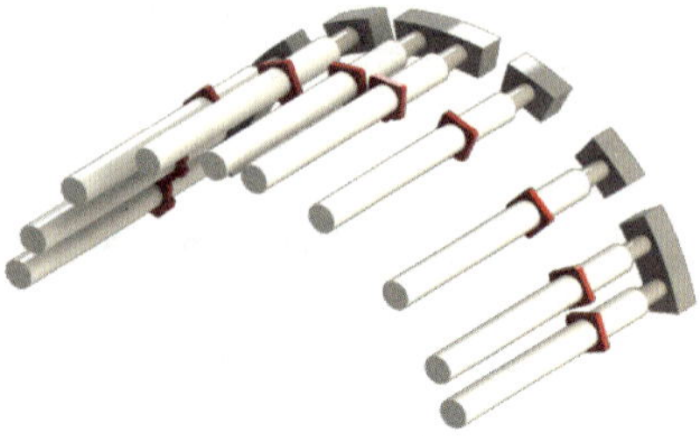

续上表

部件	重量(t)	尺寸(长×宽×高)(mm)	示　意　图
螺旋输送机	20	13213×1080×1500	
管片拼装机	19	5220×5047×3872	

至此，可拆解盾构机已拆解完成，完全满足过站高度与宽度要求。为盾构机可以安全过站走好了第一大步。而现有国内外盾构机拆解常规作业是盾构作业完成后，盾构机停至车站井口进行拆解吊装，盾构机出洞完成后车站开始施工作业。而本工程提供的洞内拆解盾构机方法解决了必须盾构施工完成后再进行车站施工这一矛盾，将时间空间化，盾构掘进作业与车站施工作业同时进行，互不干扰，互不耽误。在工期极度紧张的情况下，采用本工法可以大大缩短施工时间，确保盾构施工可以在计划时间内完成，不耽误整个工程施工。

3.2　过站施工

盾构机拆解成合适部件后，需要配合各类运输设备来进行过站施工，此时按照过站空间的要求对盾构机进行旋转、平移，来实现接收端向二次始发端的过渡。目前我国盾构轨道交通隧道常见的过站方案有地面吊出运输、空载过站以及先隧后站三种，而随着工程条件的复杂化，受控于地面、地下空间，又出现了地下拆分过站的方案(例如长春轨道交通1号线、上海轨道交通15号线)。宁波轨道交通4号线不具备常见过站方法的条件，其拼装式结构与过站空间限制又与已有拆分过站案例存在一定的差异，但仍旧可以借鉴空载过站、拆分过站等地下过站方法制订过站方案。

3.2.1 既有盾构机及过站方案

1)空载推移过站

(1)盾构机推移过站运输装置

传统的盾构机推移过站一般采用敷设滚轴、钢轨,或者千斤顶与钢板组合,或者弧形导台法、过站小车过站,相关工艺方法成熟,应用较广。

①采用敷设滚轴法施工时,需采用一定牵引力的卷扬机作为盾构平移的动力源,将卷扬机固定在可移动的盾构基座或者车站底板上,然后通过车站底板预埋件安装定滑轮,依靠滑轮组牵引拉动盾构机移动。该工法推移速度慢,过程中需要循环不断敷设滚轴和钢板,花费人力较大,同时存在较大的安全风险。

②采用弧形导台法施工时,需要提前预制弧形导台,并预埋安装钢轨、预留挡板孔位置,推进施工时依靠盾构机本身液压系统提供推力,通过顶杆和在预留孔中插入挡板实现移动;或通过两台千斤顶夹持两条钢轨进行顶进。该工法正常日推移距离仅有10多米,速度缓慢。

③采用千斤顶与钢板组合方法时,先在地面上敷设钢板提供滑动面,依靠2台千斤顶提供推力,在钢板上固定钢支撑提供反力,最终实现移动。一个顶进循环完成后,利用钢板预埋孔安装反力斜撑或利用车站底板上预埋件安装钢支撑反力座,该工法的缺点是施工成本高,效率较低。

④采用过站小车时,将过站小车作为盾体的接收托架,待盾体整体置于小车上,直接进行拖运。该工法需要提前加工定做,使用成本相对较高。

⑤采用敷设双线双排钢轨并结合卷扬机施工时,将托架与盾构机整机放置在钢轨上,并在钢轨上固定型钢加工的支撑反力座,依靠千斤顶动力系统推移,达到过站目的,快速推移装置如图3-29所示。每循环推进完成后,采用4台千斤顶把托架和盾构机整体顶起,采用卷扬机拉动钢轨前移后重新推进,往复循环,最终达到过站目的。该工法依然存在功效慢、投入人力较大的问题。

(2)空推过站施工方案

空推过站是在车站净空满足盾构机过站尺寸的条件下进行的施工,其以盾构接收技术为关键点,配合接收托架,以过站拖车或液压反力支架为动力源,来实现盾构机主体以及后配套拖车的过站。

以西安轨道交通4号线李家村—和平门区间为例介绍空推过站的施工方案。

①近洞门掘进。为了使盾构机保持良好的姿势准确出洞,在盾构机破洞前约30m加强对隧道的测量,并仔细地控制掘进参数,其目的是调整盾构机的姿态,让盾构机可以轻松突破预埋洞门环。在正常情况下,盾构机允许偏差为±10mm,而仰角的允许角度偏差范围为2mm/m,而且要求必须避免俯角姿态的出现。除此之外,从破洞而出前30m就要尽量开始降低扰动土体,使破洞的时候不会导致土体出现大面积塌方。

②洞门凿除。盾构施工中应该在盾构机到来之前预先凿除洞门,但应该严格控制凿除后围护结构后洞门掌子面露空的时间限制,通常露空的时间不应该超过48h,否则很容易导致掌子面出现坍塌。应该自上而下进行洞门凿除,可以保留最后一层的钢筋网,在盾构机破洞而出的时候刀盘会渐进刮磨钢筋网,然后停机再进行钢筋切割,这样就能够有效预防出现土体塌方。

③始发架定位。根据隧道始发架的结构尺寸和高程，来计算安装始发架的高程。测量洞门及地面的高程，进行比较，判断是要垫高始发架还是凿低地面。

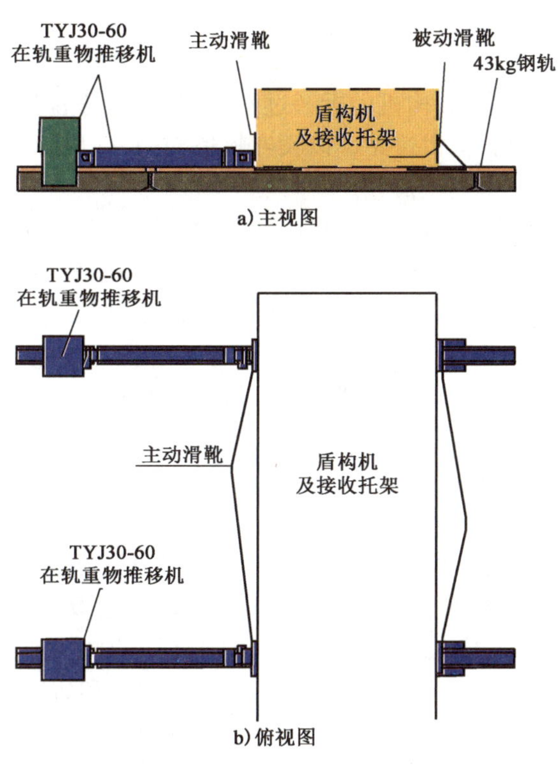

图 3-29　快速推移装置示意图

④盾构机上始发托架。盾构机在破洞之前应该首先在洞门底部敷设一层碎石，以防止盾体在离开洞门的时候造成头部下沉；把刀盘调整到适当的位置，防止出现碰撞始发架的情况；必要时用薄钢板衬垫和始发架接触的前体耐磨层，以避免磨伤始发架或减小摩擦力。

⑤盾体横向移动。用钢丝绳把过站拖车和盾体捆绑牢固，把 2 台液压千斤顶安装在过站拖车的一边，然后水平推移始发架，使盾体连同始发架能够达到平移的工艺要求。有两个关键点需要在横向平移的时候特别注意：一是 2 台千斤顶的速度必须是要保持一致；二是始发架在承受千斤顶推力的位置应当加焊筋板进行补强。

⑥盾体垂直移动。在平移到位之后，必须把右边的 2 台千斤顶拆除并在始发架后部进行再度安装，在始发架的底部放置好滚轮或钢板，并且使用千斤顶推动始发架前移；活动底板使用钢板进行加工，并铺放在始发架前；在中体和前体焊接临时牛腿，用于顶升盾体。

⑦盾体移位和定位。当始发架移动接近始发洞门时，再次进行始发架移动，并对准始发架始发的状态；在推进到位之后，使用 2 台千斤顶顶起盾体的单边，将底部的钢板抽出，与此同时将方钢密排在始发架的底部；在中后部放置好千斤顶，最后在测量定位之后进行固定。

⑧后续台车（车架）过站。在盾体行进 60m 之后就能开始进行台车过站施工。在台车过站前必须先敷设台车过站轨道。如果过站车站还有二次底板没能浇筑，且二次底板的结构比较简单，方便进行浇筑，可在完成二次底板浇筑之后，再行敷设台车过站轨道，轨道敷设方法和

始发台车轨道敷设方式一样。如果过站车站没有二次底板或者是二次底板结构比较复杂，不能满足盾构机二次始发工期的要求，可以预制型钢轨枕用作台车过站轨道；台车过站主要由蓄电池牵引车配合卷扬机进行牵引，过站速度不宜过快。

2）拆分过站

盾构机拆分过站与可拆解盾构机的拆解过站类似，通过盾构机的解体、旋转、平移来适应可用的过站空间，以此实现盾构机过站。以长春轨道交通1号线盾体拆分过站为案例介绍过站方案，为可拆解盾构机过站提供借鉴。

长春轨道交通1号线具体平移过站流程为：盾构机的前盾与刀盘组装在一起→进行组装、过站、转体、平移、就位，盾尾上半部进行过站、平移、就位→中盾进行过站、转体、平移、就位→螺旋输送机进行过站、转体、平移、就位→盾尾下半部进行过站、平移、就位→双轨道和连接桥进行过站、转体、平移、就位，依次吊装下井后→台车先在左线吊装口进行纵移过站→然后再沿着右线向前推进过站，直到到达指定位置。安装始发反力架，再依次将后配套台车吊装下井进行过站组装，空载调试盾构机并验收合格后方可进行洞门破除，准备始发。

具体施工流程如下。

（1）车站平移基础及过站平台设置

在车站底板盾体过站线路范围内敷设20mm厚的钢板，宽度为5.2m，钢板下部用黄砂找平压实；底板钢板铺满黄油，始发基座下方满铺宽20mm厚钢板，以此作为盾构机的移动底座。钢板接缝将做打磨等特殊处理，底钢板四周与车站底板预埋件（或采用锚栓）固定，要求钢板表面光滑平整。始发基座按主体结构分为前盾+刀盘、中盾和盾尾基座三部分，各部分分别过站后再组合成盾构主体始发基座，组装要求尺寸精确，调整幅度尽量小。各部分基座底部设置5块500mm×500mm×20mm的四氟乙烯板，采用沉头螺栓固定，以减小纵横移动的摩擦阻力，且易于纵横移动交叉实施时的灵活性。

（2）盾体纵横向循环顶推前移

盾构纵横顶推工序流程如图3-30所示。

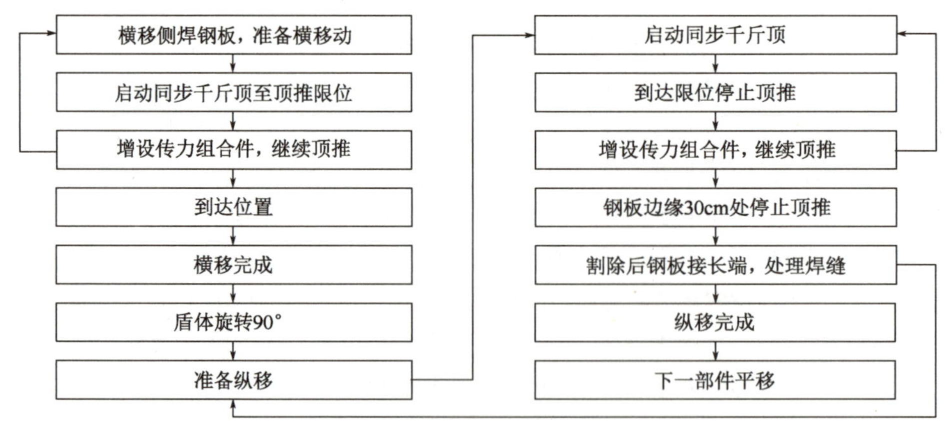

图3-30　盾构纵横顶推工序流程

具体关键施工步骤如下。

①开动同步电动液压千斤顶泵站，千斤顶顶推托架，使托架与盾体部位一起在大钢板上向

前移动，直至达到千斤顶的伸长量后，停止电动泵站。

②完全回缩千斤顶，在千斤顶与托架之间安装传力构件（双排工字钢焊接体），传力构件与千斤顶最大伸长量相同，使千斤顶、传力构件、托架纵向连接杆在同一直线上。

③重复①②步骤，但更换的传力构件为千斤顶最大伸长量的2倍，如此循环，不断更换不同长度传力构件或者是各种传力构件的组合件，至托架前端，到达大钢板前端头约300mm处。

④前移顶推牛腿，割除后部小块钢板平移平台，车站底板底部铺黄砂压实后向前接续小块钢板，将焊缝接口打磨光滑，涂抹黄油后在继续循环步骤①~④。

⑤至车站端头扩大段处，交叉同步缓慢顶推盾体部位前后两个点使其旋转90°，如图3-31所示。

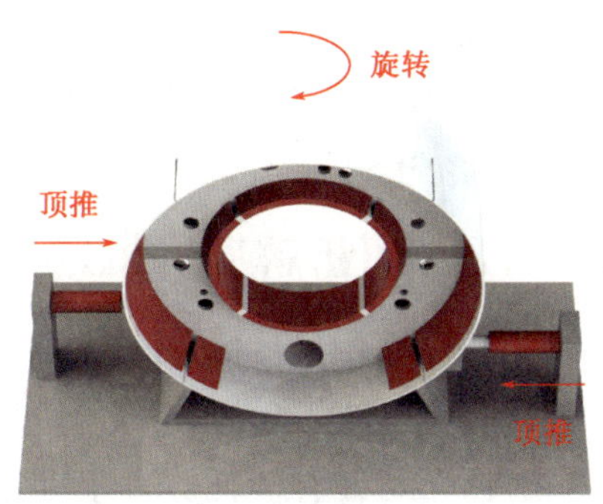

图3-31 盾体旋转顶推示意图

(3)盾体横向平移

当盾体分体部位旋转90°，到达需要横向平移的位置时，在原有钢板的横移侧焊加一块新的钢板，利用侧向顶推千斤顶支座，并对千斤顶顶推范围内的托架主梁进行加固；开启电动顶推千斤顶，随着千斤顶顶推，整个托架连同盾体将一起平移，最终到达目标位置，如图3-32所示。

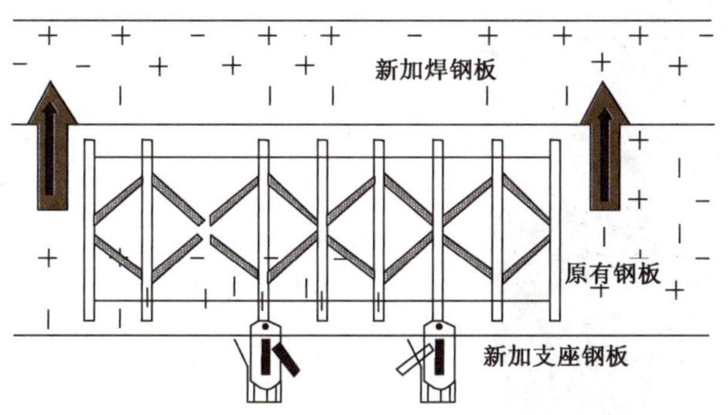

图3-32 盾体横移示意图

(4)盾体安装及定位

前盾+刀盘旋转横移就位后，用4台80t液压千斤顶将始发基座及其整体抬升，卸掉顶推平台基础及滑移支座，同时安装垫板使高程达到设计始发要求，中盾旋转横移就位卸掉附加顶推构件，调整高程使其与前盾相接，微调方向安装连接螺栓体形成整体，修整始发架进行前后对接，完成前盾与中盾的安装。后盾到达位置后同理安装。现场进行始发基座底高程测量，确保盾构机的纵向轴线高程比隧道纵向轴线高15~25mm；始发基座底高程低于原设定的高程，则可用4台200t液压千斤顶将始发基座及盾构机主机整体抬升，安装垫板使高程达到要求。再次复核盾体轴线与隧道轴线是否重合后，最后固定始发基座。

(5)后配套过站

在盾体过站后，在车站底板上敷设蓄电池牵引机车及后配套拖车走行轨道，后配套拖车依次通过蓄电池牵引机车将其牵引就位。将设备桥的前端支撑在一辆管片运送车上，直接利用蓄电池牵引机车牵引整个后配套系统向前移动。若蓄电池牵引机车不能提供整个后配套拖车前进所需的动力,则需视具体情况,断开拖车后分别拖移,全部就位后再行组装连接。

综上所述,轨道交通常见盾构机地下过站方案一般利用液压反力支撑来实现盾构机的推移与旋转,而其施工流程常与过站空间条件有关,面对不同的车站结构,制订盾构机抬升、平移与旋转的施工顺序与安排,以期实现最佳的施工效率。无论是空载过站还是拆分过站,其盾构机的平移旋转、抬升方案均可以用于可拆解盾构机的过站施工。

3.2.2 可拆解盾构机过站工法设计与应用

1)可拆解盾构装备过站工法设计

针对宁波轨道交通4号线宁波火车站结构特征,对可拆解盾构机过站工法设计如下:

(1)车站设有接收空间,因此,盾构机的拆解、平移等施工均在接收端完成。

(2)车站标准段轨行区受先期浇筑完成的轨顶风道结构限制,高度仅为4.6m;而中部站台区仅受道床影响,高度为5.9m,因此,可选取中部作为过站通道。

(3)车站未预留吊装口,仅能利用预留拆解口进行盾构机拆解,因此,需要将盾构机平移至拆解口下。

(4)盾构机拆除顶块后宽度无法满足车站净宽要求,因此需要将盾构进行整体旋转,以垂直于车站轴线的方向进行平移。

(5)可拆解盾构装备过站施工与拆解施工相互交叉进行,按照拆解施工流程可分为主体过站、拆解块过站、配套设施过站三部分。

(6)受车站既有结构的影响,对其过站路径进行设计,主机从站台区过站,如图3-33所示。可拆解盾构装备过站顺序设计为:盾构机接收→主机平移→主机旋转90°→主机抬升→主机平移过站→刀盘盾体拆解块平移过站→配套设施过站→组装。过站设计详见表3-6。

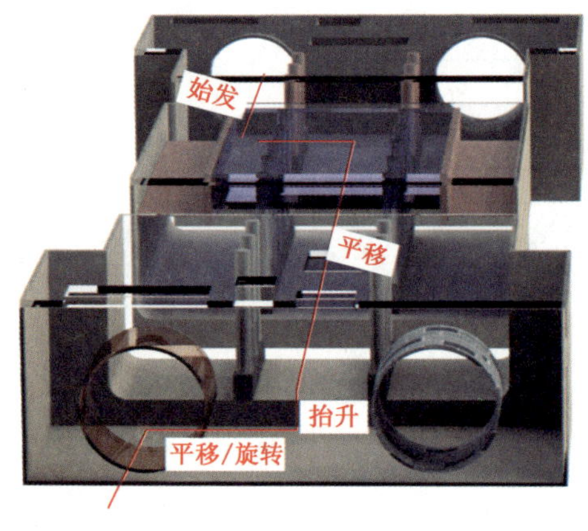

图3-33 可拆解盾构机过站路径示意图

可拆解盾构装备过站设计　　表3-6

序号	过站步骤	示意图
1	盾构机平移并旋转90°,移至拆解口	

续上表

序号	过 站 步 骤	示 意 图
2	主机焊接抬升支撑，主机整体顶升	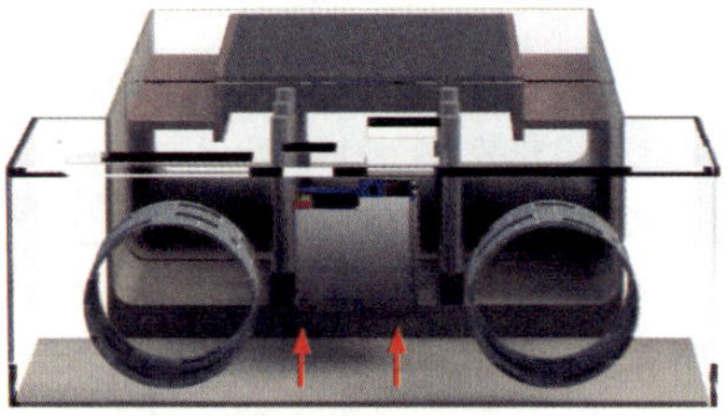
3	主机平移至始发井口	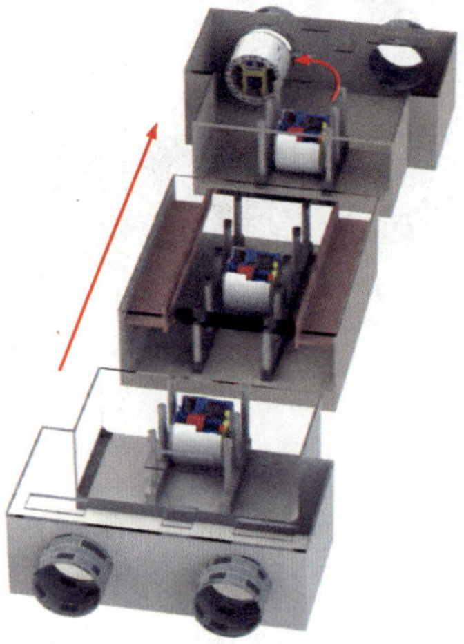
4	盾尾、拆解块过站	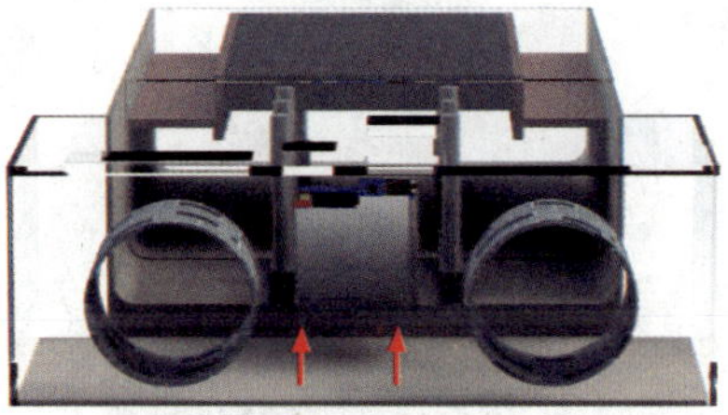
5	配套设施过站	

2）工程应用

根据工法设计，宁波轨道交通 4 号线可拆解盾构装备过站流程如图 3-34 所示。

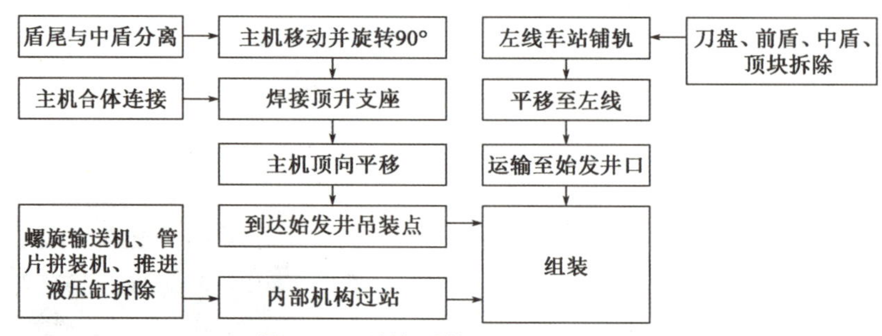

图 3-34　可拆解盾构机过站施工流程

(1)盾构机主机平移施工准备

盾构机接收后，推移至指定位置；主机在纵移平台上平移，而纵移平台由卷扬机牵引前移。纵移平台是由宽500mm、长18m、厚30mm的2块钢板组成，每块钢板上焊接1个反力支撑，反力支撑为千斤顶顶推提供反力，左右2块钢板上反力支撑要对称焊接，防止千斤顶顶推时左右不均。2块钢板前端用175H型钢对焊连接，并在梁中间焊接牵引环，2块钢板后端用宽120mm的槽钢连接，用于保证2块钢板能够同时前移使用。每块钢板上安装两根钢轨，钢轨轨面距离200mm，足够放置100t千斤顶液压缸，如图3-35所示。

图 3-35　可拆解盾构接收架

(2)盾构机主机平移并旋转90°，移至盾构机拆解孔

首先，主机和盾尾分离后，在钢板上焊两个反力支撑座，支撑座与接收架中间安装100t液压千斤顶，依靠千斤顶顶推接收架连同主机慢慢向左右线中间移动。其次，待主机与中盾后错开一定空间后，在预埋钢板上焊反力支撑座，并采用100t液压千斤顶顶推中盾后下方的接收架，使主机以刀盘为中心做旋转运动。顶推过程中注意液压缸伸缩方向与接收架的夹角关系，防止液压缸崩出伤人。最后，通过多次调整变换反力支撑座位置的方式将主机顶推平移旋转90°，使主机到达32t桥式起重机下方，如图3-36、图3-37所示。

图 3-36　主机平移

图 3-37　主机旋转

盾体旋转平移推力验算：

常用材料滑动摩擦系数 ν 值见表 3-7

常用材料的滑动摩擦系数　　表 3-7

材料名称	摩擦系数 ν			
	静摩擦		动摩擦	
	无润滑剂	有润滑剂	无润滑剂	有润滑剂
钢—钢	0.15	0.1～0.12	0.15	0.05～0.1
钢—软钢			0.2	0.1～0.2
钢—铸铁	0.3		0.18	0.05～0.15

主机和接收架总质量约为 335t，正压力 $F_N = 335000 \times 9.8 = 3283000(\mathrm{N})$。

在有润滑的情况下，摩擦系数 μ 取静摩擦系数最大值 0.12，正压力 F_N = 3283000N，则静摩擦力 $F = \mu F_N = 0.12 \times 3283000 = 393960(\mathrm{N})$。

由此可知，需要的推力为 400kN 即可，考虑其他不利因素在内，因此，配备 2 台 100t（推力 1000kN）千斤顶为 400kN，可满足主机洞内拆解过站使用需求。

图 3-38　焊接顶升支撑

(3) 主机焊接顶升支撑、主机整体顶升

主机合体后，将主机与接收架用 175H 型钢焊接成一个整体，进行顶升基座制造，并利用其进行主机抬升，如图 3-38 所示。

(4) 主机平移至始发井口

制作纵移平台进行盾体纵移，当盾体每向前移动 6m 时，用 4 台 200t 液压千斤顶将盾体顶起（盾体与接收架固定为一体）脱离纵移平台，利用前端安装的 1 台 5t 卷扬机将纵移平台前移 6m。如此循环操作，直至盾体主机到始发井口，如图 3-39、图 3-40 所示。

图 3-39　盾体纵移装置

图 3-40　盾体平移过站

(5) 主机各部位顶块过站

各部件顶块拆下后，利用顶板吊点用行吊慢慢放置到地上；将前部 2 个吊点各挂 1 台 10t 的倒链，随着倒链的提升，顶块慢慢滑移至第一组倒链下部；采用相同的办法将各部位顶块滑移至第二组倒链的侧面。将4台倒链全部安装在顶块上部的吊点上，慢慢提升轨道上方的2台倒链，使顶块抬高；预紧另外2台倒链，使顶块左右移动，通过4台倒链把顶块移到快速过站装置上，固定牢靠。在始发井安装5t倒链，通过倒链慢慢将顶块移至始发井口，用相同的办法将顶块吊下来放到一侧等待安装，如图3-41、图3-42所示。

图3-41　盾体顶块放置

图3-42　盾体顶块过站

(6)中盾后、盾尾过站

主机前部过站完成，中盾后和盾尾采用相同的方法进行过站，如图3-43、图3-44所示。

图3-43　盾尾过站

图3-44　管片拼装机吊装

(7)盾构机过站的注意事项

①盾构机过站前制订详细的过站方案与计划，组建专业作业班组进行盾构机过站工作，指定专人负责组织施工。

②随时校正千斤顶的行程，调整盾构机前进方向。在盾体顶升前，认真检查顶升设备是否正常，发现异常时立即组织专人进行维修，保证各部件的安装及焊接质量，特别是安装千斤顶及轨道，必须定位准确，安装牢靠，必须保证接收基座、始发基座等刚度满足要求。

③保证站内照明充足，通信畅通。

④所有参加过站的施工人员必须正确佩戴和使用劳动防护用品，施工前参加安全技术交底和过站方案培训，并按过站方案要求进行施工作业。

⑤参与施工人员必须分工具体、职责明确，遵守现场秩序，服从指挥，坚守岗位，不得随意离开岗位。

⑥在盾构机过站作业范围内设置警戒线,并树立明显标识,严禁非作业人员入内或通行。

⑦夜间过站作业必须要有良好的照明度,以保证作业范围内的视线良好。

⑧操作人员要经常观察盾构机姿态及始发台变形情况。

⑨在始发台上涂抹黄油,减小盾构机上始发台时的阻力。

⑩盾构机在始发台上时,刀盘刚好在离开始发台10~20mm位置。

⑪上接收支架后把盾构机和设备桥断开,管线标识明确清晰,后备套用阻车器固定,以防溜车。

⑫用支撑架把设备桥支撑起来,支撑架和设备桥要用175H型钢加固,支撑架要加固可靠,可现场作业。

⑬泵站液压缸的使用要注意油管的清洁,准备足够的清洗剂,每次拆装必须清洗。

⑭任何机具严禁超载及超负荷使用,以免造成设备损坏。

3.3　组装施工

3.3.1　既有盾构机组装方案

常规盾构机无论是以何种方式拆解后,均需要对盾构机进行逆向组装,即按照盾构机拆解的逆序进行各部件的安装。前文所提到的拆解过站方式,随着各部件过站后,逐步安装,有效地减少了工期,同时亦保证了盾构机结构的完整。但与一般盾构机过站方式不同,可拆解盾构机将主体分成了三大部分(顶块、盾构主体、配套部件)进行过站,顶块先行过站后无法依次组装,且分块部件较多,因此,对于其安装并不能完全按照拆解的逆序进行。对于超大直径盾构机而言,其部件较多,安装复杂,在吊装过程中对安装工艺的要求较高,因此,可借鉴超大直径盾构机的安装方法进行可拆解盾构设计。

现以长江某隧道为例,介绍超大直径泥水盾构机的组装方法。

1)盾构机组装技术难点

本案例盾构机进行现场吊装组焊时,技术要求高,施工难度大,主要体现在以下几个方面:

(1)超大直径泥水平衡盾构机分块零部件数量众多,仅盾体超重组件分块数量便达33件,单次起吊质量大,且组件尺寸较大。现场分多个吊装口平行作业,工序交叉复杂。

(2)施工组织要求高,现场组装难度大。工艺流程及技术要求严格,部件装配精度、焊接质量控制严格,须再现制造厂制造精度标准。

(3)驱动部整体质量大(约500t),吊装零部件多,安装工艺复杂,机械配合精度高,滑动密封及现场作业环境要求苛刻;盾构机首次采用刀盘驱动部整体滑动功能,为了保证滑动密封最大耐压值的设计要求,采用驱动翻身转换架辅助机具,确保井下翻身一次成功。

(4)工程采用17组可折叠船底板形式台车轨道,安装定位及精度检测要求高。敷设轨道作为盾构机现场组装的首要工序,其安装质量直接影响后续台车组装的稳定性和可靠性。现场施工需要多人多机协调配合,垂直起吊、水平运输,轨道沿开挖方向依次敷设,敷设精度调整与检测必须符合组装技术要求。

2）盾构机现场组装

（1）工艺原理

盾体及后配套桁架台车组装采用正装法，由下至上沿轨道基础逐步吊装，沿隧道轴线平行施工作业。现场组装工艺原则为：先零件、构件地面装配，后部件、组件井下组装；先安装调整与精度检测，后系统连接与现场组焊；先无损检测与耐压试压，后功能调试与系统运行。盾构机现场组装通过合理组织分工，采用先进的组装工艺，优化吊装施工机具，现场施工作业严格按照组装方案及装配工艺图等技术文件执行，通过安装精度的调整与检测，确保盾构机现场组装满足制造精度标准。

（2）总体组装流程

超大直径泥水平衡盾构机现场组装工艺流程如图3-45所示。

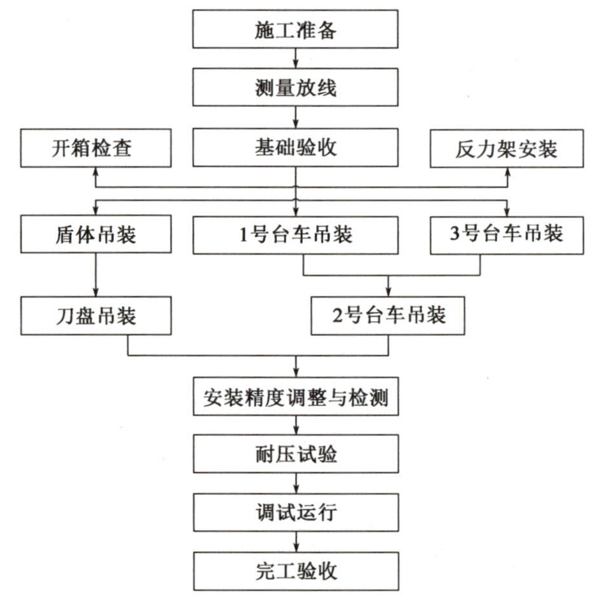

图3-45　超大直径泥水平衡盾构机现场组装工艺流程

（3）技术要点

依据现场盾构机组装技术方案，盾体及后配套台车吊装采用平行作业施工。盾体分为33件超重构件，采用450t门式起重机通过端头井预留孔吊装；后配套3节桁架台车采用150t履带式起重机通过标准段预留孔吊装。盾构机总装经验收合格后，现场组焊，重点对纵向、环向焊缝进行无损检测；对机内刀盘辐条舱、气垫舱、压力舱、碎石机工作舱等带压组件进行耐压试验，确保装配精度、焊接强度、密封质量等符合出厂制造精度标准。盾构机经系统调试运行后开始长江隧道掘进施工。

①盾体组装。

a.依次吊装切口环、承压环底块，切口环距洞门2.5m处定位固定，并设置3组止转板。

b.驱动部下井前，先安装左、右两侧翻身转换架，与基础预埋钢板固定。其高程、平行度、水平度及中心距符合要求。通过翻身转换架配合驱动部完成井下组装及翻身，保证驱动部各组件之间装配精度、滑动密封质量符合设计要求。驱动部现场组装后，整体就位固定在切口环底部组件上。

c. 吊装切口环剩余分块组件，螺栓终拧扭矩值符合要求，实现切口环闭合。依次吊装盾尾底部组件、垂直水平梁、拼装机、压力舱、机内工作平台、环流系统等承压环内部组件，实现承压环闭合。吊装盾尾剩余组件，实现盾尾闭合，机内安装盾尾刷。

d. 利用 4 组 250t 液压千斤顶沿隧道轴线整体平移盾体，保证刀盘井下组装作业空间，刀盘分块下井组装。盾体组装完成后，与后配套台车液压牵引液压缸铰接。

②桁架台车吊装。

后配套桁架台车轨道敷设后，由下至上吊装台车各层组件，2 号台车构件需采用辅助台车支架配合完成组装，并沿纵向轴线与 1 号、3 号台车铰接连接。安装单管片起重机、双管片起重机、口字形构件起重机，确保各管片起重机正常运行。调试运行各系统装置、组件功能，确保盾构机运行的稳定性和安全可靠性。

3）驱动部组装及翻身技术

驱动部是刀盘旋转的核心部件，具有结构尺寸大、整体质量大、密封性能高、组装工艺复杂等特点。超大直径泥水盾构机驱动部现场组装及翻身工艺作为施工关键技术，采用解体运输现场组装的方式。现场安装组件包括驱动箱体、内周密封环、外周密封环、传动环、驱动马达、液压滑动装置等。

（1）驱动部组装流程

驱动部现场组装及翻身工艺流程如图 3-46 所示。

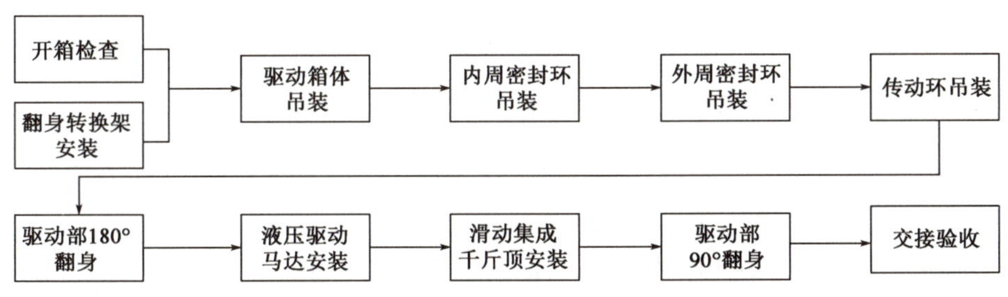

图 3-46　驱动部现场组装机翻身工艺流程

（2）技术要点

①翻身转换架。为使驱动部在井下安全、可靠地组装及翻身，避免常规多机吊装不同步等因素影响，优化驱动部组装机具，设计加工出翻身转换架。该转换架左右对称，由支承结构件、滑转结构、液压缸及保险装置等组成。

②驱动部组装及翻身。驱动部各组件结构复杂，配备众多精密零部件，吊装过程中应采取保护措施重点防护。驱动部组件下井前，先在地面焊接箱体及翻身轴承，安装组焊外周密封环与大齿轮等构件。驱动部组装时，利用 450t 门式起重机吊装箱体就位找正，依次吊装内周密封环、外周密封环、传动环、搅拌翼、中心回转等装置，倒链微调，确保装配精度、密封质量。驱动部翻身时，利用翻身转换架液压缸顶升至驱动部翻身位置，并设置 C 形保险板，通过现场 450t 门式起重机实现驱动部井下 180°翻转。吊装液压驱动马达、滑动集成液压千斤顶等组件，驱动部 90°翻转，并就位固定在切口环底部结构上，拆除翻身转换架。

4)船底板精确定位技术

船底板轨道首次敷设精度高,对后续台车组装及盾构机始发掘进至关重要,该组件主要由中间承重结构件、左右翼板及滑动轮组成,具有布置巧妙、敷设方便快捷、循环利用等优点。

(1)船底板敷设流程

船底板现场敷设工艺流程如图 3-47 所示。

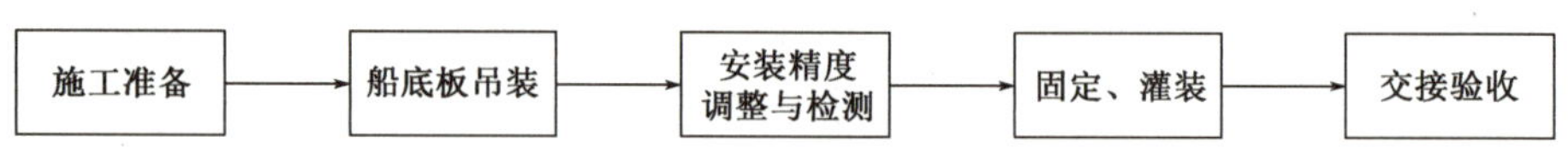

图 3-47　船底板现场敷设工艺流程

(2)技术要点

对基础强度、高程、外形尺寸检查验收,可利用弧形模板检测尺寸偏差,确保船底板安装对基础的要求。利用履带式起重机垂直起吊,卷扬机水平运输,将船底板沿隧道轴线依次敷设,利用垫铁调整轨道水平度、间隙、轨面高程至安装精度范围内,相邻轨道搭接如图 3-48 所示。相邻船底板之间通过定位销首尾相连。船底板敷设定位后,设置船底板左右翼板内外模板,进行固定灌浆,振捣密实,保证船底板上部荷载有效传递至基础上。

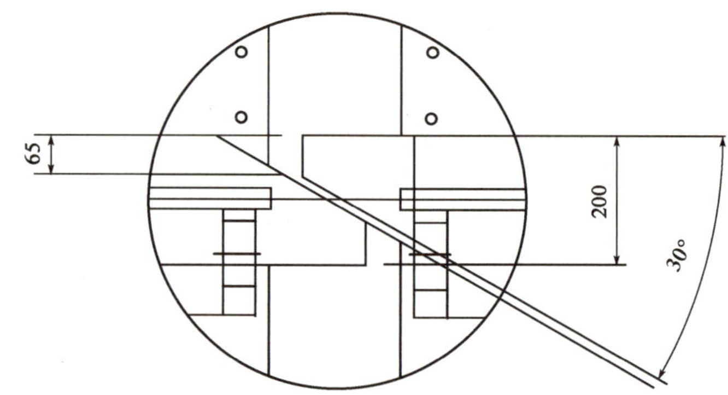

图 3-48　船底板轨道搭接示意图(尺寸单位:mm)

超大直径泥水盾构组装过程中按照由后向前的安装顺序进行组装,同时多个部件同时组装,有效地缩短了工期;对于盾体可拆解块,安装时要保证其密封性。可拆解盾构装备在组装过程中可借鉴多部件组装方式,将顶块同步安装至盾构机主体之上,同时将盾尾与盾构主体分开安装,以缩短工期,保证盾构机的整体结构。

3.3.2　可拆解盾构机组装工法设计与应用

1)可拆解盾构装备拆解后组装工法设计

盾构机过站空间有限,拆分部件较多,且组装口仅有一个,其各部件分块过站顺序不同,需指定合理的组装顺序完成盾构机的组装。对可拆解盾构组装工法设计如下:

(1)主体过站后首先将中盾与前盾再次拆分,以方便安装顶块。

(2)盾构主体顶块先行过站,待主体过站后可先行进行人舱、前盾、刀盘、中盾顶块的安装焊接,与盾尾过站同步进行。

(3)盾尾到达安装口先行进行管片拼装机的安装,随后进行盾尾顶块安装,完成盾尾结构。

(4)将中盾与盾尾组装,盾体结构组装完成。

(5)安装管线、液压缸以及螺旋输送机。

(6)完成整体结构组装后,切除工作平台、吊耳;并对拼装部位进行内外焊接处理。

(7)盾构机整体旋转、平移,到达始发口。

(8)连接后配套设备,进行始发。

2)工程应用

根据工法设计,宁波轨道交通4号线可拆解盾构装备安装工艺流程如下:

(1)盾构机主体再拆分。盾构机主体到达拆解口下时,拆除盾体连接法兰面螺栓、铰接液压缸销子,利用纵移平台液压反撑将中盾与前盾拆开。

(2)人舱安装。盾体拆开后,利用桥式起重机将人舱吊起,放置于前盾主驱动指定位置,紧固连接螺栓,如图3-49所示。

图3-49　人舱安装

(3)前盾、中盾顶块安装。利用桥式起重机分别将前盾顶块、中盾顶块吊至合适位置,连接法兰面涂抹防水胶,安装定位法兰,紧固连接螺栓,之后对连接缝进行内外焊接,并打磨处理,完成各盾体结构还原,如图3-50～图3-53所示。

图3-50　前盾顶块安装

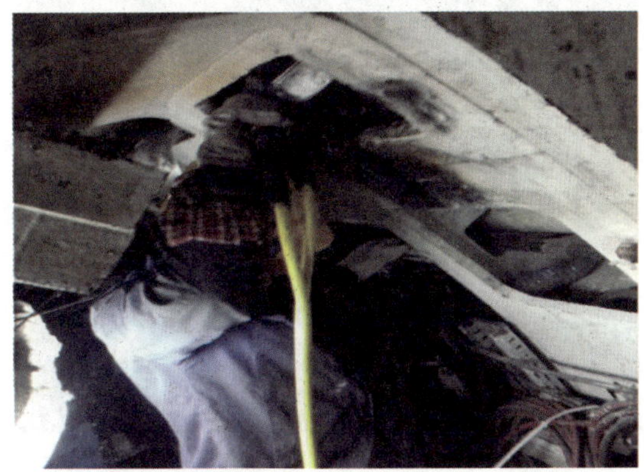

图3-51　紧固连接螺栓

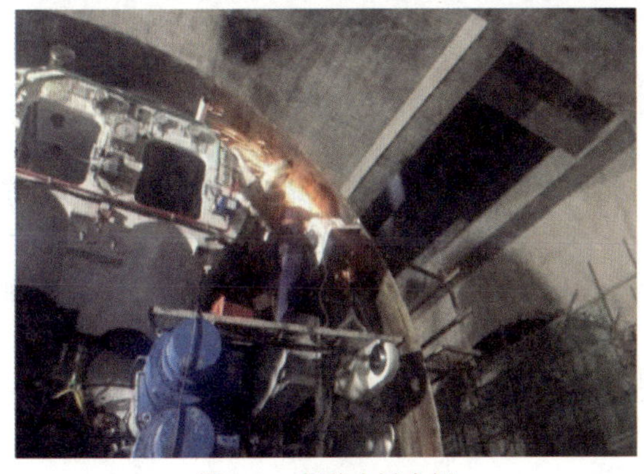

图3-52　焊接中盾内侧

图3-53　焊缝打磨

(4)刀盘焊接。设置吊点将顶块吊至指定位置,并利用钢筋进行焊接定位,以保证刀盘结构的还原，如图 3-54、图 3-55 所示。

图 3-54 刀盘顶块固定焊接

图 3-55 焊接耐磨板

(5)主机后部组装。盾构机前部主体拼装完成后前移，主机后部及盾尾采用相同的工艺过站。

(6)安装管片拼装机。借助桥式起重机，利用倒链将管片拼装机连接到中盾米字梁上，固定安装。安装及安装完成进行顶块连接，连接定位法兰、紧固螺栓，并进行焊接以及焊缝处理，如图 3-56、图 3-57 所示。

图 3-56 盾尾顶块组装

图 3-57 中盾盾尾组装

(7)组装主机前部与后部。主机后部组装完毕后前移，调整接收平台，连接法兰面固定螺栓，并进行焊接，完成盾构机体的组装，如图 3-58 所示。

(8)盾构机体旋转。采用与过站相同的顶撑方式，实现盾构机体的平移旋转，至始发位置，如图 3-59 所示。

(9)连接盾构机体内部管线。安装、连接盾构机体内部各类线材与管路，如图 3-60 ~ 图 3-62 所示。

(10)安装推进液压缸。利用管片拼装机，将液压缸置于正确位置，紧固液压缸座，如图 3-63、图 3-64 所示。

(11)割除辅助支撑与施工架。利用气焊切割机割除接收平台顶撑与反力撑，割除施工辅助架，如图 3-65、图 3-66 所示。

(12)安装螺旋输送机。借助车站顶板吊点与盾尾内吊耳，利用倒链将螺旋输送机安装于指定位置，紧固螺旋输送机基座螺栓，切除盾体各处吊耳，完成盾构机主体的组装，如图 3-67 所示。

图3-58 管片拼装机安装

图3-59 盾构机体旋转

图3-60 连接盾构机体内的输电线

图3-61 安装盾构机体内的油管

图3-62 拆除泡沫管、气管

图3-63 安装推进液压缸

在安装完螺旋输送机后，可拆解盾构机整体已基本组装完成，再完成后续皮带输送机、台车等配套设备，组装后即可进行二次始发施工。

图 3-64　紧固液压缸座

图 3-65　割除顶升支撑

图 3-66　割除施工辅助架子

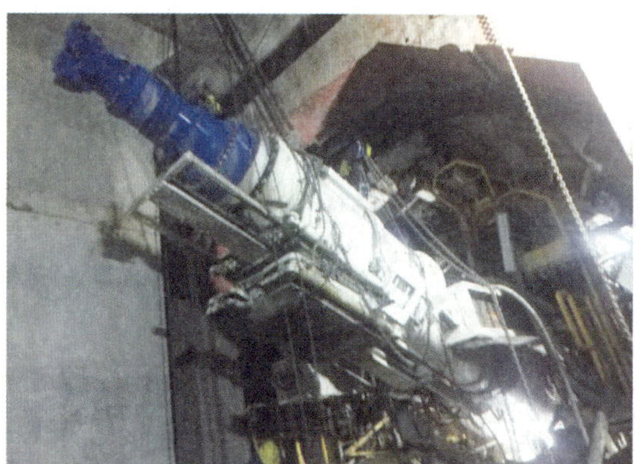

图 3-67　安装螺旋输送机

3.4 小　　结

该项工法在宁波轨道交通 4 号线土建工程 TJ 4011 标段柳西站—宁波火车站—兴宁桥西站区间成功实现有限空间可拆解盾构机站内解体过站施工。拆解施工严格按照设计方案实施，使区间左右线均安全、迅速地完成过站施工，解决了狭窄空间盾构机过站难的问题；但在有效工法保证的前提下，需针对潜在风险制订预控措施，保证可拆解盾构机的安全施工。

第4章　可拆解盾构装备施工风险分析与预案

由第2、3章可知，可拆解盾构装备拆解过站具有以下特点：

(1)受控于地面及车站结构的影响，需在洞内完成盾构装备的拆解、组装，施工难度大，风险较高。

(2)洞内拆解/组装过程中，拆解块体质量大，施工吊装困难。

(3)盾构主机在车站内平移风险高。

(4)既有车站(宁波轨道交通4号线宁波火车站)广场已投入使用，大型材料物资等难以吊装进入现场。

(5)在施工过程中应确保拼装结构稳定性、密封性。

根据工程条件与盾构机结构特征所建立的拆解过站施工工法，与常规盾构机施工存在一定的差异，在可拆解盾构装备施工过程中，应针对盾构机拆解/组装、平移过站以及掘进盾构机稳定性等方面开展施工风险分析，并制订相应的预防措施，确保盾构装备洞内拆解过站施工正常进行，同时满足工期、质量要求。

4.1　盾构施工常规风险分析

可拆解盾构装备在始发、掘进过程中潜在风险与常规盾构机类似，其施工风险源与施工场地、地质条件、施工方法、人员素质、管理水平、设备情况以及天气等多种因素有关。根据其来源，盾构隧道施工风险可分为管理风险、人工风险、材料风险、设备风险、社会环境风险和自然环境风险6类，见表4-1。

盾构施工常见风险源类别及具体类型　　表4-1

风险源类别	管理风险	人工风险	材料风险	机械风险	社会环境风险	自然环境风险
具体风险类型	修建始发井	职业意识	端头加固	参数设计	应急预案	水文地质
	盾构始发	职业技能	防水设计	盾构机拼装	供电保障	建筑沉降
	掘进管理	职业道德	管片管理	盾构机姿态调整	社会影响	地表变形
	管片拼装	工作失误	密封材料	刀盘更换	监督程度	地下管网

续上表

风险源类别	管理风险	人工风险	材料风险	机械风险	社会环境风险	自然环境风险
具体风险类型	注浆管理	意外伤害	注浆材料	盾构机故障	安保措施	自然灾害
	盾尾密封	应急处理	耐久材料	盾构机拆卸	突发因素	环境污染
	施工监测	个人偏好	材料质量	渣土运输	—	—
	线路管理	洞门破除	材料数量	—	—	—

以下针对风险源类别以及可拆解盾构施工特点，对可拆解盾构隧道施工风险进行分析。

4.1.1 盾构始发与接收风险分析

可拆解盾构机于柳西站始发，经宁波火车站拆解过站，至兴宁桥西站接收，施工筹划如图4-1所示。为减小盾构始发与接收风险，均采用钢套筒配合反力支架的施工方法，现场施工情况如图4-2、图4-3所示。

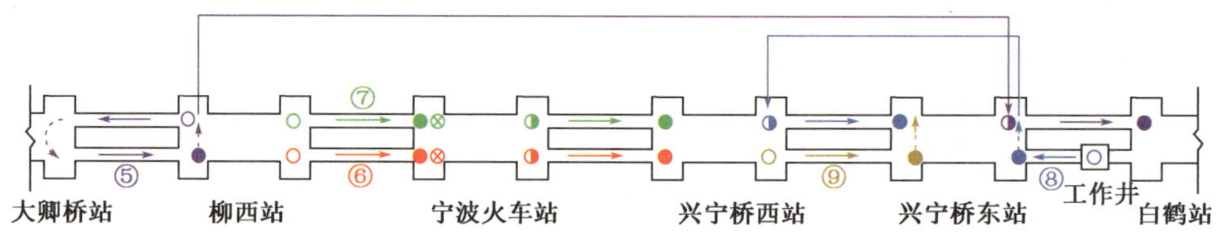

图4-1 盾构机始发与接收施工筹划示意图

注：图中数字表示建设标段投入的盾构机编号，其中⑥⑦为可拆解盾构机。

a）始发钢套筒安装

b）接收钢套筒

图4-2 钢套筒始发与接收

以下将针对盾构始发、接收过程中潜在的风险源进行预控措施分析。

1）观测探孔内漏水、涌砂

观测探孔是隧道始发、到达洞门加固情况的重要检查方法，可有效预防洞门凿除时出现掌子面坍塌或涌水现象。钻孔直径为 70mm，探孔数量为 9 个（根据现场情况可适当调整），钻孔中应避免打掉盾构中心点标记，水平探孔深度不少于 1.5m，探孔按“米”字形布置。土体加固时，结合工程地质、水文地质特性，预留好降水井点，若探孔渗水、涌砂，及时采取施工降水措施，并对探孔进行封堵。

图 4-3　始发与接收反力支架示意图

（1）预防措施

①做好加固体与围护结构之间的冷缝处理，必须时采用高压旋喷桩进行嵌缝处理，靠近围护结构一侧采用“T”字形旋喷桩加固，根据现场实际情况可将搅拌桩和旋喷桩的深度适当加深，保证加固区的止水效果。

②通过水平和竖向取芯对旋喷桩的效果进行判断，尤其是成桩率及芯样的连续性，如不满足要求应进行注浆补强处理。

③控制洞门加固质量，保证垂直度偏差≤1%，确保水泥掺量；加固土体达到龄期后，进行钻芯取样，如发现强度不达标，对该部位进行注浆补强或重新加固处理。

④洞门水平探孔采用“米”字形，探孔深度大于 1.5m，穿透地下连续墙及夹心层加固区，直至三轴搅拌加固区。

（2）事故应急处理措施

①当凿观测孔时出现渗漏水且水清无泥沙时，此时可能为土体中空隙水囊积水，一般使用棉纱及木棒对探孔进行孔口封堵处理；但在封堵的同时应留下一个孔口继续流水，并加强该探孔的观察，看是否有泥沙渗出，待清水流尽后，使用棉纱和双快水泥封堵探孔。

②如果探孔渗水中带有大量泥沙，立即使用棉纱及木棒打入该孔，并使用双快水泥在外进行封堵，情况稳定后，由测量人员将该点引至地面，在地面进行注浆补强。

③注浆管插至洞门加固区下 20cm，注浆采用压力控制，最高压力 1 ~ 3MPa，防止造成洞门加固土体的破坏，同时注意封堵处的稳固。

④基坑内临时布置一个集水井，将流入端头井内的水排入集水井，集中由水泵排出基坑。

2）破除外层洞门漏水、涌砂

（1）预防措施

①加固体与围护结构之间的冷缝预防措施、水平及竖向取芯效果检测、洞门加固质量控制同观测探孔内漏水、涌砂情况。

②在拆封门前设置观察孔，检测加固效果，以确保在土体加固效果良好的情况下拆封门。

（2）事故处理措施

①在洞门破除过程中，若遇少量的渗水，应及时将渗水排入集水井内，以免给混凝土的清除带来不便。

②若破除洞门发生较严重的流泥、流砂现象，立即停止洞门破除，流砂处进行双快水泥封堵加双液注浆及化学注浆处理后，从预埋的注浆引管灌注双液浆液。

③若发生小的流清水现象，用水泥浆进行注浆填充，并适当加快对钢筋的切割速度。

3）破除里层洞门发生洞门土体坍塌

（1）预防措施

①根据洞门的实际尺寸，制订合理的洞门拆除工艺，施工安排周详，确保拆洞门时安全、快速。

②里层地下连续墙凿除应连续施工，及时清除洞口内杂物、混凝土碎块、钢筋等，尽量缩短作业时间，以减少正面土体的暴露时间。

③可采用木板、木撑对暴露土体进行简单加固，防止土体坍塌。

（2）事故处理措施

①如果发生洞门土体坍塌，立即疏散周边人员，将盾构机迅速靠上洞门，防止土体继续大量坍塌，并使用土方对坍塌部位进行回填。

②使用弧形钢板对盾构机与洞门间的缝隙进行填充后，打开洞门处预埋注浆阀，进行注浆处理。

③注浆结束后加强洞门观测，待浆液达到强度后，割除焊接钢板，如果无泥沙渗出，继续盾构推进。

4）洞门防水装置处出现漏水

为防止盾构机到达时，推出的渣土损坏帘布橡胶板，洞门防水装置在盾构机贯通开挖面、渣土被完全清理干净后安装帘布橡胶板；当盾构机前体盾壳被推出始发洞门时，调整翻板使其尽量压紧帘布橡胶板，并将翻板焊接在预埋钢板上，以防止洞门泥土及浆液漏出；在最后一环管片拼装完成后，对洞门圈压注双液浆进行封堵；注浆的过程中要密切关注洞门的情况，一旦发现有漏浆的现象立即停止注浆并进行处理。

（1）预防措施

①检查洞门防水装置螺栓是否拧紧、帘布橡胶板是否紧贴预埋洞圈。

②盾构机始发前，在外围刀盘和帘布橡胶板外侧涂抹润滑油，以免盾构机刀盘刮破帘布橡胶板影响密封效果。

③安排专人观察洞圈是否漏水。

④盾构机刀盘严禁在洞门范围内转动，防止损坏密封装置。

（2）事故处理措施

①调整壁后注浆浆液的配合比，提高浆液的快凝性，使注浆后尽早封闭。

②在洞门密封外侧向洞内密封内部注快凝双液浆，进行止水。

③掌握好注浆压力，防止过大的注浆压力对洞门密封装置造成破坏。

5）盾构机贴近土体并开始掘进施工后，盾构机的螺旋输送机接口漏水、涌砂

（1）预防措施

①做好施工参数调整，保证土压和推力。

②注泡沫，进行土体改良。

③安排专人观察螺旋输送机密封情况。

（2）事故处理措施

①螺旋输送机的密封闸门预先关闭，同时向土舱内加注泡沫改良土体。

②关闭螺旋输送机闸门，停止出土，采用快速掘进的施工方法。

6）盾构机磕头

（1）预防措施

①当刀盘还有一环管片距离离开加固体时就建立土压。

②设定将平衡土压力值稍高于理论值；盾构推进轴线的坡度略大于设计坡度。

③根据地层变形量等监控信息对平衡压力设定值、推进速度等施工参数及时调整。

（2）事故处理措施

①螺旋输送机停止出土。

②螺旋输送机反转建立土压。

7）地面沉降较大

（1）预防措施

①洞口土体加固应提高施工质量，保证加固后土体强度和均匀性。

②洞口封门拆除前应充分做好各项出洞的准备工作。

③洞门密封圈安装要准确，在盾构推进的过程中要注意观察，防止盾构机刀盘的周边刀割伤橡胶密封圈。密封圈可涂牛油增加润滑性；洞门的扇形钢板要及时调整，改善密封圈的受力状况。

④在设计、使用洞门密封时要预先考虑到盾壳上的突出物体，在相应位置设计可调节的构造，保证密封性能。

⑤盾构机将要进入出洞口土体加固区时，要降低正面的平衡压力。

（2）事故处理措施

①调整盾构推进参数，加强同步注浆及二次注浆压力。

②对洞口进行注浆堵漏，减少土体流失。

③必要时在地面进行引孔注浆，减少路面沉降。

8）地面建筑物沉降过大

（1）预防措施

①始发前做好周边建筑物调查，制订建筑物保护措施。

②建筑物监测点在盾构机始发前布置完成，并完成初始值采集。施工中应加大监测频率，及时反馈监测信息用以指导、调整优化施工参数，降低建筑物沉降风险。

（2）事故处理措施

①房屋沉降报警时，进一步加密跟踪监测房屋沉降的发展。

②调整推进参数，及时进行同步注浆，调整注浆参数，采用早强浆液。

③在建筑物附近，采用灌注水泥—水玻璃双液浆抬升的方法控制建筑物的沉降。

9）相邻管线沉降过大

（1）预防措施

①始发前做好周边管线调查，制订管线保护措施。

②管线监测点在盾构机始发前布置完成，并完成初始值采集。施工中应加大监测频率，及时反馈监测信息用以指导、调整优化施工参数，降低管线沉降风险。

(2)事故处理措施

①管线沉降报警时,进一步加密跟踪监测管线沉降的发展。

②调整推进参数,及时进行同步注浆,并调整注浆参数,采用早强浆液。

③必要时开挖沟槽暴露管线,填砂或碎石捣固抬升管线,捣固过程中,应分段捣固,每段一次抬升不能过大;注意监测管线变化,防止抬升过大损坏管线。盾构施工风险根据工程项目的地质特点、工程概况,采用科学的辨识方法;对各种可能存在的风险进行分析后,对其可能发生的概率和发生后的严重后果程度给予风险评估;根据风险等级,决定是否采用降低风险措施或避免风险措施。对于重大风险应制订应急救援预案并演练。

4.1.2 小半径曲线地段盾构施工风险分析

柳西站—宁波火车站区间线路出柳西站后,沿苍松路向南穿行,过柳汀街后转向东,最终接至宁波火车站,区间隧道纵坡为“V”形坡,最大纵坡为28.3‰,区间隧道埋深为13.8~24.8m,线间距为11.3~17m,最小曲率半径369.851m,如图4-4所示。

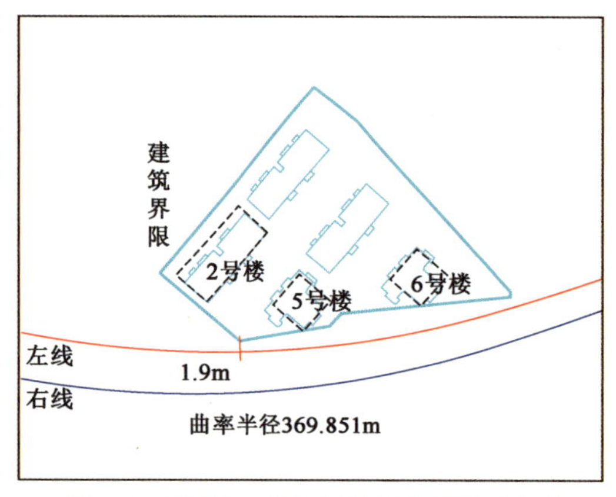

图4-4 柳西站—宁波火车站区间线路示意图

1)风险分析

盾构机在小半径曲线上推进时,土体对盾构机和区间的约束力差,盾构轴线较难控制。同时由于曲线半径过小,使得掘进时盾构机向曲线外侧的偏移量增大,对管片拼装造成一定影响。

2)预控措施

(1)盾构测量

盾构机在小半径曲线段推进时,增加隧道测量的频率,确保盾构测量数据的准确性。通过测量数据来反馈盾构机的推进和纠偏。在施工时实施跟踪测量,确保盾构机保持良好的姿态。由于隧道转弯半径小,隧道内的通视条件相对较差,需多次设置新的测量点和后视点。在设置新的测量点后,严格加以复测,确保测量点的准确性,防止造成误测。同时,由于盾构机转弯的侧向分力较大,易造成已成环隧道的水平位移,所以必须定期复测后视点,保证成形隧道位置的准确性。

(2)盾尾间隙控制

小半径曲线地段内的管片拼装至关重要,合理的盾尾间隙有利于管片拼装和盾构进行纠偏。施工中,及时测量盾尾与管片间的间隙,一旦发现单边间隙偏小时,及时通过对盾构推进方向的调整,使得盾尾间隙基本相同。在管片拼装时,根据盾尾与管片间的间隙进行合理调整,确保管片与盾尾间隙的合理,便于下环管片的拼装,也便于在下环管片推进过程中盾构能够有足够的间隙进行纠偏。

根据盾尾与管片间的间隙,合理选择楔形管片。小半径曲线地段掘进时,当无法通过盾构推进和管片拼装来调整盾尾间隙时,可考虑采用楔形管片和直线形管片互换的方式来调整盾尾间隙。

(3)盾构纠偏量

盾构机应具有铰接功能和超挖刀。管片的楔形量满足小曲线半径的拟合。在较硬的地层中必需启动超挖刀,以适当扩大开挖断面,便于盾构机转弯。

盾构机在小半径曲线段始发,应采用割线始发方式,做好割线起止点及长度设计。推进时不急于接近曲线,一般应在盾构机全部进入土体后再实施曲线掘进。要勤测勤纠偏,而每次的纠偏量尽量小,确保楔形块的环面始终处于曲率半径的径向竖直面内。除了采用楔形管片,为控制管片的位移量,管片纠偏在适当时候可采用软木楔子,从而达到有效地控制轴线和地层变形的目的。

针对每环的纠偏量,通过计算得出盾构机左右千斤顶的行程差,通过利用盾构机千斤顶的行程差来控制其纠偏量。推进液压缸油压的调整不宜过快,否则,可能造成管片局部破损甚至开裂。

(4)盾构同步注浆

由于在曲线段推进时地层损失量增加及纠偏次数的增加,导致了对土体扰动的增加,因此,在曲线段推进时要严格控制浆液的质量及注浆量和注浆压力。在施工过程中采用推进和注浆同步的方式,注浆未达到要求时盾构机应暂停推进,以防止土体变形。根据施工中的变形监测情况,随时调整注浆参数,从而有效地控制轴线。

(5)土体损失及辅助措施

由于设计轴线为小于 370m 的圆滑曲线,而盾构掘进的轨迹是一条直线,实际掘进轴线为一段一段的折线,且曲线外侧出土量大。这样必然造成曲线外侧土体的损失,并存在施工空隙。因此,在曲线段推进时提高曲线段外侧的压浆量,以填补施工空隙。必要时,采取二次注浆的措施,以加固隧道外侧土体,实现盾构沿设计轴线顺利推进。

(6)管片拼装

认真做好管片选型及排版,应细化到拼装点位,使盾尾间隙较均匀,防止破坏盾尾密封。为控制盾构推进轴线,管片拼装严格采取“居中拼装”。若管片无法居中拼装,且曲线管片无法满足纠偏时,采用软木楔子进行调整,使管片处于较理想状态,确保管片拼装质量及推进轴线控制在规范及设计要求范围内。

4.1.3　空间重叠盾构施工风险分析

轨道交通宁波火车站为已运营的 2 号线与 4 号线换乘站,在盾构隧道近接 2 号线时,需要对先建线路进行保护,对先建区间隧道控制沉降,减少影响。左、右线盾构区间采取预控措施如下:

(1)应对软土地层小净距或相交重叠隧道施工相互影响的程度,预先进行评估和计算分析。

(2)在小净距隧道有条件的情况下预先对两隧道进行隔离桩隔离,软土地层中应采用钢桁架对先行隧道管片做好纵向、径向加固,对可能塑化的夹土体应注浆加固并达到设计强度。后行隧道应至少在先行隧道完成一个月后施工。

(3)上下重叠小净距隧道宜先完成下行隧道。特别加强后行盾构在趋近先行隧道掘进时的监控量测,确保先行隧道的安全。

(4)盾构通过前,对设备进行全面检查、维修,尽量不停机通过,盾构通过该区域时,保持盾构机连续掘进,减少盾构机停顿时间;适当缩短浆液胶凝时间,保证注浆质量。

(5)严格控制盾构掘进参数,主要控制出土量、盾构推进压力。盾构通过后及时同步注浆,并控制注浆压力。

(6)盾构通过后进行洞内注浆,加固范围为周边3m。注浆材料采用水泥浆液,注浆参数(浆液配合比、注浆压力、注浆顺序、注浆时间和注浆量)须经现场试验效果确定。

(7)提高监控量测管理级别,采取动态信息化施工,监控数据及时分析整理,用于指导施工。

4.1.4 下穿和临近建(构)筑物地段盾构施工风险分析

可拆解盾构机在区间掘进过程中,侧穿、下穿多个地面建(构)筑物等,对于近接施工潜在风险,应根据盾构下穿的建(构)筑物、地下管线的基础结构形式、与隧道的位置关系,分别采取地层加固、桩基托换等措施。处于主动坍塌线范围内的建(构)筑物及地下管线作为邻近施工处理,必须采用加固、隔离桩隔离等措施。

1)施工过程控制

(1)建立完善的监测系统。在隧道及对应的地面建筑物埋设观测点,进行系统、全面的跟踪量测,实行信息化施工。根据建(构)筑物的结构形式及与隧道的关系,制定地表建筑物最大沉降和沉降差的警界值。在曲线段,为减少盾构轴线与隧道轴线偏角过大,造成因超挖及地层损失过大而引起的地面变形,曲线段适当降低掘进速度,及时纠偏,加大盾尾同步注浆和洞内二次注浆量。

(2)控制掘进参数。降低掘进速度,使盾构慢速通过,同时调整掘进参数,保持土压平衡,以此确保开挖掌子面的稳定;尽量减少对地层的扰动和开挖过程中地层的损失,严格控制出土量,及时进行纠偏、加大注浆量等工作。提高工作面渣土的止水性。通过向土舱注入膨润土或泡沫剂,改善渣土的流动性和渗透系数,防止螺旋输送机喷涌。

(3)同步注浆及二次注浆。掘进时采取同步注浆和二次补充注浆,充填环内间隙,使管片衬砌尽早支撑地层,控制地层沉陷。在衬砌环脱出盾尾的同时及时注浆,填充隧道和地层间的建筑空隙,减小地面变形。在盾构后约10环处再向衬砌背面进行二次注浆,以弥补同步注浆的不足。

(4)提高盾尾的密封性能。通过采用多道盾尾刷防止泥土从盾尾进入隧道,向盾尾注入油脂,加强盾尾的防水性能。

(5)通过对盾构掘进时地面变形曲线进行实测反馈,不断调整、优化掘进参数,以验证选择施工参数的合理性,保持盾构开挖面的稳定。

2)地面预注浆加固

盾构到达前对具备施工条件的建筑物地基进行地面注浆预加固处理。加固方案采用袖阀管,注浆处理以水泥浆为主。特殊情况下,距离隧道较近的采用水泥—水玻璃双液浆进行地层加固,并对于临近警界值的建筑物进行跟踪注浆。

3)地面补偿注浆

盾构下穿建(构)筑物、始发到达及检修后重启动时,容易出现较正常掘进段更多的超挖量,地层损失后易出现比较大的数量级地层沉降,为保证软弱地层的密实度、降低施工风险,将地面补偿注浆作为以上措施的补充措施。

地面补偿注浆采取通过地面在地层特定位置预埋注浆管,注浆材料以水泥浆为主,注浆参数经现场确定,在注浆施工过程中根据监测数据反馈信息进行调整。

4)洞内注浆加固

需对地面建筑物地基作预加固处理,如果地面实施条件或地面加固实施效果不理想情况下,采用洞内加固地层的措施。

将盾构管片邻接块和标准块的注浆孔由 1 个增加为 3 个,盾构通过后,利用注浆孔设注浆管,对盾构隧道洞周边 3m 范围地层内立即进行注浆加固。注浆管用 $\phi42$ 钢花管,长度3.5m。注浆材料用水泥—水玻璃浆液;注浆参数现场确定,在注浆施工过程中根据监测数据反馈信息进行优化调整。

5)加强监控量测

盾构下穿建(构)筑物及地下管线,要进行系统全面的监控量测,实施信息化施工。根据监测反馈信息,调整、优化各项施工参数,以确保盾构施工安全和建(构)筑物、地下管线的正常使用,必要时采取应急措施。

4.1.5　不良地质条件下掘进风险分析

可拆解盾构机施工范围内无地下洞穴、地面塌陷以及地裂缝等不良地质,工程主要不良地质作用表现在厚层填土、区域地面沉降以及软土地基强度低、稳定性差,易产生不均匀沉降,变形大等不良影响;地层具“杂填土厚,压缩性高,强度低,灵敏度高,透水性差,局部易液化”等特点,盾构穿越厚层软土易出现不均匀沉降、管片上浮、变形大等问题。针对潜在不良地质条件,采取下述预控措施:

(1)通过补充性地质勘察,进一步准确掌握不良地质条件位置、埋深等必要参数,预先制订措施。

(2)对于溶洞、孔洞、地质断层等不良地质,从设计上考虑进行填充技术处理。

(3)盾构机应配备地质雷达探测系统以及超前注浆系统,以便实时监测前方土体情况,便于提前处理不良地质。

(4)盾构机应配备硬岩切削刀具,根据地质不均匀地层特性配置刀具。仅底部揭示硬岩可将刀盘边缘区换装滚刀,大部为硬岩或变化频繁时应安装全盘滚刀。应以较小的贯入量、转速、推力谨慎掘进,加大刀具检查频率,通过上软下硬地层时,严格控制出土量、土舱压力,确保同步注浆量,盾构应快速通过。

(5)根据盾构机显示的参数波动、变化及掘进经验判断是否遇到孤石等,发现异常应保持压力,及时停机检查、分析确认。经常检查刀具,保证刀具处于良好状态,遇孤石可采用滚刀缓慢磨削掘进或采用开舱人工破除,软弱土层中采用带压开舱作业。

(6)加强施工监测,实施动态信息化施工管理,盾构通过时专人监管。编制应急处理预案。

4.1.6 大型设备吊装施工风险分析

在盾构机到达兴宁桥西站盾构机工作井后，盾构工程需要吊装大型盾构掘进设备，吊装前如不对地面承载能力、起重机械和分块吊装等进行精确分析、计算以及方案论证，而盲目进行吊装作业，容易造成重大吊装事故。

为避免事故发生、减少使用风险，需采取以下预控措施：

(1)针对盾构机的功能部件和选用的吊装设备的起吊能力编制盾构分块组装、解体方案，组织相关专家进行方案评审并按程序报批。

(2)设计单位根据吊装荷载进行地面承载力计算和车站围护结构验算，按计算结果进行地基处理，确保吊装区域地面稳定。

(3)严格吊点焊接操作，确保焊接质量。

(4)设备吊装过程严格按照国家规定的设备吊装操作规程操作。

4.1.7 盾构开舱换刀施工风险控制

盾构机刀盘位置直接与土体接触，由于地质条件及隧道埋深较大、水土压力高，容易发生涌水、涌砂、掌子面拱顶塌方等事故。为避免上述事故发生，应采取以下措施：

(1)考虑盾构机刀具磨损情况，提前制订开舱换刀计划。开舱换刀位置进行地面位置、地质情况的充分分析论证。

(2)开舱换刀位置进行预加固方案论证，保证掌子面土体整体强度和抗渗性，必要时进行降水处理，保证地下水位在刀盘中心以下。

(3)开舱换刀位置不具备地面加固条件时，在隧道内尽量采用地质超前加固等有效方案进行开舱换刀风险控制。

4.1.8 施工作业细节风险分析

除前文所述的工程相关风险外，其他施工作业细节风险源与预控措施见表4-2，共计142项。

常规盾构施工风险源辨识与预控措施汇总表　　表4-2

作业活动		序号	危险源	潜在危害	风险等级	预控措施
编号	项目					
一	临边防护	1	临边无防护	人员跌落	高	交底、检查验收
		2	护栏制作不规范	人员刮伤或跌落	低	交底、检查
		3	护栏无安全网和踢脚板	高处掉物的物体打击	低	检查、报审
		4	安全网质量不好	物体打击	中	交底、专人指挥
二	行车的安装与拆除	5	无施工资质、无施工方案或不按方案施工	机械伤害、物体打击、高处坠落等	高	专项方案、技术交底、定期检查

续上表

作业活动		序号	危　险　源	潜 在 危 害	风险等级	预 控 措 施
编号	项目					
二	行车的安装与拆除	6	起重机械无安全检验报告或有安全隐患	机械伤害等	中	检查验收
		7	钢丝绳与索具不符合要求	物体打击等	中	检查验收
		8	地面承载力或铺垫措施不符合要求	设备倾翻等	中	执行控制程序、检查验收
		9	司机操作失误	机械伤害等	低	操作规程交底
		10	违章指挥	机械伤害等	中	特殊工种持证上岗、操作规程交底
		11	起重吊装超载作业	设备倾翻等	中	执行控制程序、检查验收
		12	高处作业平台不符合要求	高处坠落等	中	专项方案、安全交底、检查验收
		13	吊装时构件堆放不符合要求	构件倾倒、物体打击等	中	教育培训、检查验收
		14	警戒管理不符合要求	物体打击等	低	安全交底、检查验收
		15	高处作业的安全防护措施不符合要求	高处坠落等	中	专项方案、检查验收
		16	高处作业人员违章作业	高处坠落等	中	交底和旁站检查
三	盾构机的安装与拆卸	17	无施工资质、无施工方案或不按方案施工	机械伤害、物体打击、高处坠落等	高	专项方案、技术交底、定期检查
		18	起重机械无安全检验报告或有安全隐患	机械伤害等	中	检查验收
		19	钢丝绳与索具不符合要求	物体打击等	中	检查验收
		20	地面承载力或铺垫措施不符合要求	设备倾翻等	中	执行控制程序、检查验收
		21	司机操作失误	机械伤害等	低	操作规程交底
		22	违章指挥	机械伤害等	中	特殊工种持证上岗、操作规程交底
		23	起重吊装超载作业	设备倾翻等	中	执行控制程序、检查验收

续上表

作业活动		序号	危险源	潜在危害	风险等级	预控措施
编号	项目					
三	盾构机的安装与拆卸	24	无交底或验收	架体倾斜等	中	技术交底、检查验收
		25	人员与物料到达工作平台的方法不合理	高处坠落、物体打击等	低	技术交底、检查验收
		26	脚手架或梯子搭接不牢固	架体倾斜等	中	技术交底、检查验收
		27	非特种作业人员进行特种作业	机械伤害等	低	安全交底、现场检查
		28	焊割作业无防火措施	火灾	中	安全交底、专人监护
		29	高处作业无防范措施	物体打击、高处坠落	中	安全交底、现场检查
四	管片的堆放	30	地面不平导致管片堆放不稳，留下事故隐患	管片倾斜导致人员伤亡	中	安全交底、检查验收
		31	管片堆放高度、间距不符合要求	导致人员挤伤	中	安全交底、过程中检查
		32	进出工地的车辆无专人管理	对施工人员造成伤害	中	专人管理
		33	管片吊运时使用不合格的吊具	管片摔坏或人员伤亡	低	操作规程交底
		34	行车轨道不能做到人机隔离	人员伤害	低	现场检查
五	盾构机进出洞施工	35	无专项施工方案或不按方案施工	人员伤亡、地面沉降或破坏地面建筑物	高	审查方案、技术交底
		36	地基加固或冰冻法加固施工缺陷	涌水、涌砂、地面沉降	中	审查方案、检查验收
		37	洞门凿除时脚手架搭设不符合规范	高处坠落	低	技术交底、检查验收
		38	焊割作业无防火措施	火灾或给洞门封闭留下隐患	中	安全交底、专人监护
		39	无应急措施、或应急物资准备不足	人员伤亡、地面沉降	低	检查验收
		40	洞门封堵措施缺陷	涌水、流砂或地面沉降	高	技术交底、检查验收
六	行车的垂直运输	41	行车未经检测（或无检测报告和安全使用证）时，擅自使用	设备损坏、人员伤亡	低	检查验收
		42	行车轨道基础不够坚实，造成行车稳定性不强或出现移位	设备损坏	低	检查验收
		43	吊运的绳索或吊具选配不符合要求	设备损坏、人员伤亡	中	安全交底、检查验收

续上表

作业活动		序号	危险源	潜在危害	风险等级	预控措施
编号	项目					
六	行车的垂直运输	44	行车司机未经培训无证操作	设备损坏、人员伤亡	低	检查、监督
		45	行车司机违章作业	设备损坏、人员伤亡	低	操作规程交底
七	电机车的水平运输	46	电机车未经安全检测和验收、擅自使用	设备损坏、人员伤亡	低	检查验收
		47	电机车司机未经培训擅自上岗操作	设备损坏、人员伤亡	低	检查、监督
		48	电机车轨道与人行道未做到有效隔离	人员伤害	中	安全交底、检查验收
		49	司机违章作业	设备损坏、人员伤亡	低	操作规程交底
		50	车架段运行时不减速、起步不打铃	人员伤害	中	安全交底、督促检查
		51	电机车制动装置失灵	人员伤亡	中	制度设备维护保养制度、检查验收
		52	电机车与平板车连接不牢固	设备损坏、人员伤亡	低	操作规程交底
八	盾构机推进作业	53	盾构机安装完毕后未进行验收或验收未合格便投入使用	设备损坏、人员伤亡或质量事故	中	技术交底、检查验收
		54	盾构推进轴线的上方布满各类管线	管线损坏事故	低	召开各管线方交底会、对下进行施工交底
		55	地层中含有有毒、有害气体	人员伤亡	中	加强对气体的检测、烟火控制或地面排气
		56	穿越承压层时水压过高引起流砂、涌水	质量事故、人员伤害	低	技术交底
		57	推进速度过快、注浆量不够	地面沉降或破坏地面建筑物	中	技术交底、加强检测、加大注浆量
		58	高压电缆	高压触电	中	安全教育
		59	非盾构操作人员擅自操作盾构或附属设备	设备损坏或人员伤害	中	安全交底、督查检查
		60	非电工进行电工作业	设备损坏或人员伤害	中	安全交底、督查检查
		61	未办理动火手续，现场未采取防火措施，擅自进行动火作业	火灾事故	高	安全教育、安全交底规范程序、检查

续上表

作业活动		序号	危险源	潜在危害	风险等级	预控措施
编号	项目					
九	管片拼装	62	举重臂制动装置突然失灵	人员伤亡	中	维护保养、安全交底
		63	管片吊装销子质量或材质不合格	损坏管片、人员伤亡	低	检验、检查
		64	单、双轨梁的限位失去作用	管片损坏、人员伤害	低	落实每班检查制度
		65	千斤顶失控	设备、设施损坏、人员伤害	低	安全交底、检查
		66	拼装平台防护栏杆不健全	人员高处坠落	低	安全教育、安全交底
		67	上下交叉、人机交叉作业	人员伤害	中	安全交底、过程监控
十	模板工程	68	施工方案缺乏或不符合要求	倒坍、物体打击等	中	审查方案、技术交底、检查验收
		69	无针对混凝土输送的安全措施	机械伤害等	低	安全专项方案、交底、检查
		70	混凝土模板支撑系统不符合要求	模板倾翻、物体打击等	中	审查方案、技术交底、检查验收
		71	支撑模板的立柱的稳定性不符合要求	模板倾翻等	中	审查方案、技术交底、检查验收
		72	模板存放无防倾倒措施或存放不合要求	模板倾翻等	中	审查方案、技术交底、检查验收
		73	悬空作业未系安全带或系挂不符合要求	高处坠落等	中	安全教育、定期检查
		74	模板工程无验收或交底	倒坍、物体打击等	中	技术交底、检查验收
		75	模板作业2m以上无可立足点	高处坠落等	中	技术交底、检查验收
		76	模板拆除区未设置警戒线且无人监管	物体打击等	低	技术交底、检查验收
		77	模板拆除前未经拆模申请批准	倒坍、物体打击等	中	技术交底、规范程序、验收
		78	模板上施工荷载超过规定或堆放不均匀	倒坍、物体打击等	中	技术交底、检查验收
十一	高处作业	79	员工作业违章	高处坠落等	高	规范操作、安全交底、教育检查
		80	安全网防护或材质不符合要求	高处坠落、物体打击等	中	技术交底、检查验收
		81	临边与“四口”防护措施缺陷	高处坠落等	中	审查方案、技术交底、检查验收

续上表

作业活动		序号	危险源	潜在危害	风险等级	预控措施
编号	项目					
十二	施工用电	82	外电防护措施缺乏或不符合要求	触电等	高	专项方案、技术交底、检查验收
		83	接地与接零保护系统不符合要求	触电等	中	专项方案、技术交底、检查验收
		84	用电施工组织设计缺乏	触电等	中	专项方案
		85	违反“一机、一闸、一漏、一箱”	触电等	中	技术交底、检查验收
		86	电线电缆老化、破皮未包扎	触电等	中	定期检查
		87	非电工私拉乱接电线	触电等	中	技术交底、安全教育、定期检查
		88	用其他金属丝代替熔断丝	触电等	中	技术交底、安全教育、定期检查
		89	电缆架设或埋设不符合要求	触电等	中	专项方案、技术交底、检查验收
		90	灯具金属外壳未接地	触电等	中	安全交底、验收检查
		91	潮湿环境作业漏电保护器参数过大或不灵敏	触电等	中	专项方案、技术交底、检查验收
		92	闸刀及插座插头损坏、闸具不符合要求	触电等	中	技术交底、定期检查
		93	不符合“三级配电二级保护”要求导致防护不足	触电等	中	专项方案、技术交底、检查验收
		94	手持照明未用 36 伏及以下电源供电	触电等	中	专项方案、技术交底、检查验收
		95	带电作业无人监护	触电等	高	操作规程、检查教育
十三	起重吊装	96	起重吊装作业方案或作业不符合要求	机械伤害等	高	专项方案、技术交底、定期检查
		97	起重机械设备有缺陷	机械伤害等	中	检查验收
		98	钢丝绳与索具不符合要求	物体打击等	中	检查验收
		99	地基承载力或铺垫措施不符合要求	设备倾翻等	中	执行控制程序、检查验收
		100	司机操作失误	机械伤害等	中	操作规程、教育培训
		101	违章指挥	机械伤害等	中	操作规程、教育培训
		102	起重吊装超载作业	设备倾翻等	中	执行控制程序、检查验收

续上表

作业活动		序号	危　险　源	潜在危害	风险等级	预控措施
编号	项目					
十三	起重吊装	103	作业平台不符合要求	高处坠落等	中	专项方案、安全交底、检查验收
		104	吊装时构件堆放不符合要求	构件倾倒、物体打击等	中	教育培训、检查验收
		105	警戒管理不符合要求	物体打击等	低	教育培训、检查验收
十四	木工机械	106	传动部位无防护罩	机械伤害等	中	检查验收
		107	圆盘锯无防护罩及安全挡板	机械伤害等	中	执行控制程序、检查验收
		108	使用多功能木工机具	机械伤害等	中	执行控制程序、检查验收
		109	平刨无防护安全装置	机械伤害等	中	检查验收
十五	钢筋作业	110	钢筋机械的安装不符合要求	机械伤害等	低	执行控制程序、检查验收
		111	钢筋机械的保护装置缺陷	机械伤害等	低	检查验收
		112	作业区防护措施不符合要求	机械伤害等	低	专项方案、检查验收
十六	电气焊作业	113	未做保护接零、无漏电保护器	触电等	中	执行控制程序、检查验收
		114	无二次侧空载降压保护器或无触电保护器	触电等	中	检查验收
		115	一次侧线长度超过规定或不穿管保护	触电等	低	安全交底、检查验收
		116	气瓶的使用与管理不符合要求	爆炸等	中	专项方案、教育培训、检查验收
		117	焊接作业工人个体防护不符合要求	触电、灼伤等	低	教育培训、检查验收
		118	焊把线接头超过三处或绝缘老化	触电等	低	检查验收
		119	气瓶违规存放	火灾、爆炸等	中	专项方案、教育培训、检查验收
十七	手持电动工具作业	120	保护接零或电源线配备不符合要求	触电等	中	教育培训、检查验收
		121	作业人员个体防护不符合要求	触电等	低	个人防护、教育培训、检查验收
		122	未做绝缘测试	触电等	中	执行控制程序、检查验收

续上表

作业活动编号	作业活动项目	序号	危险源	潜在危害	风险等级	预控措施
十八	安全管理	123	对施工组织设计中安全措施的管理不符合要求	各类事故	中	方案审查、技术交底
		124	未按法规要求建立健全安全生产责任制	各类事故	低	专项方案、检查验收
		125	未对分部、分项工程实施安全技术交底	各类事故	中	教育培训、检查验收
		126	安全检查制度的建立与实施不符合要求	各类事故	中	专项方案、教育培训
		127	安全标志的管理不符合要求	高处坠落、物体打击等	中	教育培训、检查验收
		128	防护用品的管理不符合要求	各类事故	低	检查验收
		129	特种作业未做到持证上岗或证件过期未复审	各类事故	低	检查报审
十九	消防管理	130	无消防措施、制度或消防设施	火灾等	中	专项方案、制订应急预案
		131	灭火器配置不合理	火灾等	中	执行控制程序、检查验收
		132	动火作业管理制度不符合要求	火灾等	低	专项方案
二十	生活设施管理	133	食堂不符合卫生要求	食物中毒等	低	检查验收、制订应急预案
		134	厕所及洗浴设施不符合要求	摔倒、传染病等	低	定期检查、执行制度
		135	活动房无搭设方案及未验收	坍塌	中	专项方案、技术交底、检查验收
		136	食堂采购不认真	食物中毒等	低	检查验收
二十一	物料储存	137	易燃易爆及危险化学品的存放不符合要求	火灾、爆炸等	中	专项方案、检查验收、教育培训
		138	料具违规堆放	料具倾倒等	低	检查验收
二十二	管线保护	139	无管线保护、防护专项方案	各类管线事故	高	专项方案、制订应急预案
		140	在靠近管线的部位施工时无专人监护	各类管线事故	中	教育培训、定期检查
		141	重要管线或紧邻管线施工处未设置明显警告警示标志	各类管线事故	低	定期检查
二十三	季节性施工	142	台风、暴雨	各类事故	高	编制预案并演练

4.2 可拆解盾构装备拆解/组装风险分析

可拆解盾构装备的拆解/组装与常规盾构机存在较大的区别，针对施工过程中的潜在风险，需要制订专门的预控措施。盾构机拆卸组装都属于大构件吊装作业，作业过程中应确保起重机的安全稳定，同时需要保证盾构装备的完好、过程中无磕碰变形。设备质量大，安装工作量大及施工场地狭小，如何充分利用有限作业空间顺利完成作业，是一项包含组织、协调、拆解、再组装于一体的施工过程，其施工工序多、风险较大。

4.2.1 拆解/组装施工特点

拼装式盾构机盾体各构件经由螺栓连接、焊接加固方式进行拼装，受限于过站空间，需要将其分解成小构件以通过车站既有结构。盾构机解体过程按照“由内及外”地顺序进行拆解，首先对内部机构（螺旋输送机、人舱、推进液压缸等）、管线进行拆卸，随后对外部盾体拆解成小块。组装过程则与拆解过程相反。其拆解/组装过程中，主要施工特点有以下几个方面：

（1）盾体各部分分块角度存在差异，在保证方便拆解的基础上，保证盾构机施工过程中的稳定性。

（2）可拆解盾构机可分解构件之间通过螺栓进行连接，为保证盾构机密封性，其连接面设有密封槽，同时在内外两侧进行焊接。

（3）盾构机内部结构、管线复杂，为保证盾构机的二次始发，在拆解施工前，应进行严谨的设计与验证。

（4）基于过站空间的实际情况，盾构机并未进行完全拆解，仅将各盾体拆除顶块，以达到过站尺寸。

（5）拆解后各部件质量依旧较大，需选择合适的吊装设备。

（6）在过站平移之前，需将拆解后主机进行组装，以达到主机一次过站，缩短施工工期。

（7）组装过程，为保证各部件还原，连接面设置定位法兰。

4.2.2 拆解/组装施工保障措施

针对盾构机拆解/组装中的潜在风险源，需采取风险预控措施，以保障施工过程安全。盾构机拆解/组装施工中的潜在风险因素与预控措施，见表4-3。

盾构机拆解/组装风险源辨识及预控措施　　表4-3

序号	潜在的危险因素	伤害类型	预控措施	风险评级
1	安全措施考虑不周	机械伤害、物体打击、高空坠落、火灾	多级评审，严格把关	高
2	起重机保养不当，设备故障	物体打击、机械伤害	严格把控设备进场验收工作	中

续上表

序号	潜在的危险因素	伤 害 类 型	预 控 措 施	风险评级
3	起重设备超负荷运转	机械伤害、物体打击	安全操作规程	高
4	吊装时构件绑扎不牢	物体打击	检查监控	高
5	操作司机失误、违章指挥、违章作业	机械伤害、物体打击	安全教育、现场监控	高
6	焊割工无证上岗、未履行动火审批手续	火灾	安全教育、现场监控	高
7	高处作业的无安全防护措施、高处作业人员违章作业	高处坠落、物体打击	现场监控	高
8	无警戒措施、在起吊物下有人员作业、穿行、停留	物体打击	现场监控	高
9	未戴防护手套、防护用品	机械伤害	检查督促	中

盾构机拆解、组装潜在风险源预控措施分析如下：

(1)拆解/组装流程设计

可拆解盾构装备拆解/组装的流程设计合理，一方面保障了拆解施工的有效性，保证施工效率，减少了拆解对盾构机的损坏，保证了拆解后对原始盾构机的还原；另一方面有利于保证施工的安全性，正确的施工流程可有效减少拆解过程中的掉块、失稳等现象。为减少拆解/安装过程中的风险，工程所采用的施工工序见第 3 章，流程见图 4-5。

(2)大块构件吊装风险

盾构机拆解、组装过程中的吊装孔分别安置于 4 号线车站顶层，安装了 20t 桥式起重机，用以吊装各部件顶块，而螺旋输送机、管片拼装机等内部装备通过盾尾内部吊耳与电动葫芦来实现吊装。

盾构机拆解后各构件质量依旧较大(详见第 3 章)，因此，在吊装过程中应注意选取合适的吊装器具，并制订风险应对措施，保证吊装过程安全。

①盾构机的功能部件和选用的吊装设备的起吊能力，应符合盾构分块组装、解体方案以及工程需求，并组织相关专家进行方案评审并按程序报批。

②根据吊装荷载进行地基承载力计算和车站围护结构稳定性验算，按计算结果进行吊装孔安置，确保吊装区域地面稳定。

③严格控制吊点焊接操作，确保焊接质量。

④设备吊装过程中，严格按照国家规定的设备吊装规程操作。

⑤盾构吊装前需对现场进行详细交底，确保过程中吊装作业严格按照设计方案进行。

⑥盾构机拆解/组装过程中涉及的起重吊装设备均需进行受力验算，验收合格后方可投入使用。

⑦加强吊装设备管控，对磨损严重、老化的组件及时进行更换。

(3)内部管线拆卸/安装风险

盾构机内部管线复杂，拆解过程中应提前做好设计与规划，管线的损坏将直接影响盾构机的使用，因此，在拆卸前必须对所有的管线接口进行标识（机、液、电）。所有管线接头应做好相应的密封和保护，特别是有精度要求的液压系统管路、传感器接口等。

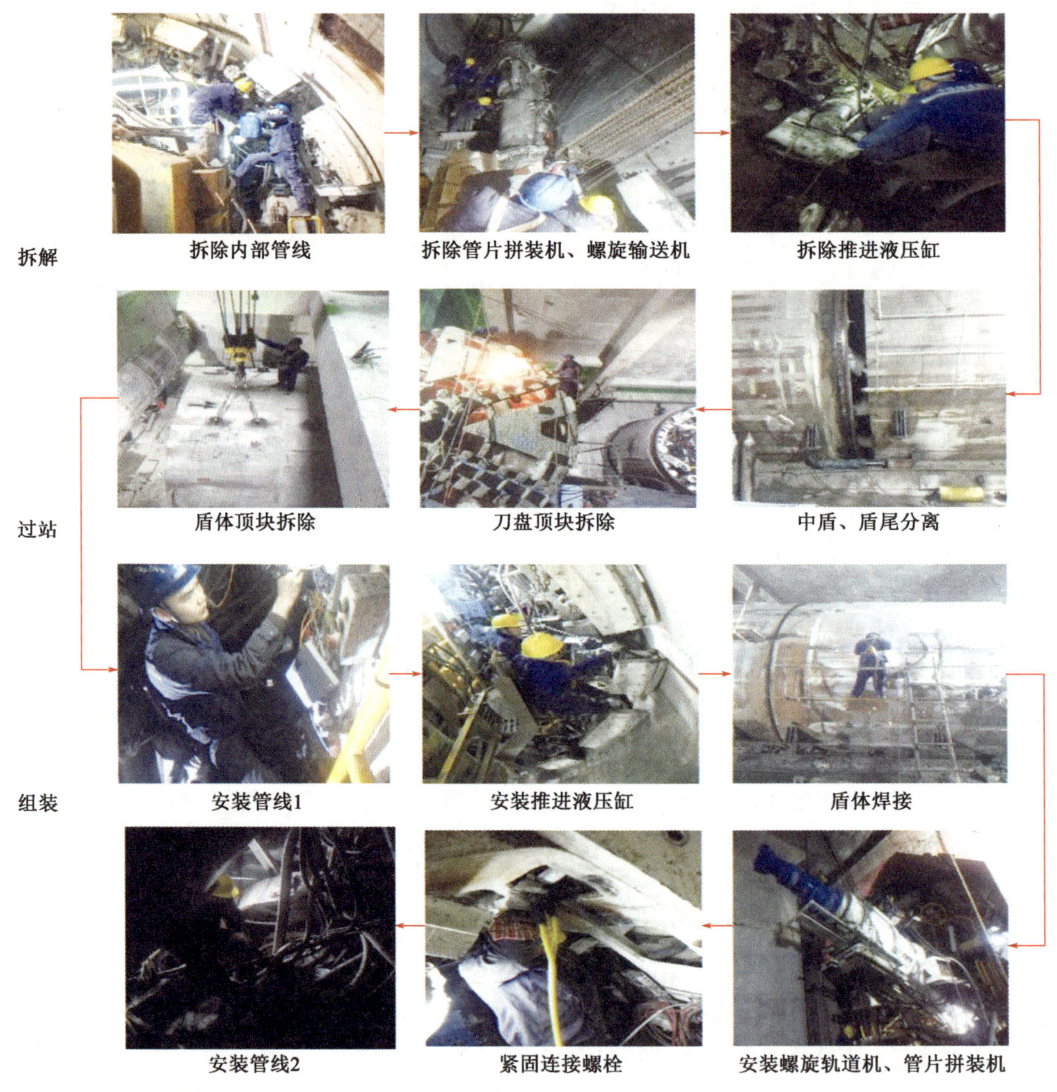

图4-5　盾构机拆解/组装流程

（4）其他

盾构装备拆解/组装过程中潜在风险还包括：盾体解体吊装过程中倒链、行吊损坏、盾体磕碰损坏；实际拆解顺序错误，导致工期延长；组装过程中铰接密封失效导致后期盾构推进过程中漏水等。针对以上风险，采取的预控措施如下：

①盾体解体拆解分块前对吊装设备可行性进行验算及现场验收，满足要求之后方可吊装。

②盾体拆解吊装前对现场作业人员进行详细交底，过程中加强现场管控，确保拆解顺序无误。

③盾构机组装过程中涉及的起重吊装设备均需进行受力验算，验收合格后方可投入使用。

④盾构机组装前需对盾构机关键组成部件(包括铰接密封)的完好性等进行检查,对磨损严重、老化的组件进行更换。

除以上施工风险外,针对盾构机拆解/安装中的人身安全风险,预控措施如下:

①施工过程中要将方案编制和施工安全技术交底层层把关,严格落实。

②机械进场组装之后进行质量验收,检查机械的完整性,钢丝绳的完好性,安全装置是否齐全可靠。

③禁止在吊物下站人,防止坠物掉落,禁止高空抛物。

④高空作业必须佩戴安全带,作业平台搭设必须牢固可靠并确保安全防护措施可靠。

⑤严格执行临时用电相关规范要求,禁止无证人员私自动用用电设施、设备。

⑥严格动火审批手续,禁止无证人员动用焊割设备。

⑦所有作业人员需穿戴好劳动防护用品。

4.3 可拆解盾构机过站风险分析

可拆解盾构装备过站施工与盾构机拆解/安装相互配合,各拆解构件通过旋转、平移等方式实现盾构机过站,由于过站空间限制,其施工要求较高,可能会发生物体打击、高空坠物、机械伤害、触电伤害、火灾等事故。

4.3.1 盾构机过站施工特点

(1)车站结构已经完成,盾构机在洞内解体、组装施工难度大。主机在车站内平移风险高。宁波火车站广场已投入使用,大型材料物资等难以通过吊装方式进入车站施工现场。盾构解体过站工期节点不可控。

(2)区间投入可解体盾构机进行施工、盾构机接收完成之后。对盾构机进行拆解,盾构机吊装、平移、顶升均为大件,工作过程中需做好辅助设备的验收及可行性验收,确保移动过程中设备不倾覆。

4.3.2 盾构机过站施工组织安排

为保证盾构机洞内解体过站施工的安全、质量和进度,配备项目负责人、技术负责人、设备负责人、现场负责人、安全负责人以及各专业班组,进行盾构机洞内解体过站的各项工作。

1)盾构机洞内解体过站组织机构

根据洞内解体过站施工组织,成立盾构机洞内解体过站专业班组,配备足够的技术人员和技术工人,在确保人员和设备安全的前提下,保质保量完成盾构机洞内解体过站工作。盾构机解体过站组织机构如图 4-6 所示;人员分工及职责见表 4-4。

2)施工进度计划

(1)盾构机洞内解体过站施工计划见表 4-5。

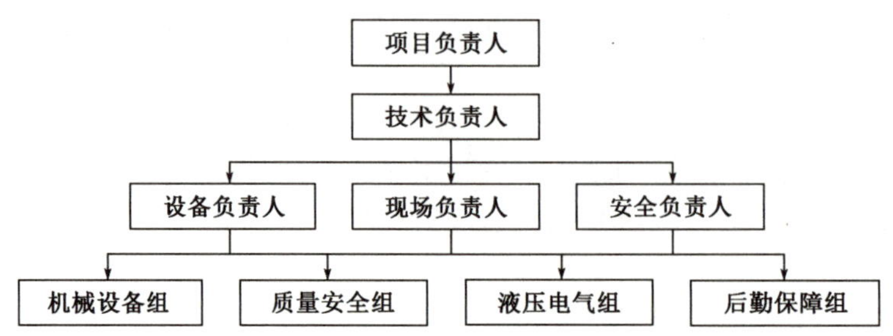

图 4-6 盾构机解体过站组织机构

人员分工及职责 表 4-4

序号	人员	职责
1	项目负责人	对工程全面负责，在组织工程施工中，制订措施，确保施工处于受控状态，工程质量达到合同要求，对工程的质量、安全负全面责任
2	技术负责人	提供洞内解体过站过程中的技术指导，负责洞内解体过站过程的技术交底；保证施工过程始终处于受控状态
3	现场负责人	在施工过程中对内外、上下进行沟通协调，使整个工程顺利完成
4	设备负责人	对施工过程中使用的各种设备进行综合管理，保证各类设备的完善和质量
5	安全负责人	对施工过程中的洞内解体过站安全、文明施工临建等进行综合管理，制订各种安全技术措施，对工程安全生产目标进行控制，负责对施工过程中的安全技术交底
6	机械设备组	主要负责盾构机械部件、结构件的拆除；盾构机大件的起吊。负责盾构机管路、部件的拆除，盾构机螺栓的清理、清洗和装箱
7	液压电气组	主要负责液压管路、阀组的拆除及防护工作，液压部件的数量清理；负责盾构机洞内解体过站液压设备管理、维修和操作；负责盾构机电气线路的标识、拆除；负责施工现场临时用电管理
8	质量安全组	对施工过程中的吊装安全、文明施工临建等进行管理，负责对施工人员进行安全技术交底，落实安全技术交底内容，监督现场施工作业安全措施落实情况
9	后勤保障组	主要负责施工过程中的后勤工作，做好协调工作，保证各项施工工作的正常运转

洞内解体过站施工计划表 表 4-5

序号	施工内容	工期(d)
1	主机到达指定位置，拆除螺旋输送机	4
2	拆除 22 根推进液压缸	1
3	拆除管片拼装机	2
4	拆除铰接液压缸主机前部、后部分离，接收架相应分两段	2
5	主机平移并旋转 90°	2
6	前盾、中盾前分离	2

续上表

序号	施 工 内 容	工期(d)
7	刀盘拆除顶块	4
8	人舱、前盾、中盾前拆除顶块	2
9	主机合体	2
10	主机焊接顶升支撑并顶升	2
11	主机平移至始发井口	6
12	主机下降至始发井	2
13	主机分体	2
14	主机安装顶块	4
15	主机平移并旋转 90°	1
16	中盾后、盾尾拆除顶块过站	2
17	主机前部与主机后部合体	2
18	螺旋输送机、台车等安装	1
19	推进液压缸安装	1
20	整机调试	1
合计		45

(2)盾构机接收准备工作施工进度计划,见表 4-6。

盾构机接收准备工作施工进度计划表　　表 4-6

序号	施 工 内 容	工期(d)	备　注
1	接收井、始发井混凝土浇筑	3	
2	钢板、接收架吊装下井	2	
3	2 台行车安装	10	同步施工
4	盾构机破洞门	10	
5	盾构机接收封堵洞门	4	

(3)盾构机顶块及台车施工进度计划,见表 4-7。

盾构机顶块及台车施工进度计划　　表 4-7

序号	施 工 内 容	工期(d)
1	车站内轨道敷设	6
2	刀盘等 4 个顶块过站	2
3	螺旋输送机过站	1
4	后配套平移过站	2
5	反力架安装	4

3)人员投入计划

盾构机洞内解体过站施工难度大,劳动强度高,需配备足够的施工人员,两班制作业,具体见表4-8。

洞内解体过站人员投入计划表　　表4-8

序号	岗　位	人数(人)	备　注
1	调度(带班负责人)	2	1人/班
2	机液工程师、电气工程师	4	2人/班
3	技术、测量工程师	4	2人/班
4	电焊工	8	4人/班
5	电工	4	2人/班
6	普工	20	10人/班
7	安全员	2	1人/班
合计		44	

注:特种作业人员持证上岗,作业人员岗前必须接受培训交底。

4)材料与设备投入计划

拟投入洞内解体过站施工的材料、设备机具见表4-9。

主要材料、设备投入计划表　　表4-9

序号	材料、设备名称	规　格	单位	数量	备　注
1	接收架	ϕ6340mm	台	1	盾构机接收用
2	液压千斤顶	200t	只	4	顶升主机用
3	液压千斤顶	100t	只	2	平移主机用
4	泵站	60MPa	台	2	
5	卷扬机	50t	台	2	
6	倒链	10t	台	8	备用
7	倒链	3t、5t	台	各4	
8	蓄电池牵引机车	45t	台	1	顶推台车
9	直流电焊机	ZX7-400	台	2	
10	二保焊机	NBC-500	台	2	
11	轴流风机	T35-11型	台	2	通风
12	气割设备		套	3	
13	钢板	9000mm×2200mm×30mm	块	3	
14	钢板	9000mm×2200mm×20mm	块	10	
15	钢板	9000mm×2200mm×10mm	块	2	
16	钢丝绳	6×37+1-ϕ34	条	4	
17	钢丝绳	6×37+1-ϕ22	条	6	

续上表

序号	材料、设备名称	规　格	单位	数量	备　注
18	钢丝绳	6×37+1-ϕ16	条	6	
19	卸扣	弓形，25t	个	4	
20	卸扣	弓形，10t	个	4	
21	对讲机		台	4	通信指挥
22	滑轮	10t	个	4	
23	叉车	5t	辆	1	
24	大锤、撬杠、吊带、扳手等			若干	组装拆解工具
25	角磨机		套	2	含足够砂轮片
26	气动扳手		台	2	
27	空气压缩机	$3m^3$	台	1	
28	水泵	5.5kW	台	2	
29	黄沙		方	若干	
30	行吊	20t	台	2	
31	主钩	10t	个	1	盾尾旋转

4.3.3　盾构机过站施工风险分析及预控措施

1）盾构机旋转 90°施工

（1）潜在风险

①平移旋转过程中相对摩擦力较大，顶推设备易损坏。

②盾构机主机及接收架顶推旋转过程中摩擦力较大，可对盾构机主机与接收架造成较大磨损。

（2）风险预控措施

①项目实施前计算顶推所需最大推力，顶推前选用验收合格的产品。

②顶推前对设备、接收架涂抹润滑油减少摩擦力。

2）盾构机主机顶升施工

（1）潜在风险

①盾构机主机顶升过程中引起盾体倾覆。

②盾构机主机顶升过程中引起顶升设备损坏。

（2）风险预控措施

①盾构机主机顶升过程中用行吊辅助受力防止其倾斜，液压缸顶推过程中同时受力保证其行程均匀一致。

②顶升之前对设备进行受力计算，确保顶升设备与行吊满足顶升要求，避免过程中设备损坏。

3)盾构主机平移施工

(1)潜在风险

盾构主机平移过程中顶推液压缸及卷扬机发生损坏。

(2)风险预控措施

①施工前仔细核算顶推工程中所需最大推力,确保顶推液压缸及卷扬机满足施工要求。

②顶推设备使用前经验收合格之后方可投入使用。

4)主机各部位顶块过站施工

(1)潜在风险

①吊装过程中行吊钢丝绳断裂,主机各顶块磕碰发生变形。

②台车跳轨,主机顶块发生倾覆。

(2)风险预控措施

①吊装之前对行吊设备进行验算核实,确保其能满足主机各顶块吊装要求。

②轨道敷设完成之后进行验收,确保其满足台车使用要求。

5)台车过站施工

(1)潜在风险

①吊装过程中钢丝绳发生断裂。

②行吊故障、吊物悬挂。

(2)风险预控措施

①行吊吊装前对设备进行仔细检查,确保吊装过程不会停歇。

②对行吊进行受力验算,满足吊装要求之后方可实施。

4.4 可拆解盾构机二次始发掘进中风险分析

可拆解拼装式盾构机是本工程的特色以及研发对象,但盾构在拆解过站后,盾构机经历了“拆解—再组装”的过程,其密封性、圆度在施工过程中受到较为严苛的挑战,为保证施工过程中盾构机的稳定性,需针对其潜在风险进行分析以及预控措施设计。

4.4.1 盾尾失圆风险及预防、处理措施

1)风险分析

盾构机解体过站时、首先对盾体进行分块处理,其次进行逐步吊装平移至始发井,最后进行组装调试后二次始发。在拆卸、运输和组装过程中难免会发生碰撞,尤其是盾尾部分较为脆弱,若不注重盾尾保圆措施,极易造成盾尾失圆。

(1)盾尾失圆处理不当易造成管片拼装连续破损。

(2)盾构在不同地质情况下,推力有所不同,钢筋混凝土管片的设计受压破坏强度远远大于盾构机的最大总推力,理想施工状态下,仅盾构机的推力难以造成管片混凝土受压破损,但是在盾构掘进过程中,时常有管片破损情况的发生,很大一部分管片破损是因盾尾失圆所致,见图4-7、图4-8。

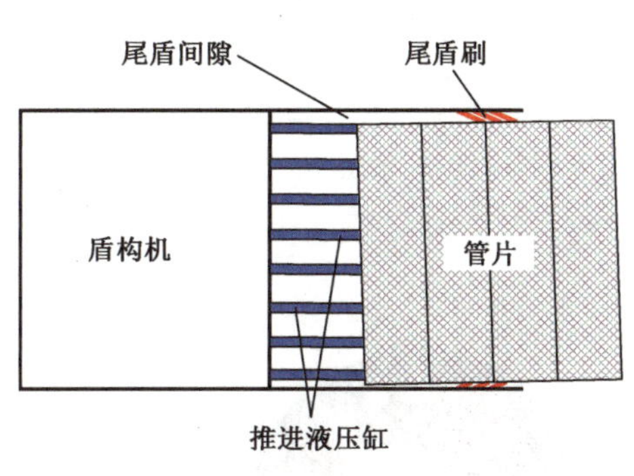

图 4-7　管片与盾尾关系示意图

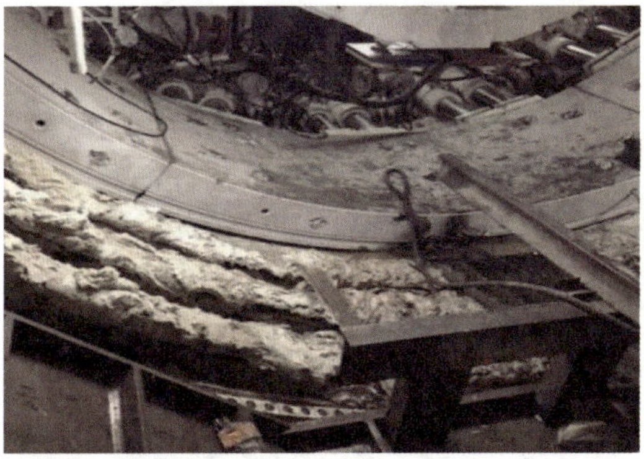

图 4-8　管片与盾尾

(3)管片拼装成环后,横向、竖向直径出现偏差,大于设计允许偏差值,可以认为管片已失圆。盾尾和管片失圆后,将会导致衬砌与盾构机内壳之间的净距减少。在盾构机姿态与管片姿态稍有不一致时,在推进中就会发生盾构机盾尾板筋或盾尾刷挤伤损压管片外弧面,造成管片内弧面大面积破损、掉块。

2)预防及处理措施

(1)盾尾拆卸、运输和安装时采取保圆措施。通常在盾尾内加焊型钢支撑,见图 4-9。必要时在盾尾内弧面加焊筋板。

(2)盾构机在二次组装完成后,通过测量仪器量测盾尾同圆度,若出现失圆,在盾构机始发前完成圆度调整。后期管片拼装过程中,做到勤测量、勤纠正,及时采取纠正措施,必要情况下采用保圆器进行纠正,见图 4-10。

图 4-9　盾尾型钢支撑示意图

图 4-10　盾尾间隙量测

4.4.2　盾构密封失效原因及预防措施

宁波地处东海之滨、地表水系发达,地层中含水率较高。盾构施工往往面临着大埋深、高水压、长距离且地质条件复杂多变的问题。这对盾构的防水密封性有着较高的要求。如果在盾构推进过程中盾构密封圈防水失效，将带来巨大的危险，同时在洞内维修风险也较大，容易导致工期延长。

盾体由刀盘、前盾、中盾、盾尾四大部分组成，如图4-11所示，详细结构见第2章。千斤顶位于盾尾与中盾之间，通过液压缸行程差控制盾构机进行曲线施工及姿态调整。为防止盾构推进过程中地层中的泥水侵入盾体内部造成突发事件，在其铰接处设置有密封圈，以便盾构能在含水率较高的地层中施工。

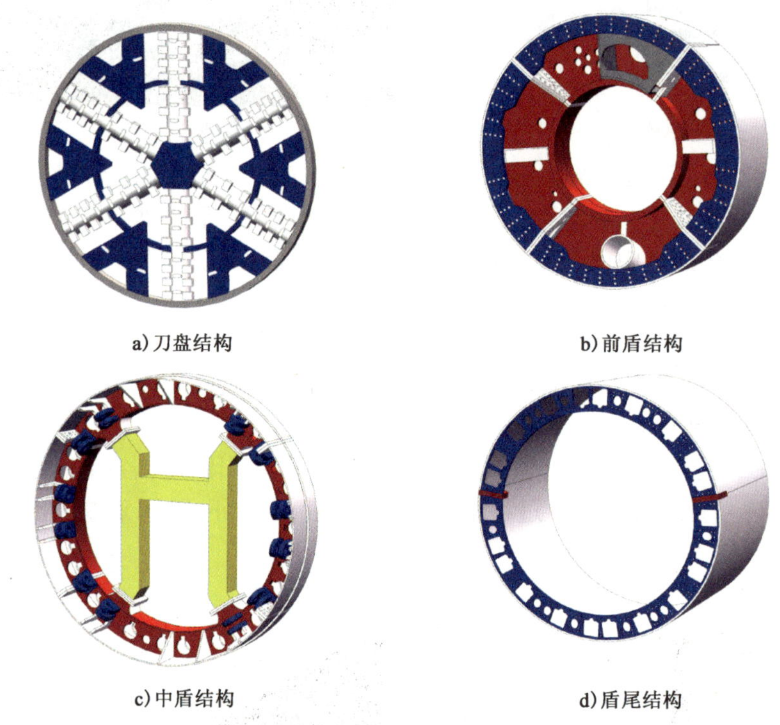
a）刀盘结构　b）前盾结构　c）中盾结构　d）盾尾结构

图4-11　可拆解盾构机结构示意图

1）风险分析

（1）盾构密封圈与盾尾存在一定的相对运动，在施工中要求根据盾构的姿态不断调整铰接密封的松紧度。在实际操作中不可避免地存在调整滞后，或装拆机过程中造成盾尾—密封部位的变形等问题，降低了密封的可靠性。盾构掘进中，同步注浆浆液会流到盾构机的铰接密封处，当橡胶密封的压力小于泥水压力时，泥水就会击穿密封进入隧道内，污染盾体内的液压电气元器件。盾尾密封装置见图4-12。

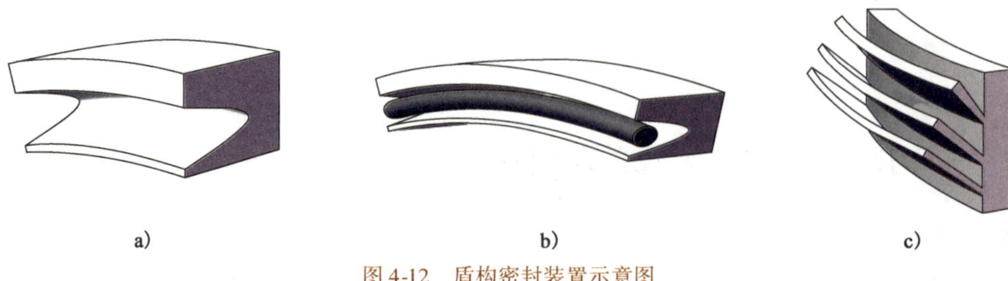
a)　b)　c)

图4-12　盾构密封装置示意图

(2)因盾构机为二次始发,铰接处密封圈容易因长时间与泥浆接触产生腐蚀或暴露在空气中被氧化,失去原有物理结构性质,易被泥浆强压力击穿导致盾尾漏水涌浆。

因此,提高铰接处密封装置的可靠性及耐久性尤为重要。盾构机组装过程中需对铰接处的密封装置仔细验收检查并安装到位。

2)预防措施

(1)盾构解体过站组装过程中一定要对盾构密封圈进行保护,二次组装前一定要对其进行损坏程度评估验收,验证其是否能再次使用。对不合格、腐蚀严重的密封圈要及时进行更换。

(2)盾构二次始发之后应注意对盾构姿态的控制,避免猛纠姿态,做到勤纠、缓纠;在曲线推进过程中,合理调整密封松紧度保证密封的压力。

4.5 小　　结

可拆解盾构机由于其特殊的拼装式结构,使其在施工中将会面临更多的风险,因此,需要在施工过程中制订全面的、详细的风险管理方案,包括掘进施工阶段以及拆解过站阶段的组织管理、风险识别、预控措施等。宁波轨道交通 4 号线可拆解盾构机施工过程中制订了详细的风险管控措施,为可拆解盾构装备的稳定施工提供了保障。

第5章　可拆解盾构装备工程应用分析

可拆解盾构机的特殊拼装式结构，使其能较好地解决狭窄空间过站问题，但盾构机的主要作用是隧道掘进，能否保证其正常掘进施工是检验可拆解盾构机可行性的重要标准。因此，分析可拆解盾构机在掘进过程中的施工参数特征、特殊工况下施工稳定性及环境效应至关重要。本章以宁波轨道交通 4 号线柳西站—宁波火车站—兴宁桥西站区间为研究对象，探讨可拆解盾构掘进施工过程各施工参数的稳定性，并对特殊工况下可拆解盾构机施工稳定性及对周边环境影响进行分析，以验证可拆解盾构装备施工应用可行性。

5.1　可拆解盾构机掘进稳定性分析

目前，受地质条件和盾构施工工艺的限制，盾构施工对周围土体的扰动仍是不可避免的。盾构施工致使地层原有的应力平衡状态发生改变，掌子面临空而成为地层压力释放的突破口，地层压力会使土体向开挖空间移动，从而导致盾构隧道的上方及其附近的地表、建（构）筑物以及管线等发生沉降甚至是坍塌，盾构施工影响范围如图 5-1 所示。

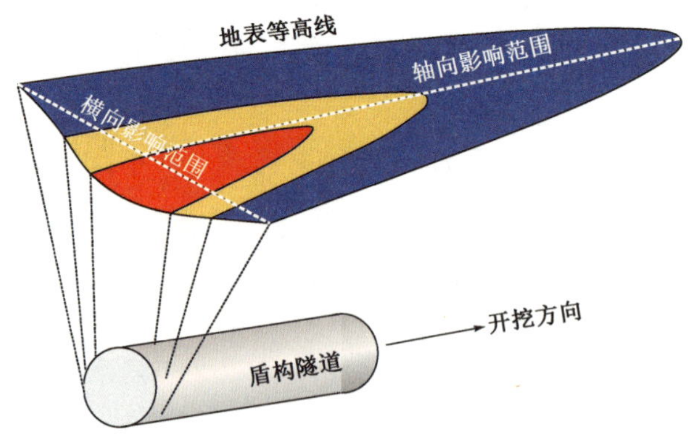

图 5-1　盾构施工的影响范围

因此，如何合理选择盾构施工参数，保证盾构施工的稳定性，并有效控制地层变形，减少或消除对周围环境的影响，是盾构设计和施工中必须面临的重要问题。

5.1.1　掘进稳定性的影响因素

不同的地质条件下，可拆解盾构装备的施工参数和掘进速度也有所不同。宁波轨道交通4号线所使用的可拆解盾构装备，主要掘进参数包括土压力、刀盘扭矩、盾构总推力、出土量以及同步注浆质量等。为保证盾构掘进的稳定性并提高掘进效率，除了设置合理的施工参数外，各参数之间还需满足一定的匹配性。另外，可拆解结构的精密性也会对掘进的稳定性有一定影响。

1）土压力

宁波轨道交通4号线使用的可拆解土压平衡盾构装备的主体可以分为刀盘、主轴承、承压隔板、推进液压缸、螺旋输送机、管片拼装机和盾构外壳七个部分。盾构机中部的承压隔板除了具有传递推进液压缸的推力外，还具有密封的作用，使承压隔板和掌子面之间形成了一个密封舱，称之为土舱。施工过程中，刀盘切削下来的渣土会充满土舱，推进液压缸的推力通过承压隔板传递到土舱内的土体上，会在土舱内形成一定的土压力，用来平衡开挖面的地下水压和土压（图5-2），以此来维持开挖面的稳定。随着继续向前掘进，新切削下来的渣土通过螺旋输送机排出盾体，可以通过调节盾构推进速度和螺旋输送机的转速来调节泥土的切削量和出土量，维持土舱内的土压力稳定，以减少或防止对围岩产生的扰动和上覆土体的隆沉。

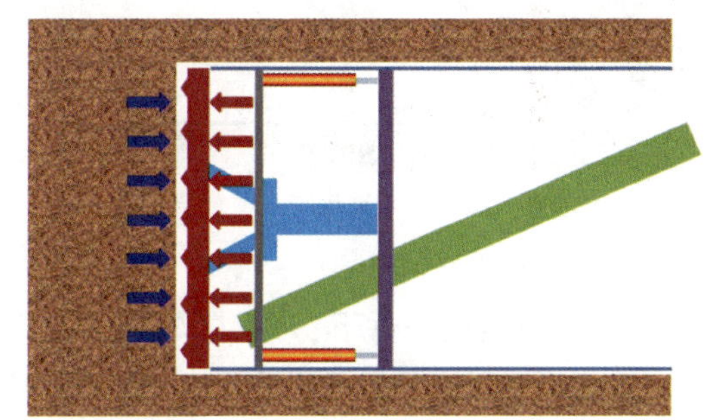

图5-2　盾构土压力工作原理示意图

（1）土压力设置较小时，存在的问题

①无法维持切削面的稳定，可能引起掌子面坍塌和上覆土体沉降，在盾构机到达前和到达时造成上覆土体沉降。

②盾壳与围岩之间的空隙不能得到充分的挤压填充，盾构掘进时引起上覆土体沉降。

③易出现出土量大于切削量的情况，造成地层损失，在盾构掘进时引起上覆土体沉降。

（2）土压力设置较大时，存在的问题

①对围岩扰动大，可能导致地层隆起。

②盾壳与围岩之间的空隙过分挤压填充，盾构掘进阻力增大，推进速度变慢，并且对设备的磨损较大。

③总推力过大，易造成管片破损等质量问题。

因此，合理设置土压力参数至关重要，只有当土压与掌子面泥水压力保持平衡时才能保证上覆地层的稳定，确保周围环境的安全。

2）盾构推力

盾构推进液压缸是掘进动力的来源，是决定掘进速度的重要因素，设定合理的推力值是盾构能准确地沿着设计的路线方向推进最有效的措施。不同的地质条件下掘进时所需的盾构推力也不同，一般情况下，可拆解盾构装备在砂岩地层、复杂混合地层中掘进所需盾构推力较大，在粉质黏土地层、松散砂土层中所需推力较小。

当盾构推力设置过大时，会加大渣土的切削量，如果螺旋输送机的出土量维持不变，就会引起土舱压力上升，从而造成地表隆起和刀盘刀具磨损速度加快；当盾构推力过小，则切削量小于出土量，土舱压力下降，引起地表沉降甚至是坍塌。

盾构推进需克服很多的阻力，如图5-3所示。主要阻力包括盾体正面推进阻力 F_1、盾体与围岩的摩擦阻力 F_2、刀具插入土体受到的贯入阻力 F_3、盾尾管片的摩擦阻力 F_4 以及盾构其他部分的拖曳阻力 F_5等。其中正面推进阻力来自开挖面的地下水压力和土压，阻力值为土压力值。

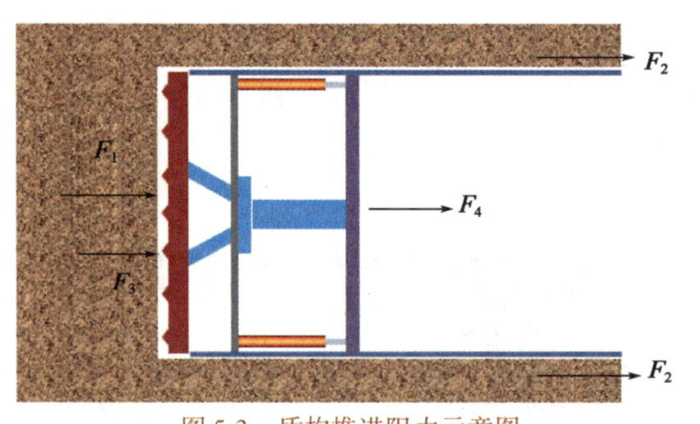

图5-3　盾构推进阻力示意图

土压平衡盾构机盾体推力的经验计算公式为：

$$F = \frac{1}{4}\pi D^2 P \tag{5-1}$$

式中：D——刀盘外直径(m)，本例为6.35m；

P——单位面积上的经验推力(kN/m²)，6m土压平衡盾构机的 P 值为500kN/m²。

计算得出的理论推力 F 约为15800kN。

3)刀盘扭矩

不同的地质条件下，刀盘扭矩的设置也不同。一般情况下，在砂岩地层、复合地层中掘进所需的刀盘扭矩较大，在粉质黏土地层、松散砂土层中较小。在掘进过程中，盾构司机需根据不同的埋深、围岩类型、风化程度、泥水压力等地质条件的变化进行综合分析，设定合适的刀盘扭矩和盾构推力，并根据地表、建(构)筑物以及管线沉降等监测结果及时对各项参数进行调整，尽量减少或消除对周围土体的扰动，保证盾构掘进的稳定。

刀盘扭矩过大会导致刀具、刀盘磨损严重，加大对周围土体扰动；过小则会使掘进速度过慢，效益变低。

土压平衡盾构机刀盘在旋转切削过程中，刀盘切削土体会受到地层抗力，刀盘的正面、侧面会受到土体压力从而对作业中的刀盘产生摩擦阻力，土舱内的土体在压力作用下会对刀盘的背面以及主轴承产生阻力。因此，刀盘阻力扭矩(图5-4)的构成主要包括刀盘切削土体所需的阻力扭矩 T_1、刀盘正面的摩擦力扭矩 T_2、刀盘侧面的摩擦力扭矩 T_3、刀盘背面的摩擦力扭矩 T_4、主轴承旋转摩擦力扭矩 T_5等。

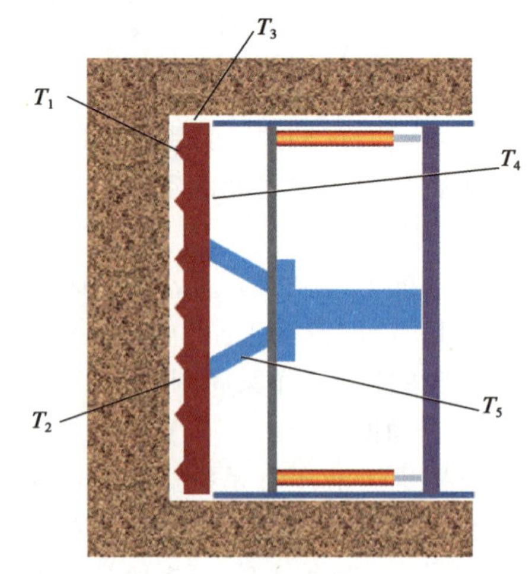

图5-4　刀盘阻力扭矩示意图

刀盘扭矩的计算比较复杂，刀盘在地层中掘进时的扭矩一般包括切削土阻力扭矩(克服泥土切削阻力所需的扭矩)、刀盘的旋转阻力扭矩(克服与泥土的摩擦阻力所需的扭矩)、刀盘所受推力载荷产生的反力扭矩、密封装置产生的摩擦力扭矩、刀盘的前端面的摩擦力扭矩、刀盘后面的摩擦力扭矩、刀盘开口的剪切力扭矩、土舱内的搅动力扭矩等。通常刀盘的扭矩计算可参照国际盾构隧道标准规范建议的土压平衡式盾构刀盘扭矩经验计算公式：

$$T = \alpha D^3 \tag{5-2}$$

式中：T——刀盘扭矩(kN·m)；

D——刀盘外直径(m)；

a——扭矩系数(kN/m²)。

其中，$a = a_0a_1a_2$，a_0 为稳定掘进扭矩系数，本次使用的可拆解盾构装备的稳定掘进扭矩系数 $a_0 = 12\text{kN/m}^2$；a_1 为刀盘支撑系数，由刀盘支撑方式决定，中心支撑刀盘 $a_1 = 0.8 \sim 1.0$，周边支撑刀盘 $a_1 = 1.1 \sim 1.4$；a_2 为土质系数，泥岩 $a_2 = 0.8 \sim 1.0$，固结粉砂、黏土 $a_2 = 0.8 \sim 0.9$，松散砂土 $a_2 = 0.6 \sim 0.8$。根据宁波轨道交通4号线地质条件和可拆解盾构装备的结构特征，取 $a_1 = 0.8$、$a_2 = 0.6$，则扭矩系数 $a = a_0a_1a_2 = 5.76\text{kN/m}^2$，刀盘外直径 $D = 6.35\text{m}$，得出刀盘扭矩 T 约为1480kN·m。

4)出土量

可拆解土压平衡盾构装备主要靠土压平衡来维持盾构掘进的稳定，出土量可以通过调节螺旋输送机的转速和闸门予以控制，原则上要保证螺旋输送机的出土量等于刀盘的切削量。

如果出土量较大，会直接导致土舱内压力减小；反之，则会使土舱内压力增大。综上，可以通过调节盾构推力和出土量来控制土压力，如图5-5所示。

5)同步注浆

同步注浆是改善盾构机通过后地层沉降的关键因素。

由于可拆解盾构装备的外径略大于隧道管片环的外径，所以当盾构机通过之后，会在盾尾管片环和围岩之间留下一定的建筑空隙，如果置之不顾，会引起地层损失、地下水流失，直接导致地表、建(构)筑物以及管线沉降。为了防止和减少盾构施工带来的影响，在掘进过程中，要采用同步注浆的方式在脱出盾尾的衬砌管片背后注入足量的浆液材料，充填盾尾环形建筑空隙，如图5-6所示。

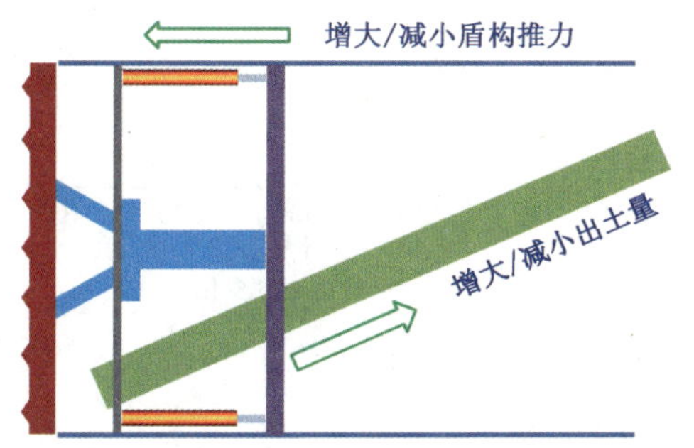

图5-5 盾构推力和出土量共同控制土压力示意图

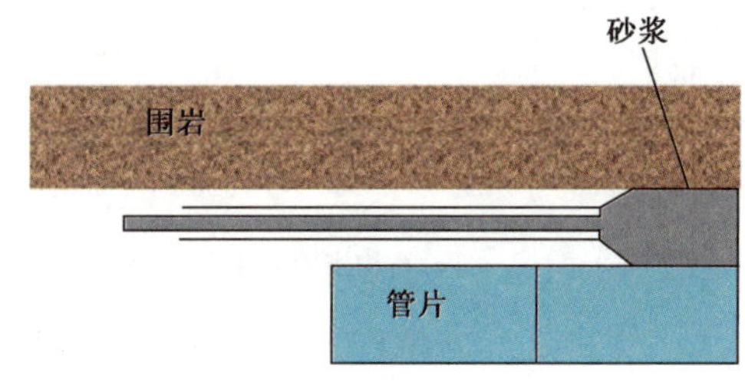

图5-6 同步注浆示意图

同步注浆的主要作用有以下三个方面：

(1)及时填充盾尾建筑空隙，支撑管片周围的岩土体，有效控制沉降。

(2)浆液凝固后具备良好的密封性，可大大提高隧道的防水能力。

(3)浆液凝固后使得管片与周围岩土体一体化，有利于盾构掘进方向的控制，并能提高隧道结构的稳定性。

6)盾构组合结构

可拆解盾构装备相较于常规的盾构装备,拆解过后的零部件质量小,具有更好的便携性,便于运输和吊装,也大大降低了设备拆解过站时对空间的要求。带来便利的同时也存在无法避免的弊端:盾构结构的圆度、稳定性和土舱的密封性均难以保证。

5.1.2 宁波火车站—兴宁桥西站区间实测数据统计分析

以宁波轨道交通4号线宁兴区间左线200环到400环的盾构掘进施工记录表为例进行统计分析。主要采集的掘进参数有推进速度、土压力、盾构总推力、刀盘扭矩、出土量以及注浆量等。绘出了各施工参数随环号变化的曲线图(图5-7)。通过对曲线分析可以发现:

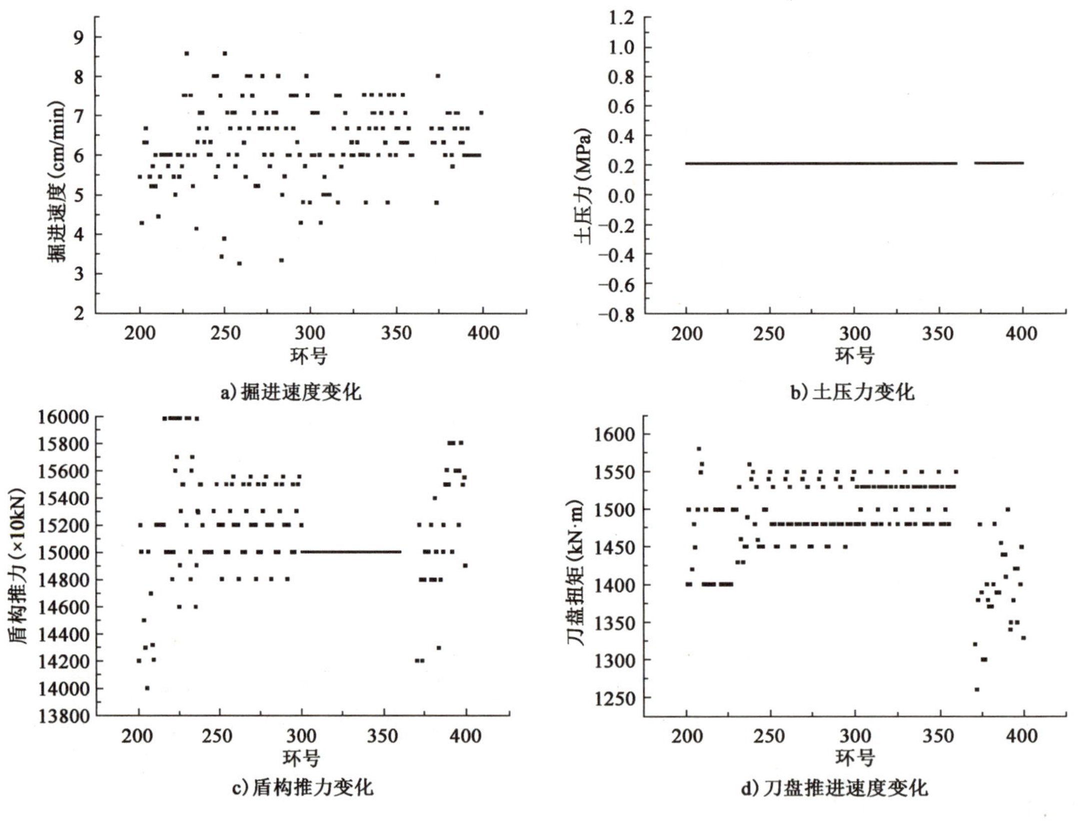

图5-7 宁波火车站—兴宁桥西站区间200~400环施工参数变化

(1)可拆解土压平衡盾构装备的掘进速度基本维持在4~8cm/min,平均约为6.2cm/min。

(2)在宁波火车站—兴宁桥西站区间200~400环内,覆土厚度变化不大,因此,土压力的设置一直稳定在0.21MPa;在宁波轨道交通4号线柳西站—宁波火车站区间以及宁波火车站—兴宁桥西站区间右线,土压力值随地质条件的变化有所波动,一般为0.2~0.3MPa。

(3)盾构推力基本维持在14200~15800kN,平均推力约为15000kN,在盾构始发段和到达段总推力相对较小。

(4)刀盘扭矩实际设定值控制在1350~1550kN·m,平均扭矩约1500kN·m,同样是在盾构始发段和到达段刀盘扭矩设置相对较小。

(5)宁波轨道交通4号线宁波火车站—兴宁桥西站区间左线200～400环盾构施工过程中出土量一般为37.2～37.8m^3/环。

(6)同步注浆的浆液类型为新型厚浆，其浆液配合比见表5-1；注浆压力一般等于土舱压力，设定为0.2～0.3MPa；注浆量为2.4～4m^3/环。

浆液配合比(质量)　　表5-1

消石灰(kg)	水泥(kg)	粉煤灰(kg)	细砂(kg)	膨润土(kg)	水(kg)	外加剂(kg)	坍落度(mm)
60	—	350	951	80	299	2.50	120～140

可拆解盾构掘进过程中各项施工参数均保持一定的稳定性，随着工况与工法的改变，响应及时，各项施工参数中未出现异常值，表明可拆解盾构及整体施工稳定。

5.1.3　盾构施工引起地表沉降的过程

盾构穿越时会对周围地层产生扰动，引起地表沉降，影响周围建构筑物的安全。盾构穿越时的土体变形一般可分为五个阶段：盾构到达前的早期变形、开挖过程中的变形、盾构通过时的变形、通过后盾尾脱出时的瞬时变形及后期固结沉降变形，如图5-8所示。

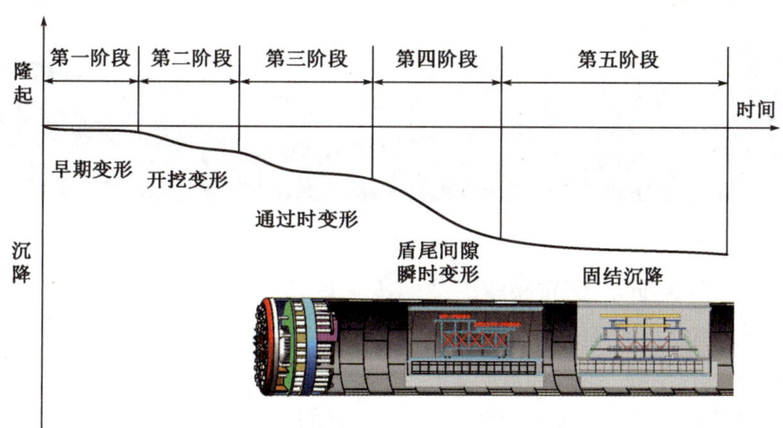

图5-8　盾构穿越时土体变形五个阶段

5.2　可拆解盾构施工环境影响分析

相比矿山法而言，盾构法隧道施工引起周边环境影响相对较小，但地下空间开挖不可避免地会对周围土层产生扰动，影响周围建(构)筑物安全；而拼装式可拆解盾构机除需实现特殊工况下的拆解过站外，在正常区间掘进过程中，与常规盾构机施工要求保持一致，尤其在特殊工况下，有效地控制地面沉降为检验可拆解盾构机施工应用效果的标准之一。本节将针对可拆解盾构掘进区间的周边环境情况，选取典型重难点工况下的施工影响分析，进行可拆解盾构装备施工可行性探讨。

5.2.1 可拆解盾构施工区间周围环境

1）工程地质条件

柳西站—宁波火车站区间线路出柳西站后，沿苍松路向南穿行，过柳汀街后转向东，最终接至宁波火车站。区间隧道设计里程右线 SK18 +518.134 ~ SK19 +578.137，长1060.003m；左线 XK18 +522.134 ~ XK19 +579.203（短链 20.033m），长 1037.036m。区间隧道纵坡为“V”形坡，最大纵坡为 28.3‰，区间隧道埋深为 13.8 ~24.8m，线间距为 11.3 ~17m，最小曲线半径为 369.851m。隧道穿越的主要土层为$②_{2c}$层淤泥质粉质黏土、$④_{1b}$淤泥质粉质黏土、$④_{2b}$粉质黏土、$⑤_{1b}$粉质黏土、$⑤_{1T}$粉土、$⑤_{4a}$粉质黏土，见图 5-9。

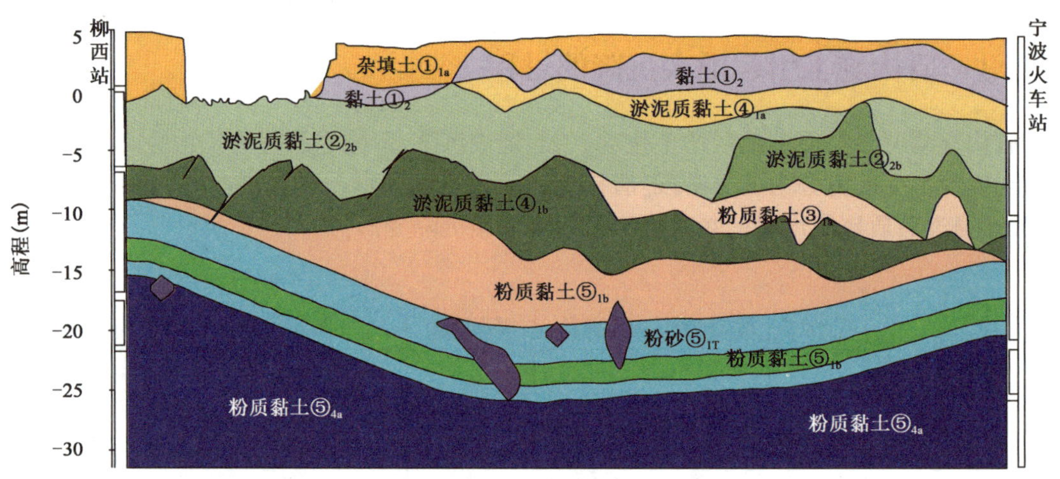

图 5-9 柳西站—宁波火车站区间地质纵剖图

宁波火车站—兴宁桥西站区间线路出宁波火车站后，下穿火车站地下广场、护城河后转至长春路下穿行，过镇明路后接至兴宁桥西站。区间隧道设计里程右线 SK19 +725.232 ~ SK20 +729.496，长 1004.264m；左线 XK19 +724.450 ~ XK20 +730.139（短链 2.948m），长1002.741m。区间隧道纵坡为“V”形坡，最大纵坡为 28‰，区间隧道埋深为 15.8 ~27.6m，线间距为 11.7 ~16.9m，最小曲线半径 499.851m。隧道穿越的主要土层为$③_2$ 粉质黏土、$④_{1b}$淤泥质粉质黏土、$⑤_{1b}$粉质黏土、$⑤_{4a}$粉质黏土，见图 5-10。

区间施工范围内地表水网密布，地下水分孔隙潜水和孔隙承压水。

孔隙潜水主要赋存于表部黏土、淤泥质黏土层中，富水性及透水性均较差，水量贫乏，潜水水位变化受气候环境和地表径流影响显著，其排泄方式主要为蒸发。

孔隙承压水主要赋存于浅部$③_1$ 层粉质黏土，透水性一般，水量较小；水位埋深在 1.40 ~1.70m，渗透系数 $8.45\times10^{-6}\sim1.493\times10^{-5}$cm/s，水质为淡水。深部孔隙承压水第 I_1 层，主要赋存于$⑤_1$T 层黏质粉土、$⑤_{4b}$层黏质粉土中，含水层厚 0.6 ~3.9m，属微透水层，涌水量小，渗透系数 $1.5\times10^{-4}\sim1.58\times10^{-4}$cm/s，水质为咸水。第 I_2 层孔隙承压水赋存于⑧层砂土中，透水性好，水量较丰富，渗透系数 $1.04\times10^{-3}\sim5.4\times10^{-2}$ cm/s，水质微咸水。本工程施工隧道掘进不受承压水影响。

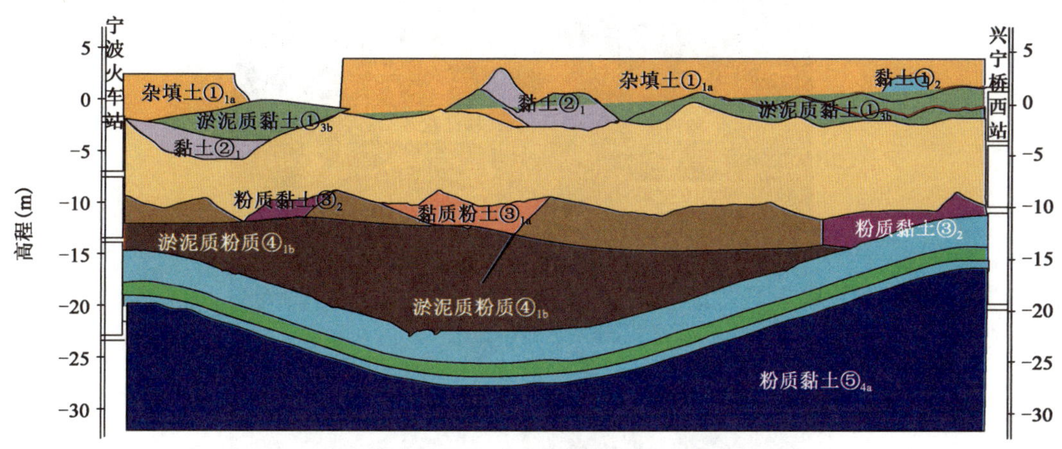

图 5-10　宁波火车站—兴宁桥西站区间地质纵剖面图

区间施工范围无地下洞穴、地面塌陷以及地裂缝等不良地质，工程主要不良地质作用表现在厚层填土、区域地面沉降以及软土地基强度低、稳定性差，易产生不均匀沉降，变形大等不良影响；地层具"杂填土厚，压缩性高，强度低，灵敏度高，透水性差，局部易液化"等特点，盾构穿越厚层软土易出现不均匀沉降、管片上浮、变形大等问题。

2）区间沿线管线概况

可拆解盾构掘进施工范围内近接管线类型均为市政管线，尺寸与类型各异，具体见表 5-2。

盾构区间始发、到达管线统计表　　表 5-2

区　间	管线类型	断面尺寸（mm）	类　型	隧顶至管线的距离（m）	相对关系	备　注
柳西站—宁波火车站	饮水管	DN600	铸铁	约 12.1	斜交下穿	始发
宁波火车站—兴宁桥西站	雨水管	DN700	混凝土埋管	约 16.5	垂直下穿	始发
	供电管	800×400	顶管	约 18.2	垂直下穿	始发
	电信、电力	1200×400	塑料管	约 16.2	垂直下穿	到达

3）区间沿线建（构）筑物概况

可拆解盾构施工区间穿越宁波市海曙区繁华地段，地面情况复杂。柳西站—宁波火车站区间周边建筑物较多，隧道侧穿柳汀花苑、火烧桥、柳汀立交桥、萧甬铁路等；下穿柳西桥、柳西河驳岸、柳西河、苍松路下立交、祖关山下立交、宁波邮政大楼等，均为重点控制工程，见图 5-11。详细建（构）筑物情况及其与隧道相对关系，见表 5-3。

宁波火车站—兴宁桥西站区间施工中需侧穿火车南站地下广场、月湖银座、长春路人行道拓宽桩基、工商行政管理局、望湖市场、供销公司综合楼、南苑饭店等；下穿护城河、月湖桥、三市桥等，见图 5-12。详细建（构）筑物情况与隧道相对关系见表 5-4。

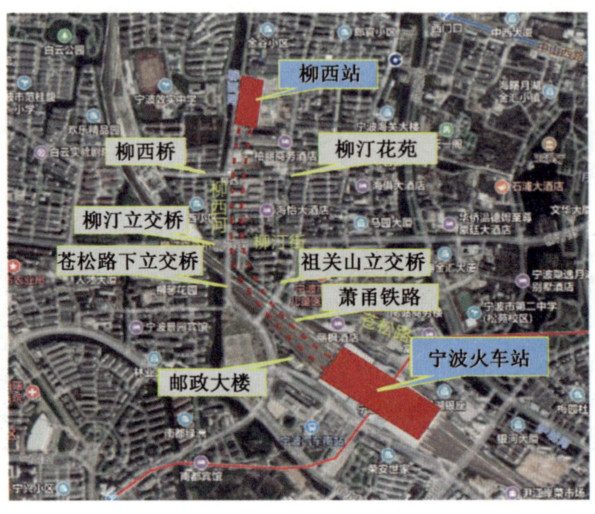

图 5-11　柳西站—宁波火车站区间周边环境示意图

柳西站—宁波火车站区间线路沿线建(构)筑物调查表　　表 5-3

建（构）筑物	结构形式	与隧道关系
火烧桥	箱式基础,基础底高程 -2.7m	最小水平距离 9.1m
柳西河驳岸	浆砌块石结构,基础底高程 -0.5 ~ -1.6m	最小垂直距离 9.2m
柳西桥	200mm×200mm 预制方桩,桩长 9m,桩底高程 -11.4m	最小垂直距离 4.3m
柳西河涵洞	2 个 5m×1.5m 的框架涵下部采用 ϕ500mm 粉喷桩加固,桩底高程 -12.8m	最小水平距离 2.7m
柳汀立交桥	17~21 号桥墩:ϕ1200mm 桩孔灌注桩,桩底高程 -41.5 ~ -40.0m	最小水平距离 2.3m
祖关山立交桥	箱式基础,基础底高程约为 -1.5m,南侧下部基础采用 350mm×350mm 预制方桩加固,桩长 13.5 ~ 16.5m,桩底高程 -14.5 ~ -17.5m;北侧下部基础采用 ϕ500mm 粉喷桩加固,桩长 16.0m,桩底高程 -17.0m; 框架内支墩下部采用 ϕ1000mm 钻孔灌注桩,桩长为 55.0m,桩底高程 -54.0m; 两侧采用 ϕ500mm 粉喷桩加固,桩长 6.0 ~ 10.0m,桩底高程为 -7.2 ~ -3.4m	钻孔灌注桩与隧道最小水平距离为 9.5m;粉喷桩加固区与隧道最小垂直距离为 4.1m
柳汀花苑 2 号、5 号、6 号楼	ϕ377mm 沉管灌注桩,桩底高程 -17.7m	最小水平距离 1.9m
宁波邮政大楼	桩顶高程 -2.6m,ϕ1200mm 钻孔灌注桩,桩长 80 ~ 82m	最小水平距离 3.2m

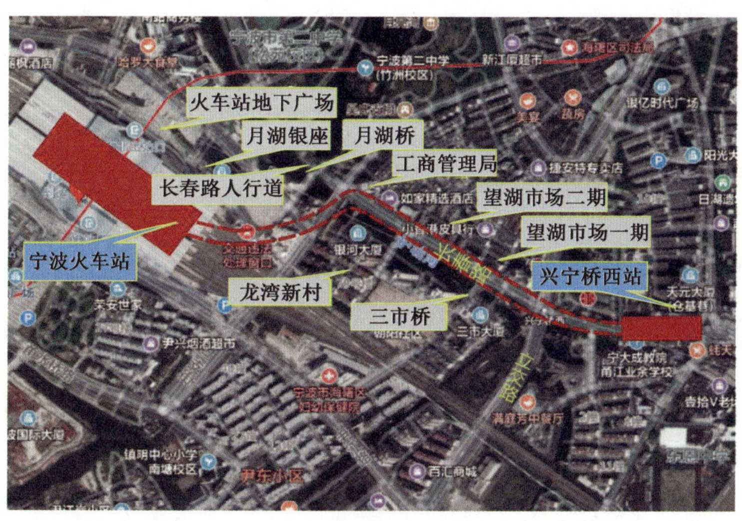

图 5-12　宁波火车站—兴宁桥西站区间周边环境示意图

宁波火车站—兴宁桥西站区间线路沿线建(构)筑物调查表　　表 5-4

建（构）筑物	结构形式	与隧道关系
南站地下广场	ϕ500mmPC 管桩,桩长 32.5m,桩底高程为 -35.9 ~ -34.5m; ϕ800mm 钻孔灌注桩,桩长 35.7m,桩底高程为 -37.0 ~ -35.6m; 围护桩:ϕ500mm 钻孔灌注桩,桩长 14.5m,桩底高程 -13.6m;ϕ600mm 钻孔灌注桩,桩长 16.5 ~ 19.0m,桩底高程 -18.1 ~ -15.6m; 立柱桩:ϕ600mm 钻孔灌注桩,桩长 17.8 ~ 19.2m,桩底高程 -18.3m	侵入隧道断面的桩基已拔除,进场后进一步核实是否有桩基遗留,制定相应的预案
月湖银座	基础采用 ϕ600mm、ϕ800mm 钻孔灌注桩,桩长 46.0m,桩底高程 -53.5m。有两层地下室; 围护桩 1:采用 ϕ600mm 的钻孔灌注桩,桩长 13.5m,桩底高程 -11.0m;外侧采用 ϕ300mm 的树根桩,桩长10.5m,桩底高程 -7.4m; 围护桩 2:采用 ϕ600mm 的钻孔灌注桩,桩长 10.5m,桩底高程 -12.9m; 围护桩 3:采用 ϕ700mm 的钻孔灌注桩,桩长 21.5 ~ 24.0m,桩底高程 -18.9 ~ -21.4m;外侧采用 ϕ300mm 的树根桩,桩长 14.0m,桩底高程 -11.4m	最小竖向距离 4.5m
长春路人行道拓宽	ϕ600mm 钻孔灌注桩,桩长为 23.0m,桩底高程 -19.8m	最小竖向距离 1.5m
月湖桥	ϕ500mm 钻孔灌注桩,桩长为 18.4m,桩底高程 -19.5m	最小竖向距离 2.2m
宁波市工商行政管理局	400mm × 400mm 预制方桩,桩长 44.6 ~ 48.4m,桩底高程 -46.8m。局部有一层地下室	最小水平距离 3.5m

续上表

建（构）筑物	结构形式	与隧道关系
望湖市场二期	400mm×400mm 预制方桩，桩长 44.6~48.4m，桩底高程 -46.8m。局部有一层地下室	最小水平距离 2.0m
望湖市场一期	400mm×400mm 预制方桩，桩长 23.5m，桩底高程为 -22.5~-22.1m	最小水平距离 5.0m
三市桥	φ800mm 钻孔灌注桩，桩长为 35.0m，桩底高程 -32.9m	最小水平距离 15.5m
供销公司综合楼	350mm×350mm 预制方桩，桩长 19.0m，桩底高程 -16.5m	最小水平距离 2.7m
海曙供销社大楼	350mm×350mm 预制方桩，桩长 17.9m，桩底高程 -16.2m	最小水平距离 3.6m
南苑饭店	采用 450mm×450mm 预制方桩和 φ377 沉管灌注桩。其中预制方桩桩长 44.1m，桩底高程 -45.6m；沉管灌注桩桩长 15.7m，桩底高程 -16.2m	最小水平距离 1.7m

5.2.2 盾构下穿苍松路下立交磨桩施工

1)工程概况

柳西站—宁波火车站区间于里程 SK18+828~SK18+891 下穿苍松路下立交箱涵桩基础，其结构底板厚 800mm。下穿时盾构隧道埋深约 21.05m，桩基础位于⑤$_{1b}$粉质黏土中，广泛分布，且物理力学性质较好；下穿位置为苍松路下立交入口处加宽段，道路双向(6 机+2 非)车道，桩位及车道情况详见图 5-13、图 5-14。侵入隧道的箱涵桩基础 10 根，分别为 1 根立柱桩 φ700mm(桩长 24.5m)，3 根围护桩 φ600mm(桩长 21m)，6 根抗拔桩 φ800mm(桩长24.5m)；隧道轮廓线 2m 范围内 3 根桩，分别为 1 根围护桩 φ600mm，2 根抗拔桩 φ800mm。盾构磨桩桩位与隧道关系具体位置见表 5-5，见图 5-15。

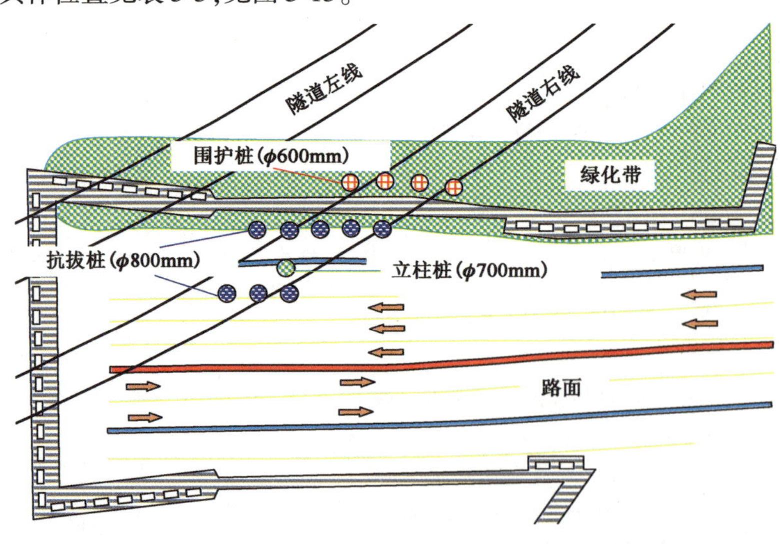

图 5-13　下立交箱涵桩基础与隧道平面位置关系示意图

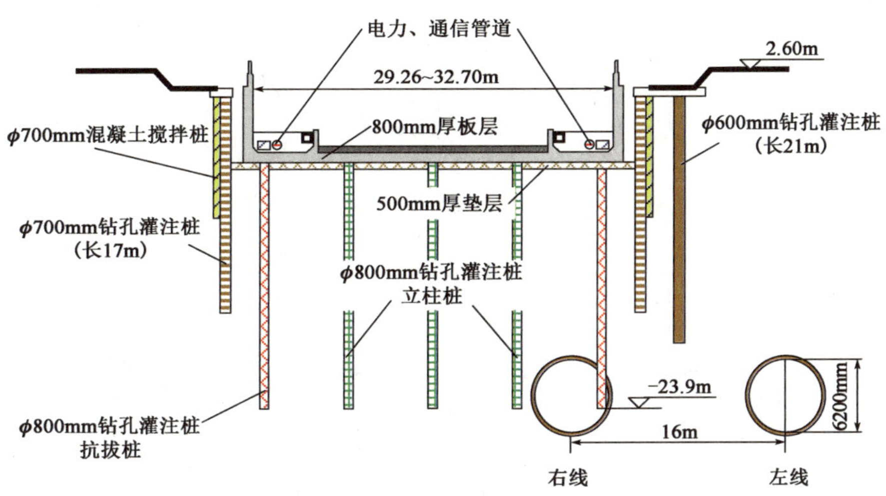

图 5-14　下立交箱涵桩基础与隧道立面位置关系示意图

隧道与下立交箱涵桩基础相对关系　　表 5-5

序号	对应里程(桩中心)	对应管片环号	沿推进方向偏差(右为"+",左为"-")	线路中心高程(mm)	桩底高程(m)	备　注
1	SK18 +858.041	283	+0.397	-22.44	-23.9	ϕ800mm 桩,轮廓线内
2	SK18 +861.549	286	+2.293	-22.53	-23.9	ϕ800mm 桩,轮廓线内
3	SK18 +865.020	289	+4.223	-22.63	-23.9	ϕ800mm 桩,轮廓线外
4	SK18 +865.334	289	+1.623	-22.64	-23.9	ϕ700mm 桩,轮廓线内
5	SK18 +865.553	289	-4.930	-22.65	-23.9	ϕ800mm 桩,轮廓线外
6	SK18 +869.075	292	-2.962	-22.76	-23.9	ϕ800mm 桩,轮廓线内
7	SK18 +872.559	295	-0.962	-22.83	-23.9	ϕ800mm 桩,轮廓线内
8	SK18 +876.003	298	+1.071	-22.92	-23.9	ϕ800mm 桩,轮廓线内
9	SK18 +879.407	300	+3.136	-23.00	-23.9	ϕ800mm 桩,轮廓线内
10	SK18 +879.124	301	-4.950	-22.99	-20.4	ϕ600mm 桩,轮廓线外
11	SK18 +883.059	304	-1.838	-23.09	-20.4	ϕ600mm 桩,轮廓线内
12	SK18 +886.621	307	+0.807	-23.17	-20.4	ϕ600mm 桩,轮廓线内
13	SK18 +890.050	309	+3.704	-23.25	-20.4	ϕ600mm 桩,轮廓线外

注:刀盘位置抵拢桩基础的位置为对应的管片环号前方 6 环,始发里程 SK18 +518.134。

2)施工技术措施

区间下穿苍松路下立交,苍松路下立交有 6 根 ϕ800mm 钻孔灌注桩抗拔桩、3 根 ϕ600mm 钻孔灌注桩围护桩和 1 根 ϕ700mm 钻孔灌注桩立柱桩侵入隧道断面,为减小施工对地面交通的影响,采用盾构机直接切削桩基的技术措施。为保证盾构顺利切削桩基,需对盾构装备加强配置。

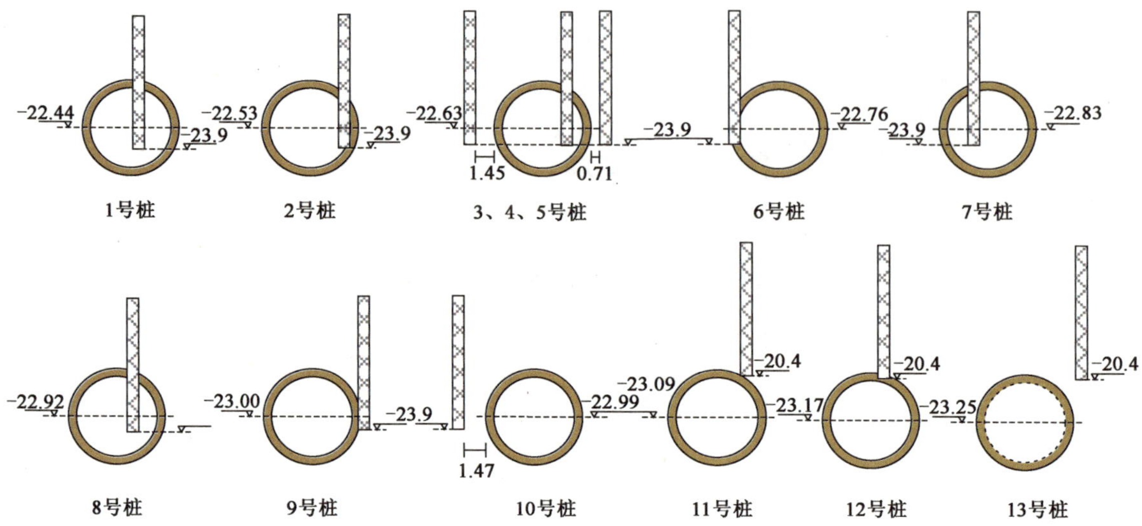

图 5-15　桩基础与隧道剖面图(高程单位:m)

①对盾构的选型进行充分论证,使其既能适应软土地层的掘进,又能切削坚硬的钢筋混凝土,选择针对性的刀具和布置形式,并配备刀具磨损检测装置。

②采用高耐磨的可更换刀具,并制订更换刀具的应急预案。

③增大螺旋输送机的功率,提高扭矩值,增强螺旋输送机的耐磨性,并制订螺旋输送机被钢筋卡住后的清除预案。

④增加人舱系统,做好气密性相关检测,确保在紧急情况下可进行出舱处理。

(1)盾构机适应性设计

为满足磨桩需求,对可拆解盾构装备进行了适应性设计,刀盘先行刀采用贝壳形焊接撕裂刀(图 5-16、图 5-17),加强刀盘刀具的破桩基能力,同时焊接撕裂刀刀高采用分层设计,分别为 220mm、155mm、140mm,减小刀盘磨桩扭矩。刀具轨迹运行将桩体钢筋切割为 60 ~ 80cm 短钢筋,由螺旋输送机排出;一个层次的先行刀(高 140mm)负责切割桩体混凝土。

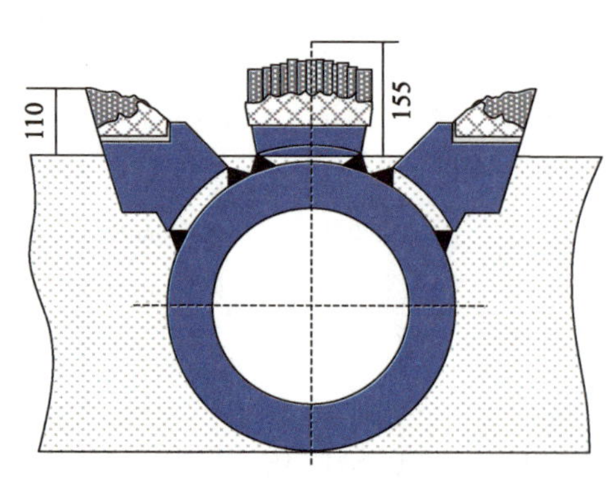

图 5-16　贝壳形焊接撕裂刀示意图(尺寸单位:mm)

图 5-17　贝壳形焊接撕裂刀

刀盘最外侧布置 12 把边刮刀和 12 组合金保径撕裂刀(图 5-18、图 5-19),进一步增强刀盘周边破桩基能力,同时刀盘外圈梁采用耐磨复合钢板 + 大圆环保护刀,增加耐磨性,可以有效保径及防止刀盘外圈梁的直接磨损。

图 5-18　刀盘保径刀和大圆环保护刀

图 5-19　破桩刀盘

(2)磨桩技术措施

①磨桩开始、结束的判定。

根据磨桩桩位图进行精确测量放点,确认桩基础里程位置。在距离桩基础位置 1m 时将掘进速度降至不大于 10mm/min。当刀盘推力增加,但无掘进速度,扭矩跳动突然变大,或盾构姿态跳动值较大时,即可认为已贴近桩体,磨桩正式开始。

单根桩磨桩过程中,扭矩突然减少至正常段水平,推力值减少但盾构速度能保持,即可判定单根桩磨桩结束;当出土口出土顺畅,再无钢筋、混凝土块随土体出来时,经测量复核盾构刀盘里程已超过磨桩区域,即可判定磨桩施工结束。

②磨桩穿越前准备。

盾构机穿越桩基前,对人员、机械、材料做好充分的准备,磨桩穿越施工准备情况详见表 5-6。

磨桩穿越施工准备情况表　　表 5-6

项　　目	准 备 工 作
技术准备	(1)施工前与业主相关部门、物探单位积极联系沟通,详细了解桩基的准确信息,在此基础上制定可靠的施工方案。盾构通过前,在现有道路上方位置布置监测点位并取得初值; (2)对管理、作业人员组织会议进行专项施工技术交底培训,使每个参加施工的工作人员清楚盾构机与桩基的相对位置以及采用的施工参数和技术措施
人员保证	(1)区间右线盾构投入 2 个掘进班组(分白班、夜班),2 个综合班组(分白班、夜班); (2)直接管理人员包括值班调度 2 名(分白班、夜班),土木技术、机电值班工程师每班各 1 名,地面巡视人员 2 人,负责联络工作; (3)掘进班组每班配备 16 人,包括盾构主司机,管片拼装机司机,设备维保值班人员,蓄电池牵引机车司机及辅助作业人员; (4)综合班每班配备 22 人,负责地面加工件、管片粘贴、蓄电池充电等工作; (5)项目部抢险队由柳西站工区掘进班骨干人员组成,共计 20 人

续上表

项目	准备工作
设备配置及保养	盾构在刀盘到达桩基前30环时，对盾构机刀盘驱动、液压缸顶进系统、压力传感器、螺旋输送机和注浆管路等进行一次全面检查和维护，对于存在故障和故障隐患的机械进行一次全面维修，并对注浆管路进行一次彻底的清洗，最后对整机状况进行一次评估，确保盾构机及配套设备在穿越桩基的过程中处于良好的工作状态，同时备足常用配件。 设备配置如下： (1)盾构配备列车编组2组，每组包括电动机车1节、砂浆车1节、管片车2节、出渣车4节，每个编组列车配置满足掘进一环(1.2m)所需的管片，渣土，注浆材料等运输； (2)地面设备主要有2台45t/15t门式起重机，负责盾构掘进渣土运输至地面临时渣坑，地面管片及其他材料下放至井下列车编组等工作，及其他满足盾构掘进施工用设备
盾构姿态调整	将盾构穿越桩基前30环作为过渡段，将盾构机姿态调整为最佳状态(偏离轴线小于2cm)，各项掘进参数调整为稳定状态

③穿越阶段磨桩施工技术。

以实际测量放样为基准，盾构距离桩基2m左右时，控制掘进速度在25mm/min；盾构接近桩基1m时，推进速度控制在5～10mm/min。刀盘转速控制在0.8r/min。按照盾构穿越顺序，掘进控制主要可分四个阶段，各阶段主要控制参数见表5-7。

盾构穿越桩基各阶段重点控制参数表 表5-7

阶段	盾构与管片相对位置	盾构推进重点控制参数
阶段一	切口距桩基10环—切口进入桩基	土压力、出土量、盾构姿态
阶段二	切口进入桩基—盾尾脱离桩基	推进速度、土压力、出土量、同步注浆量、刀盘转速、刀盘扭矩、土舱温度、出土渣样、螺旋输送机状态、盾构姿态
阶段三	盾尾脱离桩基—盾尾脱离桩基10环	同步注浆量、二次注浆
阶段四	盾尾脱离桩基10环后	二次注浆

根据刀盘与桩基础的相对位置，对刀盘穿越桩基础过程中的详细控制参数设置，详见表5-8。

盾构穿越桩基础控制技术 表5-8

相对位置	控制参数	控制内容
刚贴近桩基础前	严格控制盾构正面土压力	(1)未遇到桩基时，土舱中心土压力值根据埋深及土层情况设定，压力波动控制在0～20kPa。根据判定情况，确定刀盘贴近桩基础时，保持设定土压，确保掌子面稳定。 (2)磨桩期间禁止开启超挖刀
	推进速度控制及刀盘转速	推进速度控制在5～10mm/min，刀盘转速控制在0.8r/min
	推进姿态控制	区间掘进设计允许偏差±50mm，下穿磨桩区域位于左转弯半径369.851m，28‰下坡段；掘进姿态拟合区间线路线性，管片上浮等特性，控制推进水平姿态-30～-10mm，垂直姿态-30～-10mm；每环姿态调整量≤5mm，水平、垂直姿态进入-40mm、+20mm进行预警

续上表

相对位置	控制参数	控制内容
刚贴近桩基础前	出土量控制	出土量控制在理论出土值的 98%，即 37.86 × 98% = 37.1m^3，保证盾构切口上方土体能有微量的隆起（不超过 1mm），以便抵消一部分土体的后期沉降量，从而使地表沉降量控制在最小范围内
	同步注浆	保持与未接触到桩基础时参数一致；厚浆由商品砂浆厂供应，坍落度严格控制在 12 ~ 14cm 以内，注浆压力控制在不大于 0.35MPa，注浆量按照 1.5 ~ 2.0 倍充填率，即 2.5 ~ 3.3m^3
	管片拼装	在管片拼装过程中，安排熟练的拼装工进行拼装，减少拼装的时间，缩短盾构停顿的时间。拼装过程中若出现管片碎裂等情况，均采用更换新管片方式重新拼装，确保防水效果
贴近桩基础磨桩	严格控制盾构正面土压力	（1）保持设定土压，根据出土状态确定推力，若无速度，增加推力进行磨桩，拟定磨桩推力较未接触到桩基础段增加 300 ~ 500kN。 （2）由于限界范围各桩基础与刀盘在一侧接触位置偏差较大，盾构姿态保持困难，所以掘进施工中将盾构姿态变化量严格控制在 3 ~ 5mm/环，液压缸行程差控制在不大于 5cm
	推进速度控制及刀盘转速	推进速度控制在 1 ~ 2mm/min，磨桩过程中根据实际情况进行调整。刀盘转速设定在 0.8r/min，若扭矩小，无出土，增加转速至 1.0r/min（最高可调整至 1.3r/min）
	出土量控制	出土量控制在理论出土值的 98%，即 37.86 × 98% = 37.1m^3，值班技术人员进行量测土箱容积，标记、记录出土方量。同时还须认真记录混凝土块的性状、钢筋长度、钢筋根数、螺旋输送机外壳的温度等，留好影像资料。资料记录以每班进行，值班技术员下班后交由资料员保存
	同步注浆	磨桩时，注入可硬性浆液，即在原厚浆基础上每方掺加水泥 50kg，由商品砂浆厂供应，坍落度严格控制在 12 ~ 14cm 以内，注浆压力控制在不大于 0.35MPa，注浆量按照 2.0 ~ 2.5 倍充填率，即 3.3 ~ 4m^3，并根据地面、隧道监测成果进行实时调整
	管片拼装	（1）磨桩段管片全部采用背覆钢板预制钢筋混凝土管片。 （2）在管片拼装前，再次检查管片防水材料粘贴质量、盾构拼装范围积水、杂物清理情况，满足拼装要求后方可实施。拼装过程中若出现管片碎裂等情况，均采用更换新管片方式重新拼装，通过精细化拼装确保管片错台控制在规范范围、螺栓全部穿进、管片无碎裂、渗漏。同时做好管片二次紧固，该项工作在下一环推进过程中进行，在原紧固基础上在推进状态下紧固，确保隧道整体刚度
	土体改良	⑤1b 层粉质黏土综合性质较好，推进扭矩较大，出土较为困难。采用加注泡沫方式，以减少总推力、扭矩，防止结泥饼，通过改良后达到匀速平稳磨桩、渣土顺利输出的目的。泡沫溶液配合比：泡沫添加剂 3%，水 97%。每环加注为 35 ~ 50L/环，具体掺入量根据现场调制及出土状态调整

续上表

相对位置	控制参数	控制内容
贴近桩基础磨桩	二次注浆	对照桩基础,在对应的管片脱出盾尾5环后,对管片进行补强二次注浆,浆液为水泥-水玻璃双液浆,浆液配合比为1:1,注浆压力0.3~0.5MPa,注浆位置选择管片安装点位的15点和3点两个点位或者16点和2点两个点位。每环注浆量为同步注浆量的50%,以尽早稳定地层,减少对上方箱涵结构、道路的多次扰动影响,同时降低桩基础底部直接作用在管片上部荷载,达到保护成形隧道的目的。二次注浆量根据地面监测情况随时调整
刀盘通过桩基础后	严格控制盾构正面土压力	经过判定,单根桩基(单个承台桩基础)完成磨桩时,保持正面土压力,压力波动控制在0~20kPa
	推进速度控制及刀盘转速	推进速度控制在10~15mm/min。刀盘转速调整为0.8r/min,至下根桩基础接触前保持该推进速度;确认刀盘完全通过磨桩区后,恢复至正常段推进速度25~35mm/min
	出土量控制	出土量仍然控制在理论出土值的98%,即37.86×98%=37.1m³,值班技术人员坚持记录出土方量,同时,继续跟踪螺旋输送机出土状况,包括螺旋输送机外壳温度变化,是否仍有钢筋、混凝土块从出土口输出等异常情况发生
	同步注浆及二次注浆	保持磨桩阶段注浆量,坍落度严格控制在12~14cm以内,注浆压力控制在不大于0.35MPa。二次注浆管片位置、注浆点位、配合比同磨桩阶段
	管片拼装	保持磨桩施工阶段拼装工艺,螺栓进行二次、多次复紧,确保隧道整体刚度及防水效果

④盾构穿越磨桩区域后。

盾构通过磨桩区域后,加强对磨桩段全部管片的沉降、收敛变形监测,以及地面的沉降监测,根据监测数据对管片进行加强处理。如仍有较大沉降,及时进行二次注浆补强充填加固,必要时在地面对地层进行注浆填充。

3)环境影响分析

为分析可拆解盾构在右线磨桩施工过程中对路面与周边建筑物的沉降影响,选取施工沉降监测数据进行分析。

(1)测点布置

沿着隧道轴线与垂直方向布置沉降监测点,建筑物监测点布置于立交桥面,每天两次监测。监测点布置见图5-20。

(2)监测报警值

专项监测报警值见表5-9。

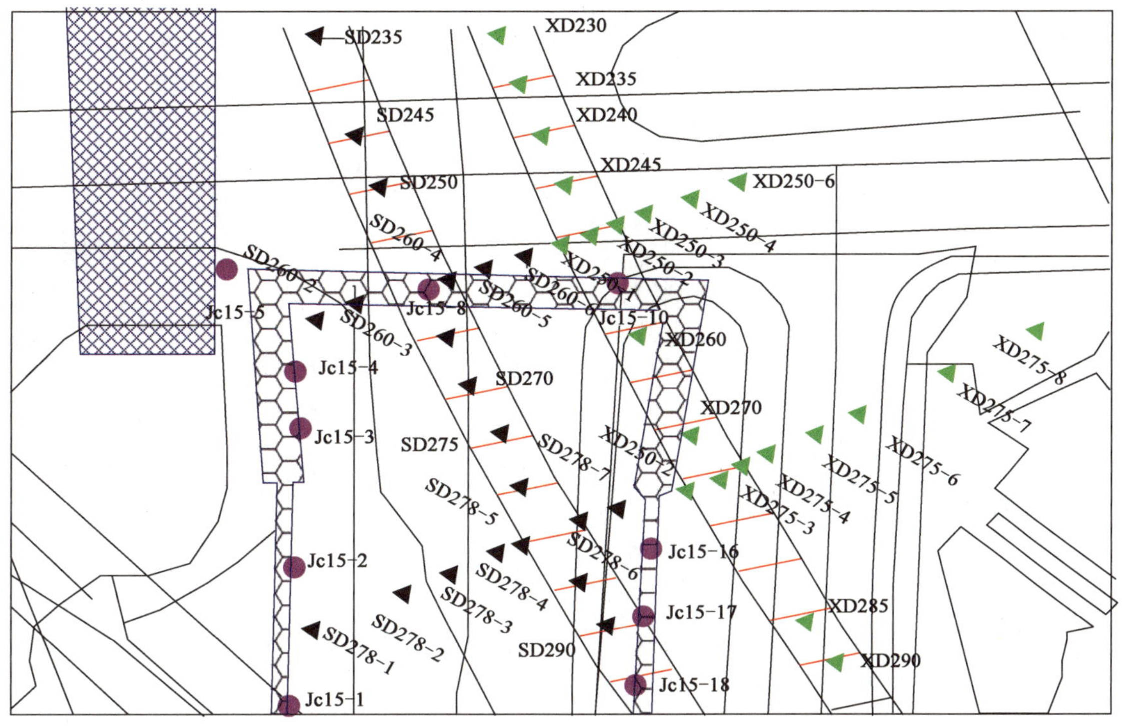

图 5-20　磨桩区监测布点示意图

专项监测报警值(单位:mm)　　表 5-9

监测内容	日报警值	变化趋势	累计报警值
道路沉降	±2 (连续 2d)	下沉	-15
		上抬	4
建筑沉降			≤1

(3)监测数据分析

选取可拆解盾构磨桩施工位置前后两条测线以及立交桥面的监测数据,分析其沉降量变化规律,以此得到可拆解盾构机磨桩施工过程中的环境影响,监测数据见图 5-21 ~ 图 5-27。

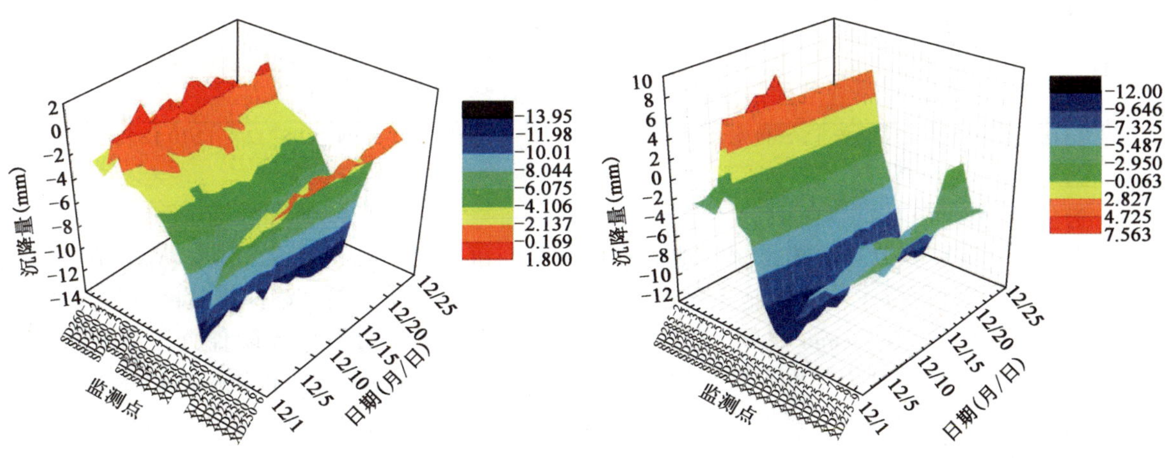

图 5-21　测线 1 沉降槽随时间变化　　图 5-22　测线二沉降槽随时间变化

图5-21、图5-22分别为测线一、二沉降情况以及随时间的变化特征，图中SD与XD监测点分别为隧道左、右线的监测点，从图中可以看出，磨桩过程中左线隧道一直处于沉降最低点，且随时间变化更为稳定，而右线随着掘进的进行，逐渐呈现隆起状态，且随着时间呈现先增加后减小的变化趋势；随着开挖推进以及盾构机施工方法改变，在测线二中右线隧道及附近测点均趋于稳定。综合分析两个沉降槽，可得出整体施工过程中，路面沉降控制较好，对环境的影响相对较小。

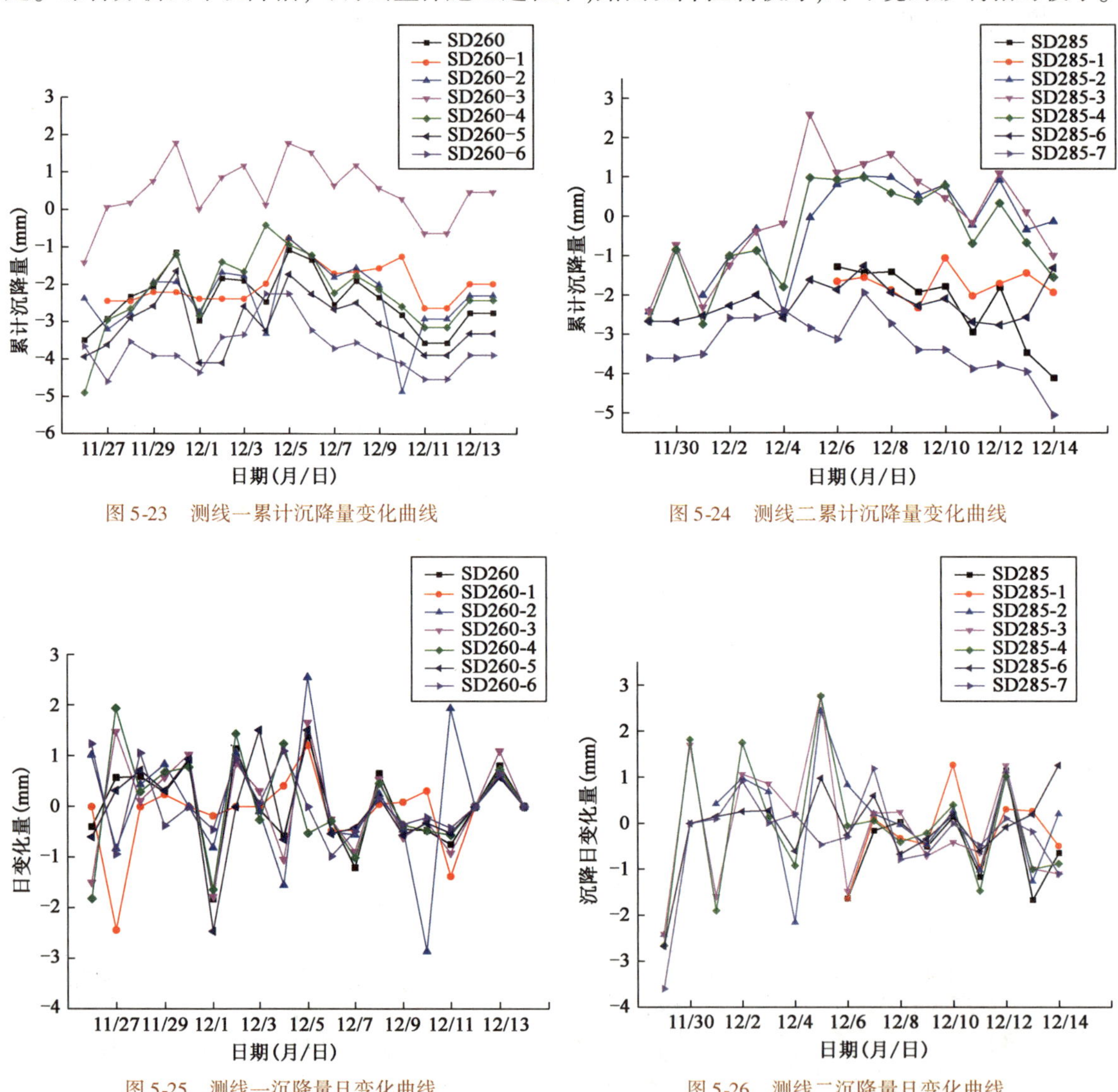

图5-23　测线一累计沉降量变化曲线

图5-24　测线二累计沉降量变化曲线

图5-25　测线一沉降量日变化曲线

图5-26　测线二沉降量日变化曲线

图5-23～图5-26分别为两条测线地面累计沉降与沉降日变量的变化特征。从图中可得出，测线一、二累计沉降量均随着施工掘进的推移，呈现逐步降低并逐渐趋向稳定的变化规律，最终累计沉降值在-5～2mm之间，远未达到预警值，表明施工过程中沉降值处于可控范围内；而日变量则以原点轴为基准呈现稳定波动的变化特征，这种现象与盾构机施工产生的微振动相关；各日变量峰值呈现单峰形式，最大隆起超过2mm，但并未出现多次异常连续出现，表明施工过程中沉降日变量处于可控范围内。

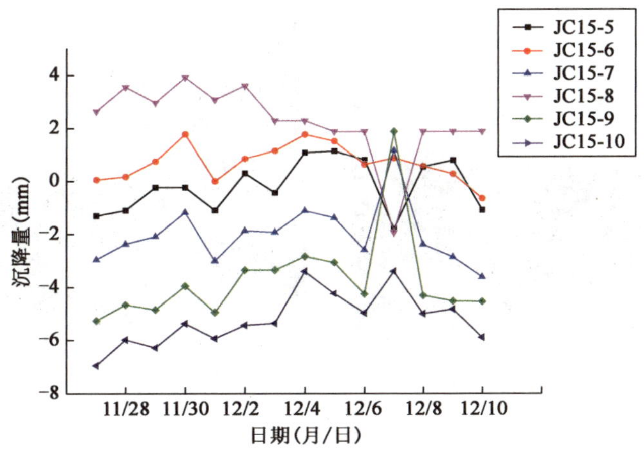

图 5-27　立交桥累计沉降量曲线

图 5-27 表示磨桩立交的累计沉降量变化曲线，从图中可以看出，施工开始阶段，建筑物沉降量呈现稳定状态，整体呈现缓慢隆起的趋势；随着施工掘进推进，沉降量突然出现幅度较大的波动，整体显示右线中部测点呈现沉降，而两侧出现突然增加，表示盾构磨桩过后，桩基础突然失稳所致，但随后沉降量迅速恢复正常，表明磨桩工程顺利完成。

综上所述，通过盾构机施工参数调整以及施工工法的相应变化，使可拆解盾构装备在下穿磨桩过程中保持稳定，表明其在类似工程中具有较好的应用性。

5.2.3　可拆解盾构侧穿杭深线萧甬铁路施工

1）工程概况

柳西站—宁波火车站区间沿苍松路走行时，上、下行线分别以 R350m、R360m 曲线避开柳汀街立交桥桩基、并行铁路祖关山立交桥后进入铁路宁波站。盾构区间在宁波站西端北侧祖关山立交桥附近并行穿越杭深线铁路，铁路杭深线并行段里程为 K313 + 308.6 ~ K313 + 453.1（对应轨道交通线路里程为 SK18 + 987.505 ~ SK19 + 132.005），长度约 144.5m。并行段铁路中盾构隧道边线与最外侧铁路股道中心最小水平距离约 22.3m，与祖关山铁路立交桥（杭深线 K313 + 422 处）结构边线最小水平距离约 8.3m。与盾构线路现状平面位置如图 5-28 所示。

区间隧道与并行段杭深线铁路立面位置关系见图 5-29、图 5-30。并行段杭深线范围内路基采用旋喷桩加固，桩径 0.5m，桩长 20m，桩间距 2m，正方形布置，桩插入硬塑黏土层不小于 1m，其中原既有线部分采用花管注浆加固。并行段祖关山铁路立交桥范围内从市政框架桥梁下穿越，与祖关山铁路立交桥呈并行关系，铁路框架桥基础采用 ϕ60cm 高压旋喷桩加固，桩长 16m。与杭深线并行段地质情况如图 5-31 所示，基本位于⑤$_{1b}$粉质黏土中。

a)

b)

图 5-28 祖关山铁路立交桥现状

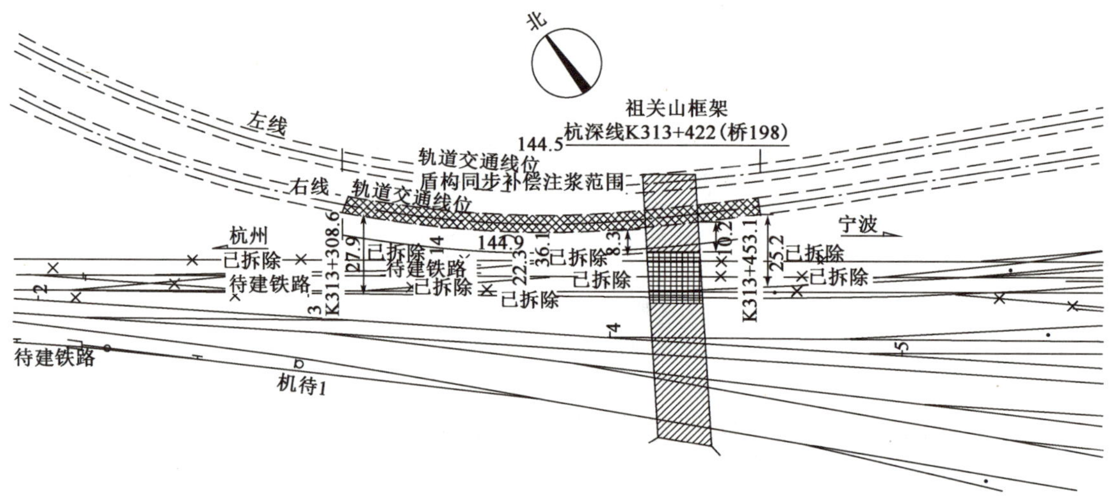

图 5-29 盾构隧道与杭深线铁路平面位置关系示意图(尺寸单位:m)

铁路路基段
12.9m 5.0m 4.0m 13.5m
地面高程4.02m
Q13CJ2
3.48
$①_{1a}$杂填土
$①_2$黏土
$①_{3c}$淤泥质粉质黏土
$②_1$粉质黏土
$②_{1b}$淤泥质黏土
$③_{1a}$黏质粉土
$③_2$粉质黏土
$④_{1b}$淤泥质粉质黏土
-23.741m
最小距离22.3m
$⑤_{1a}$粉质黏土
左区间线
右区间线
$⑤_2$粉质黏土
$⑤_{4a}$粉质黏土
$⑤_{1b}$黏质粉土
$⑥_1$黏土
2.00.41.483
3.701-4.221
5.504-2.021
13.021-7.321
15.301-12.221
21.201-13.321
36.321-26.621
35.401-31.321
35.541-35.321
41.201-37.721
45.601-42.321

图 5-30 盾构隧道与杭深线铁路剖面位置关系示意图(高程单位:m)

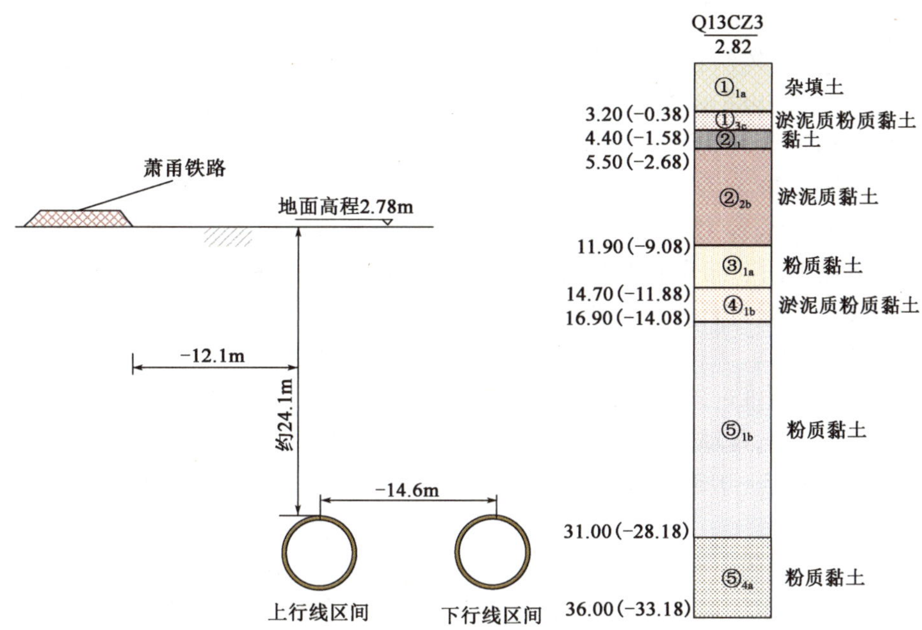

图5-31 盾构隧道与杭深线铁路并行段地质剖面示意图(高程单位:m)

2)施工技术措施

可拆解盾构穿越保护区前,将通过铁路之前的120m(100环)区段作为盾构施工试验段(即231~330环),根据地层情况合理制定施工参数,如刀盘转速、土舱压力、推力、注浆压力及掘进速度等;紧密结合地表沉降监测,控制地表沉降,不断优化盾构掘进参数,确保铁路运营安全。本区间侧穿杭深线萧甬铁路主要通过盾构穿越前、盾构穿越中及盾构穿越后三个阶段的施工管控,来确保盾构侧穿萧甬铁路的安全。

(1)试掘进技术参数

以通过铁路之前的100环120m区段作为盾构施工试验段,紧密结合地表变形监测,及时调整盾构掘进参数,形成经验参数,将施工后地表变形量控制在最小范围内。通过合理制定刀盘转速,土舱压力,注浆压力以及掘进速度、注浆量,确保开挖面的稳定,减少开挖面土体的坍塌、变形以及土层损失,为盾构侧穿铁路提供参数依据。在下穿模拟试验段施工过程中主要控制的施工参数有以下几个方面:

①土压力控制。

盾构穿越铁路段隧道中心埋深约27.3m,盾构上方土质渗透系数较小,可以采用水土合算:

$$\left.\begin{aligned} P_0 &= K_0\gamma H \\ K_0 &= 1 - \sin\varphi' \end{aligned}\right\} \tag{5-3}$$

式中:γ——土的饱和重度(kN/m^3),取值18.6kN/m^3;

H——盾构工作面中心处深度(m),计算深度为27.3m;

φ'——土的有效内摩擦角(°),取值26°。

根据具体的实际土层参数和隧道埋深,计算得到的土舱压力约为0.28MPa。

②掘进速度控制。

盾构机推进速度控制在20~25mm/min范围内，保持匀速推进，每班推进进度指标为5环；并保持推进速度、出土速度和注浆速度相匹配，做到均衡施工，减少对周围土体扰动。

③出渣量控制。

每环理论出渣量(实方)为37.86m^3/环，盾构推进出渣量控制在98%~102%之间，出土量控制标准为下偏差，即37.10m^3/环(实方)。应保证盾构切口上方土体能有微量的隆起(不超过1mm)，以便抵消一部分土体的后期沉降量。根据掘进过程中土压的变化情况及地面沉降数据情况，对出渣量进行及时微调。

④同步注浆控制。

施工过程中保持推进速度、出土速度和注浆速度相匹配，为同步注浆预留充足的时间。适当提高上部注浆压力，每环同步注浆量的注浆率控制在200%~250%之间(即3.3~4.1m^3)，注浆压力不超过0.25~0.3MPa。

⑤二次注浆控制。

根据隧道上方地面监测情况，结合铁路监测数据，合理安排实施二次补强注浆。二次注浆材料选用水泥净浆，水灰比为1:1，压力控制在不大于0.3MPa。注浆采用在盾构机后配套车架上的专用注浆机注浆，注浆以压力控制为主，达到设计注浆压力则结束注浆。

(2)穿越阶段控制措施

通过之前盾构试验段的施工，不断优化盾构推进参数控制地表变形，减少对铁路的影响。合理选择刀盘转速、土舱压力、出渣量、注浆压力等施工参数，穿越杭深线萧甬铁路过程中采取的主要技术措施见表5-10。

可拆解盾构穿越杭深线萧甬铁路采取的主要技术措施　　表5-10

序号	施工参数	控制参数
1	土舱压力控制	根据试验段的施工情况，选定侧穿铁路阶段的土舱压力为0.28MPa左右
2	推进速度控制	在侧穿铁路时，盾构机推进速度控制在20~25mm/min范围内。为减少停机等待时间，每班保持推进5环，并在推进过程中保持匀速、有序推进；同时，保持推进速度、出土速度和注浆速度相匹配。通过盾构均衡掘进施工，避免在途中有较长时间停机，以减少对周围土体扰动
3	出土量控制	每环理论出渣量(实方)为37.86m^3/环，盾构推进出渣量控制在98%~102%之间，出土量控制标准为下偏差，即37.10m^3/环(实方)。保证盾构切口上方土体能有微量的隆起(不超过1mm)，以便抵消一部分土体的后期沉降量。根据掘进过程中土压的变化情况及地面沉降数据情况，对出渣量进行及时微调
4	同步注浆	施工过程保持推进速度、出土速度和注浆速度相匹配，为同步注浆预留充足的时间。适当提高上部注浆压力，每环同步注浆量的注浆率控制在200%~250%之间(即3.3~4.1m^3)。注浆压力：注浆压力控制在0.25~0.30MPa
5	二次注浆	根据隧道上方地面监测情况，结合铁路路基监测数据，合理安排实施二次注浆。浆液类型为水泥—水玻璃双液浆。二次注浆压力不大于0.3MPa，注浆一般以压力控制，达到设计注浆压力则结束注浆。同时，视注浆效果(地面沉降监测数据)可再次进行注浆，直至地面环境稳定

续上表

序号	施 工 参 数	控 制 参 数
6	轴线控制	为确保盾构均衡匀速施工,盾构姿态变化不可过大、过频。每隔5环检查管片的超前量,隧道轴线和盾构轴线折角变化不能超过0.4%。避免盾构与管片间夹角过大造成土体损失,推进时不急纠、不猛纠。 (1)严格控制盾构机的姿态 ①推进中加强测量,将测量数据反馈到轴线控制上。 ②及时按测量信息进行调整。 ③控制盾构机的推进速度。 (2)实施对各推进参数的综合控制 ①合理设定土压力,尽量减少超挖和欠挖。 ②严格控制刀盘转速和出土量。 ③根据测量反馈的信息,调整各千斤顶的顶力及总推力。 (3)严格控制注浆程序 每环推进时根据施工中的变形监测情况,随时调整注浆量及参数,从而有效地对轴线进行控制。 (4)严格控制管片拼装 施工中严格对管片拼装工艺进行管理,加强对管片安装司机技能培训,发挥值班工程师旁站职能,确保管片拼装质量。另外,施工中还须加强对管片防水材料的施工保护,全力做到管片不破碎、不渗水。 (5)严格控制盾构纠偏量 盾构主司机在掘进过程中,密切关注盾构掘进姿态变化,通过对数据的判断,遵循勤纠慢纠的纠偏原则,及时进行过程中的姿态纠正,避免大幅度的纠偏发生。对于盾构机蛇形运动的修正,应以长距离慢慢修正为原则,一次纠偏量不宜超过5mm
7	管片选择	在盾构侧穿萧甬铁路段,管片选用[P6]超深埋增加预埋注浆孔衬砌环,满足隧道抵抗变形能力及后期二次注浆的要求
8	行车限速	临近段施工距离宁波火车站距离约400m,建议在盾构机侧穿铁路期间列车限速控制在80km/h,以确保铁路运输安全。限速计划影响范围:K313+308.6～K313+453.1(对应轨道交通线路里程为SK18+987.505～SK19+132.005)。限速时间为工程施工期间
9	信息化施工	在穿越阶段,施工单位将24h安排值班人员,通过移动电话随时向盾构作业面反馈最及时的地面信息,同时,盾构机主控室的电话保证24h畅通,以此确保信息畅通。 监测单位及时准确将监测数据汇总给施工技术部门,以便于施工技术人员及时了解施工现状和变形情况,确定新的施工参数和注浆量等信息和指令,并传递给盾构推进面,使推进施工面及时做相应调整,最后通过监测确定效果,从而反复循环、验证、完善,确保铁路安全和隧道施工质量

(3)盾构穿越后处理措施

在盾构穿越铁路并行段完成后,持续进行铁路路基、地表等监测,根据铁路路基、地表监测成果综合分析,确定是否需进行工后补充注浆。注浆位置选择在管片上部180°范围,浆液类型为水泥净浆,水灰比为1:1。工后补充注浆量根据地面监测情况随时调整,保证地层变形量减至最小。

3)环境影响分析

盾构穿越杭深线萧甬铁路,主要监测内容包含铁路保护区段路基监测、祖关山立交桥及地表沉降等监测。沉降监测按国家二等水准测量规范要求进行,在施工影响区域以外约100m处设置2~3个水准基点作为高程起算点。每个监测点与基准点形成闭合或附合水准路线,取两次测定值的平均值作为初始高程值。使用S1型精密水准测量仪量测。

(1)测点布设

地表沉降测点埋设:盾构施工影响区至铁路围挡间范围用冲击钻钻孔,然后放入长400~500mm,直径为20~30mm的螺纹钢筋,四周用水泥砂浆填实。管线沉降测点埋设:管线监测可采用间接与直接测点联合埋设。有条件的情况尽量设置一定量的直接测点,详细监测点布置见图5-32。

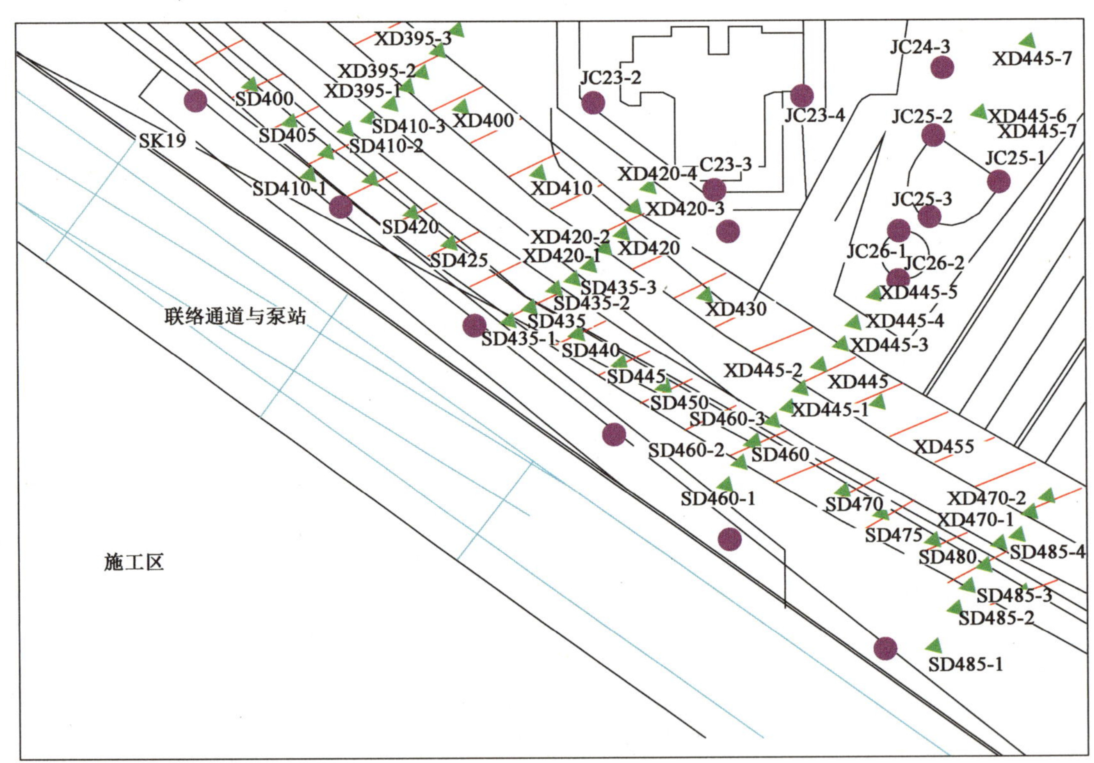

图5-32 侧穿区域监测点布置示意图

(2)监测项目控制值

监测项目控制值见表5-11。

各个监测项目控制值(单位:mm) 表5-11

项目	累计值	单日变量
地面沉降	-20~+10	≤2
桥梁沉降	≤1	
铁路路基	≤10	≤2

(3)监测数据分析

选取可拆解盾构施工右线侧穿萧甬铁路作为研究对象,选取三条地面沉降测线及路基沉降特征进行数据分析,以此探讨盾构机在该工况条件下对环境的影响。监测数据变化见图 5-33 ~ 图 5-38。

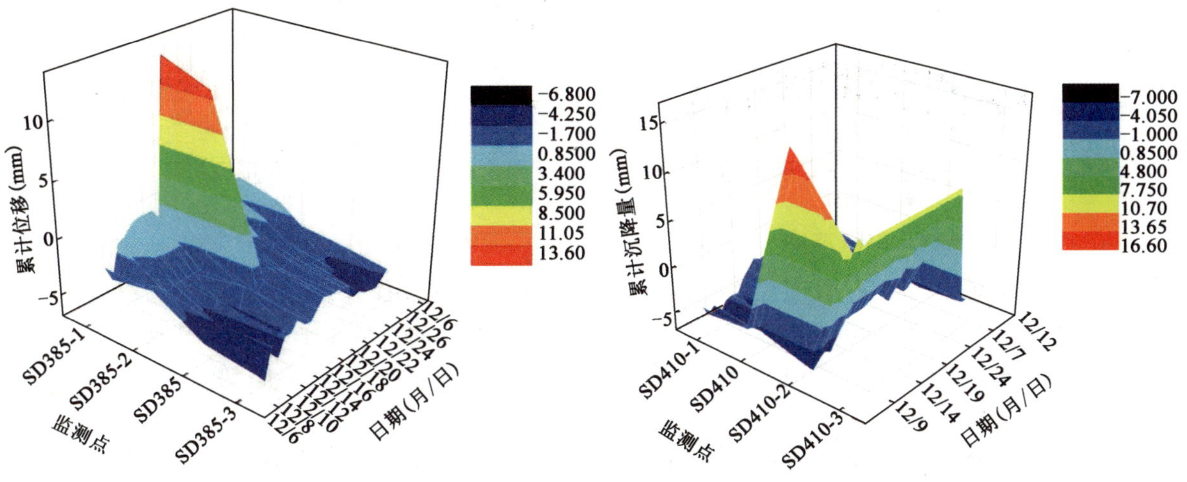

图 5-33　测线一沉降槽随时间变化规律

图 5-34　测线二沉降槽随时间变化规律

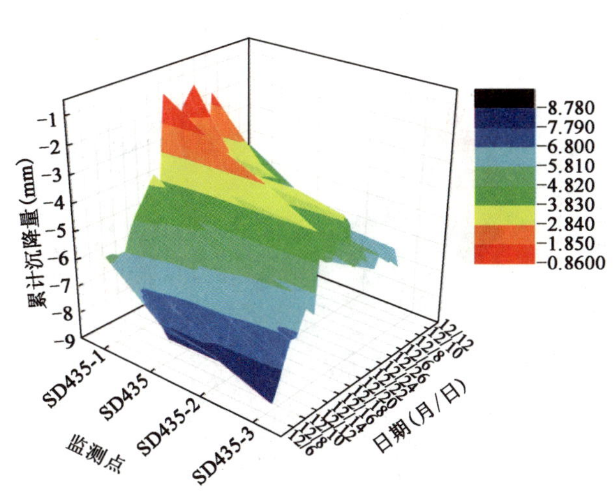

图 5-35　测线三沉降槽随时间变化规律

由图 5-33 ~ 图 5-35 三个位置的沉降槽可知,施工区域沉降变化规律较为复杂,未呈现较好的槽型,测线一、二呈现明显的隆起特征,且随时间的推移存在异常值的出现,其中最大累计沉积量超过 15mm,已超过预警值,如图 5-36 所示;对于沉降变化趋势,测线一、二除异常值外,均较为稳定;而测线三呈现明显的沉降特征,整体随着时间变化呈现隆起—沉降的过渡状态,最大累计沉降值为 9mm,处于可控范围内。

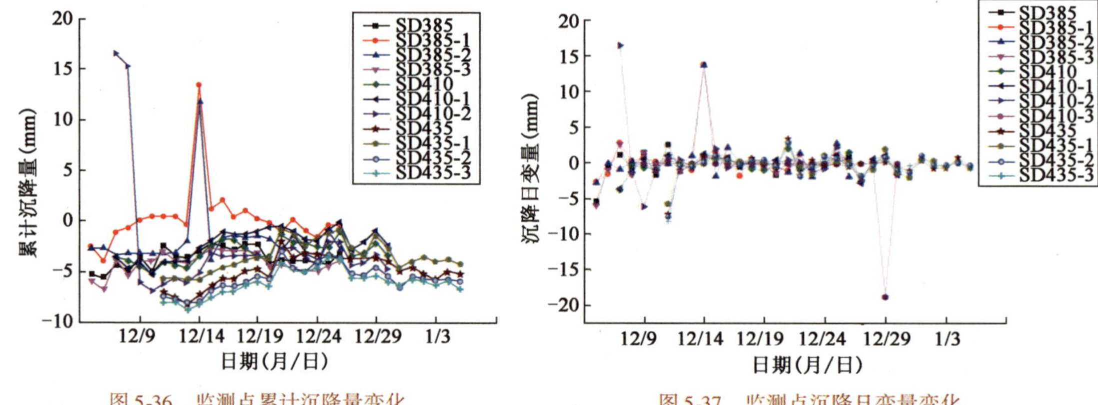

图 5-36　监测点累计沉降量变化　　　图 5-37　监测点沉降日变量变化

由监测点累计沉降量、日变量变化可以得出,在施工期间,沉降变化量分布相对较为均匀,除个别异常值外,累计沉降值整体处于 -10 ~ +2mm 之间,表明整体施工过程中地面沉降处于可控范围内;虽然存在异常值,但通过图 5-37 可知,其异常变量不连续出现,表明异常值对整体施工和环境影响相对较小。

为进一步分析盾构侧穿对铁路的影响,分析路基沉降量的变化规律,监测点点号由小到大沿着隧道掘进方向布置,如图 5-38 所示;从图中可以看出,近端呈现沉降特征,而远端呈现隆起特征,且随着时间推移,整体分布规律保持一致,但沉降量逐渐降低并保持平稳,整体沉降量在 -4 ~ 4mm 之间,处于设计值内;且与地面沉降不同,路基在保持整体稳定性的同时并没有出现异常值,表明侧穿过程中可拆解盾构对运营铁路的影响相对较小。

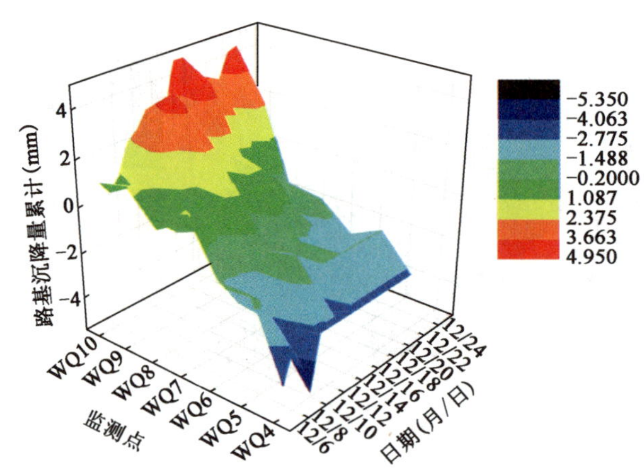

图 5-38　路基沉降随时间变化规律

综上所述,通过盾构机施工参数调整以及施工工法的相应变化,使可拆解盾构装备在侧穿铁路的过程中保持稳定,表明其在类似工程中具有较好的应用性。

5.2.4　可拆解盾构小半径侧穿柳汀花苑施工

1)工程概况

柳西站—宁波火车站区间盾构侧穿柳汀花苑区域对应左线 330 ~ 435 环,右线 345 ~ 450

环，其中房屋外边线与左线隧道外轮廓线最小水平距离约 1.9m。详细设计参数见表 5-12。

侧穿段线路设计概况　　表 5-12

线路	最大纵坡（‰）	最小半径（m）	与柳汀花苑最小水平距离（m）	埋深（m）	穿越范围（起止推进环号）	隧道主要穿越土层
左线	28.3	379.85	1.9	23.7	330 ~ 435	$⑤_{1t}$粉土、$⑤_{1b}$粉质黏土、$⑤_{4a}$粉质黏土
右线	28.3	379.85	6.2	24.3	345 ~ 450	

2）施工技术措施

（1）施工前准备

①盾构穿越前对柳汀花苑进行实地勘察，对房屋基础类型、墙体情况、有无地下室进行调查并形成报告。

②对盾构装备、场地门式起重机进行检查，确保盾构顺利穿越。

（2）穿越过程中盾构施工参数控制

①推进速度控制。

盾构穿越期间，盾构机推进速度控制在 30 ~ 50mm/min 匀速推进。掘进中尽量做到均衡施工，减少对周围土体的扰动。

②出土量控制。

穿越过程中将每环的出土量控制在理论出土量 37.86m^3 的 98% ~ 100% 之间，即 37.10 ~ 37.86m^3。根据土压的变化情况及地面沉降数据情况，及时进行微调，以保证穿越过程中掌子面土压平衡，达到控制地面沉降的效果。

③同步注浆。

施工过程中保持推进速度、出土速度和注浆速度相匹配，为同步注浆预留充足的时间。根据盾构开挖直径与管片背部空隙，可适当提高上部注浆压力。盾构区间隧道施工每环同步注浆量充盈系数达到 1.3 ~ 1.8 以上（即 2.15 ~ 3m^3），注浆压力不超过 0.20 ~ 0.35MPa。根据要求④号土层同步注浆砂浆配合比为：

砂：粉煤灰：石灰：膨润土：水泥：水：外加剂 = 1130：350：40：50：20：3.5。

同步注浆浆液性能指标：浆液密度 ≥ 1.9g/cm^3，泌水率 ≤ 12%，坍落度为 12 ~ 14cm；施工时根据设计要求对进场砂浆进行检测，质量合格后方可使用。

④二次注浆。

根据地表及隧道监测情况合理进行二次补强注浆，二次注浆方量为同步注浆方量的 50%。二次注浆压力为 0.1 ~ 0.3MPa，注浆一般以压力控制，达到设计注浆压力则结束注浆，视注浆效果（后期分析沉降监测数据）可再次进行注浆。

⑤盾构姿态控制。

为确保盾构均衡匀速施工，盾构姿态变化不可过大、过频，盾构水平姿态：刀盘 -10 ~ +20mm，盾尾 -10 ~ +20mm；高程姿态：刀盘 -25 ~ -35mm，盾尾 -40 ~ -45mm。确保线路不偏，即不超过控制目标，也便于回纠。

每隔 5 环检查管片的超前量，隧道轴线和盾构轴线折角变化不能超过 0.4%。避免盾构与管片间夹角过大造成土体损失，推进时不急纠、不猛纠。

3）环境影响分析

（1）测点布设

布设路面沉降监测点，另外在侧穿建筑物拐角处布置建筑物监测点。详细监测点布置见图5-39。

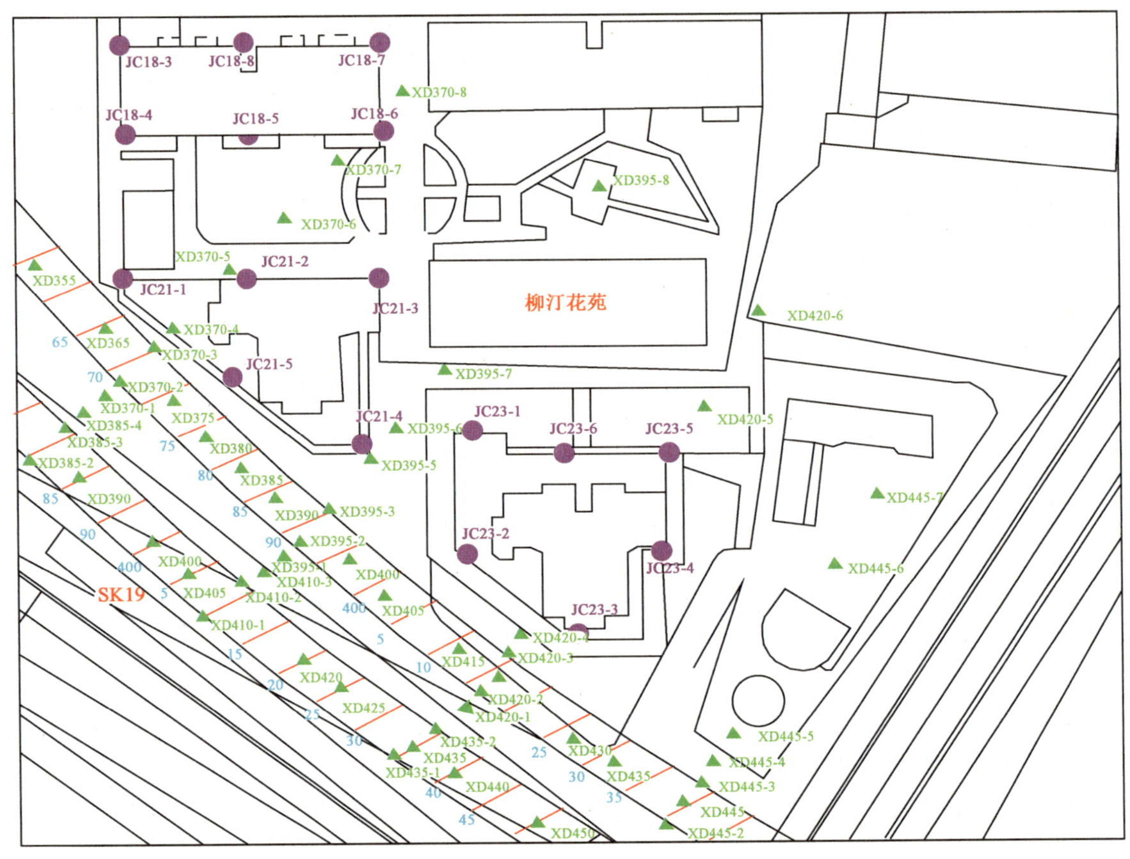

图5-39 侧穿柳汀花苑监测点布置示意图

（2）沉降（隆起）量控制值指标

各监测项目沉降控制值见表5-13。

各个监测项目控制值（单位：mm） 表5-13

项　目	累　计　值	单　日　变　量
地面沉降	−20～+10	≤2
建筑沉降	≤1	

（3）监测数据分析

图5-40～图5-42表示三条测线的地面沉降槽，其显示了沉降槽随时间的动态变化。从图中可以看出，三条测线整体的分布状态与变化规律较一致；对于整体分布显示为沉降特征，近隧道处沉降值较大，最大为8mm；远离隧道处沉降值相对较小处于−1～0mm之间，均处于可

控范围内。随着开挖时间推移，隧道不断掘进，由此产生的掘进效应不断变小，土体在应力的作用下，沉降量不断降低，且逐步趋于稳定，表明施工过程中盾构机施工对地面的影响处于可控范围内。

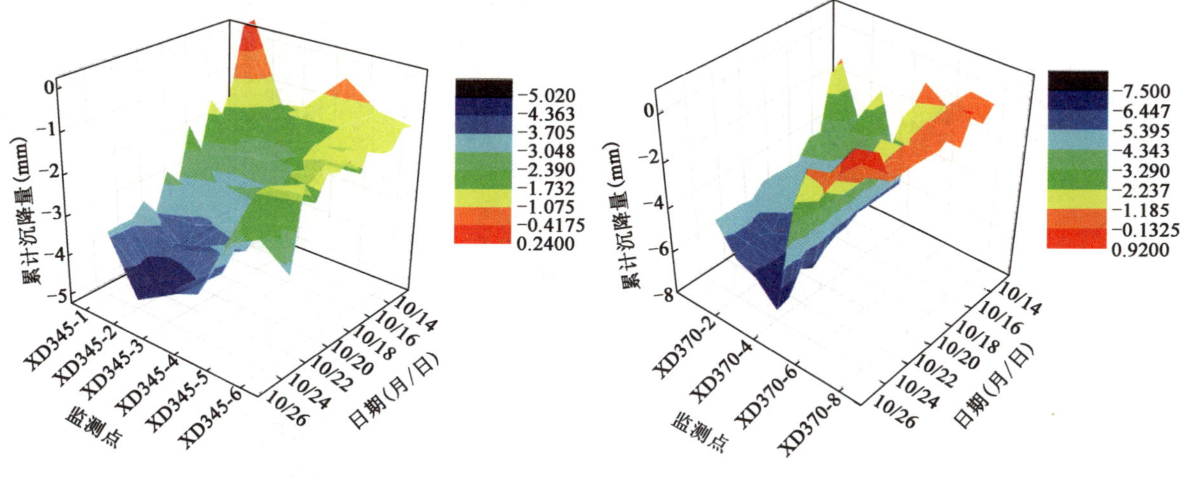

图 5-40　测点一沉降槽随时间变化　　图 5-41　测点二沉降槽随时间变化

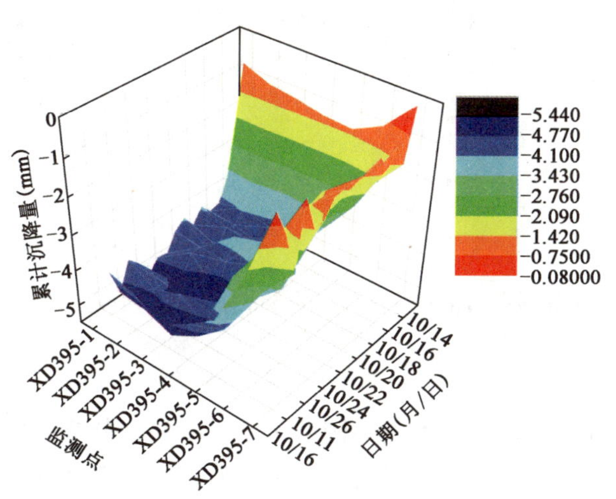

图 5-42　测点三沉降槽随时间变化

由图 5-43、图 5-44 可以看出，各监测点数据随着时间的推移经历“平稳—激变—平稳”的变化过程，其与隧道掘进侧穿过程息息相关，各测线由近及远，其突变存在一定的滞后性，就施工沉降值而言，整个侧穿过程对周边环境的影响较小。

盾构隧道侧穿过程中，柳汀花苑 2 号、5 号、6 号楼与隧道相对位置较近，因此着重分析此三栋建筑的沉降特征。从图 5-45 可以看出，每栋建筑物的沉降存在差异分布的特征，相对近隧道点，其沉降值较大，且波动较强，最大为 -6mm；相对远隧道点整体的变化较为稳定，存在一定的突变值，但随着隧道掘进逐渐趋于稳定；三栋建筑物整体沉降值均在设计值内，表明盾构侧穿过程中对近建筑物的影响处于可控范围内。

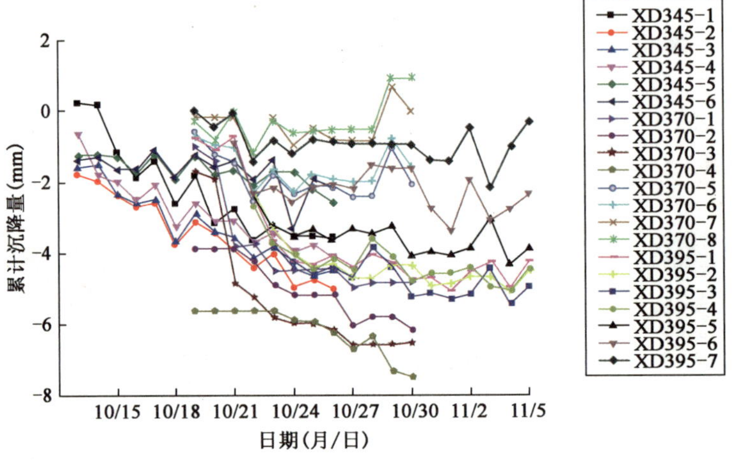

图 5-43　监测点累计沉降量变化

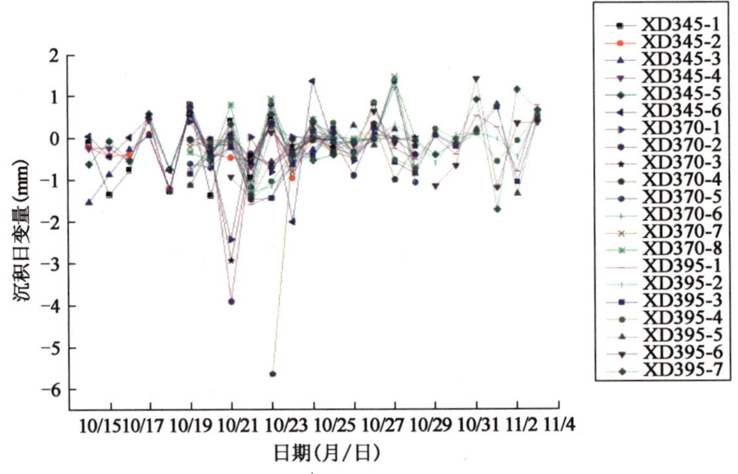

图 5-44　监测点沉降日变量变化

综上所述,通过可拆解盾构小曲率侧穿柳汀花苑监测数据分析,整体施工过程中通过盾构机施工参数调整以及施工工法的相应变化,使可拆解盾构装备在侧穿建筑物的过程中保持稳定,对环境影响处于可控范围内,表明其在类似工程中具有较好的应用性。

5.2.5　可拆解盾构下穿护城河施工

1)工程概况

宁波火车站—兴宁桥西站区间盾构下穿护城河对应左线 100 ~ 200 环,右线 120 ~ 220 环,河底距离隧道顶部最小垂直距离约 15m,穿越河宽约 15m,见图 5-46。

2)施工技术措施

盾构在穿越河道过程中,根据其穿越段地质、地面建筑情况并结合地表隆陷监测结果调整推进速度、单环出渣量、同步注浆量、注浆浆液种类、掘进姿态范围、单环姿态纠偏量等参数,确保盾构相对平稳、顺利推进,同时为管片拼装创造良好的条件。

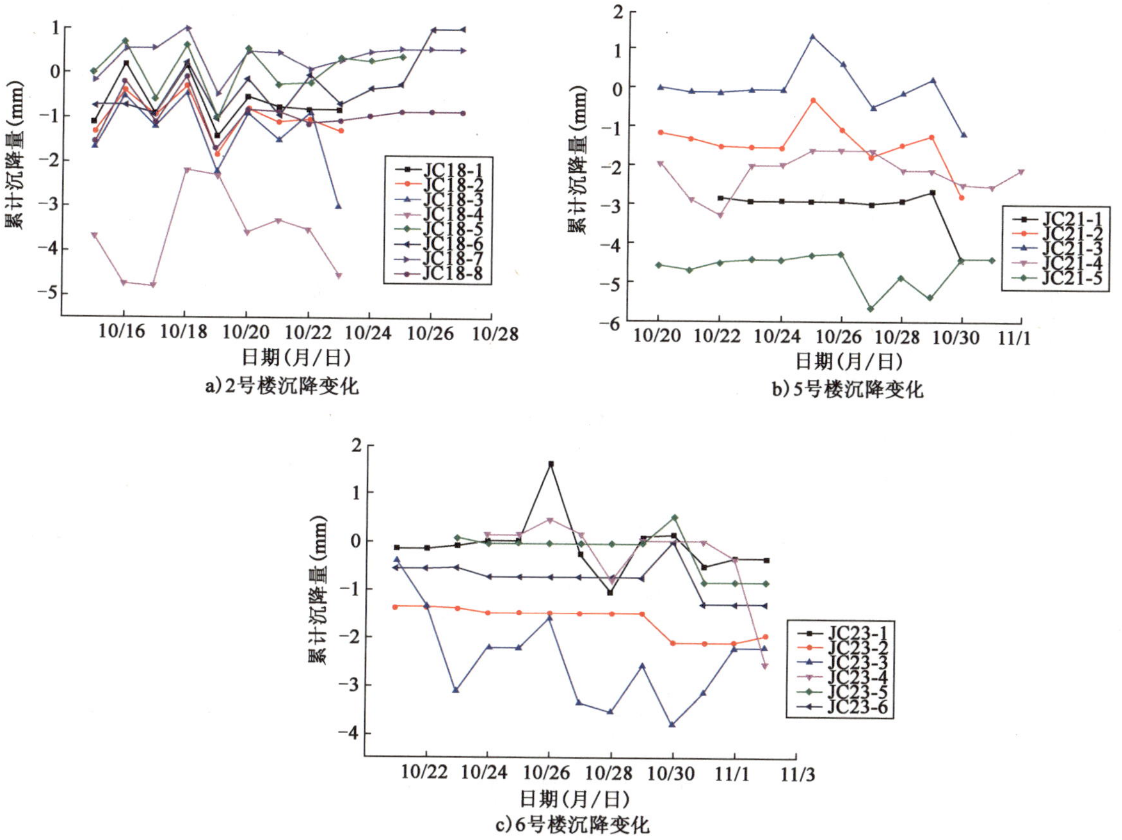

a)2号楼沉降变化

b)5号楼沉降变化

c)6号楼沉降变化

图 5-45　柳汀花苑建筑沉降变化曲线

a)　　b)

图 5-46　护城河 4 号线穿越区

(1)推进速度控制

盾构在下穿河道时,为便于姿态小幅度调整,且减小对地层的扰动,选定该段掘进速度在 30～35mm/min 范围。

(2)姿态控制目标

水平姿态:刀盘 -10～+20mm,盾尾 -10～+20mm;

高程姿态:刀盘 -25～-35mm,盾尾 -40～-48mm。确保线路不偏,即不超过控制目标,也便于回纠。

(3)出渣量的控制

每环理论出渣量(实方)为37.86m^3,盾构推进出渣量控制在98%~102%之间,即37.10~38.62m^3。根据现场盾构施工相关机械配置,每环出渣控制在4个渣箱,且每个渣箱的渣土应高于渣箱顶约15cm(隧道土质以粉质黏土为主,硬塑高黏,孔隙率较大)。

(4)同步注浆控制

下穿河道时,每10环改用水泥浆液同步注浆(浆液配合比见表5-14),其他位置仍采用厚浆同步注浆(浆液配合比见表5-15),直至盾构顺利完成河道掘进施工;且穿越河道注浆量控制在3.3m^3/环(注浆率为2.0),注浆压力一般为0.25~0.30MPa。现场施工时,同步注浆量要根据推进速度、出渣量和地表监测数据及时调整,将地层、地表建筑变形控制在允许的范围内。

水泥浆液配合比(质量) 表5-14

水泥(kg)	粉煤灰(kg)	膨润土(kg)	砂(kg)	水(kg)	外加剂(kg)
50	300	100	1130	322	根据试验加入

厚浆配合比(质量) 表5-15

石灰(kg)	粉煤灰(kg)	膨润土(kg)	砂(kg)	水(kg)	外加剂(kg)
40	300	100	1130	322	根据试验加入

(5)质量控制措施

①宁波轨道交通项目管片设计为通用楔形环,在实际施工中,应结合线路设计参数、盾尾间隙、掘进姿态、管片超前量等因素合理选取拼装点位,确保管片顺利安装。

②盾构在穿越该位置前,现场值班工程师编制专项施工技术交底,并反馈给主司机及作业人员。

③盾构掘进过程中,根据现有掘进姿态进行微调(姿态每环调整量不得大于3mm),避免因单环姿态调整量太大,影响拼装时间和拼装质量,进而影响整个施工进程。

④管片拼装时应先底部就位,然后自下而上左右交叉安装,每环相邻管片摆布均匀并控制环面平整度和封口尺寸,最后插入封顶管片,以此保证管片防水材料的完整性、环、纵缝之间管片材料的密贴性和管片外观的完好性。

⑤盾构推进中,在任何地层管片均有不同程度的上浮量,现场值班工程师根据穿越该位置地层情况,总结管片具体上浮数据,并结合管片实测高程、掘进高程姿态和地面隆陷情况调整适应现场施工的注浆量。

3)环境影响分析

(1)监测点布置

盾构穿越河道时,地面单次隆陷量控制在-2~+2mm(因河道中无法布点或受潮汐影响测值无法准确获取,地面点主要以驳岸布点监测为主,周边小区辅助设置沉降点进行测取作为参考),并且根据相关规定,在穿越重大危险源位置时,在施工段前、后10环派专人进行地面巡视,每日监测两次,以此作为盾构施工参数调整依据,便于更好地控制盾构掘进。同时在护城河上混凝土桥布设桥梁监测点,进行周围环境影响监测。详细布置情况见图5-47。

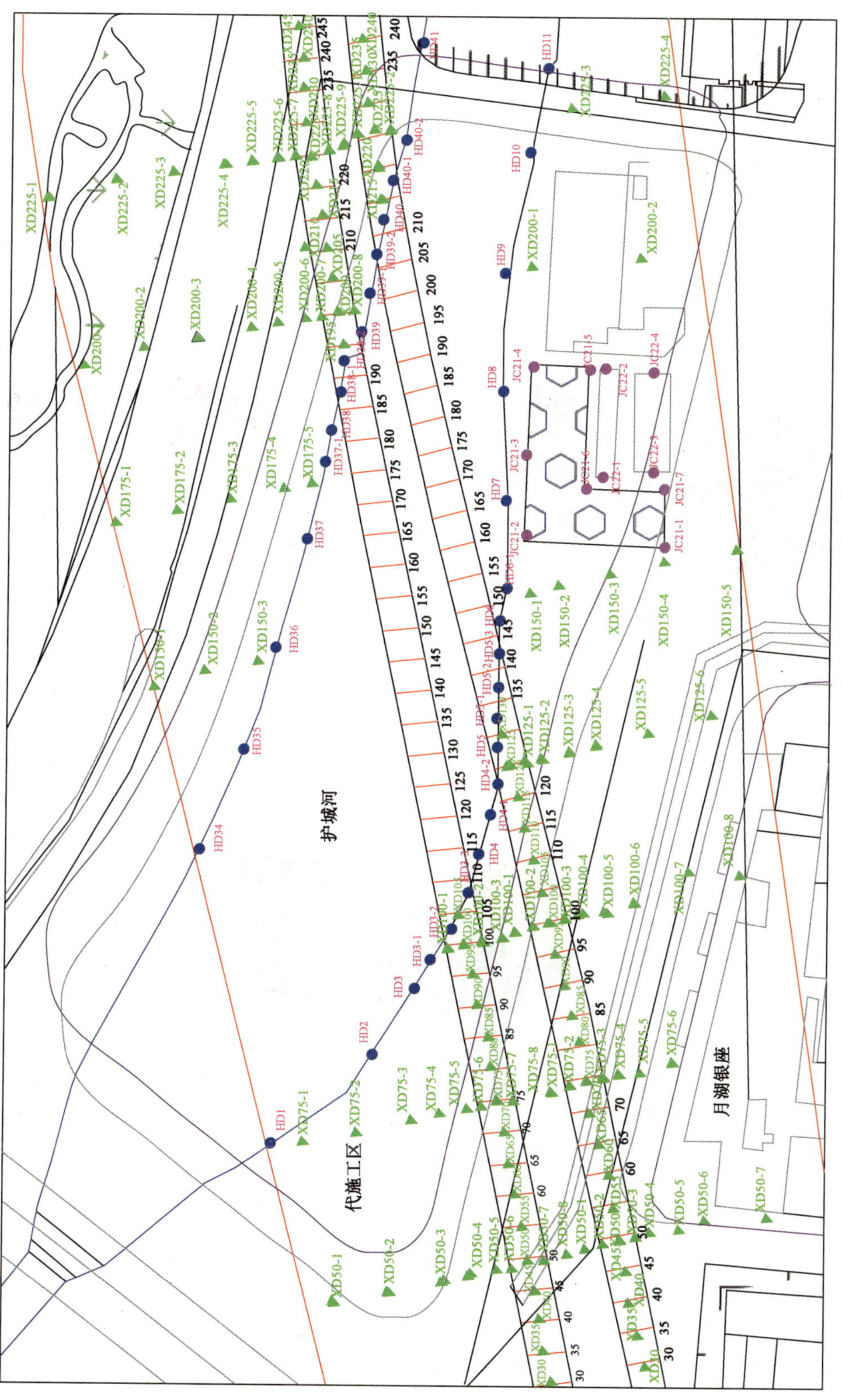

图5-47　护城河4号线穿越区监测点布置示意图

(2)监测数据分析

选取三条与隧道掘进方向垂直测线、驳岸、混凝土板桥的施工期间监测数据作为研究对象,进行环境影响分析。

图5-48~5-53为三条测线的沉降槽的动态变化曲面,表示隧道穿越时两岸同一截面上的沉降值变化,从图中可以明显地看出沉降值与河流相对距离成反比,且整体变化以隆起为主;随着整个施工过程的推进,沉降量显示为由右岸向左岸的偏移,这主要因隧道与河流的相对位置造成。整体沉降分布特征较为稳定,在监测点越靠近河岸时,其沉降量越大,且波动越强,例如XD100-1监测点。

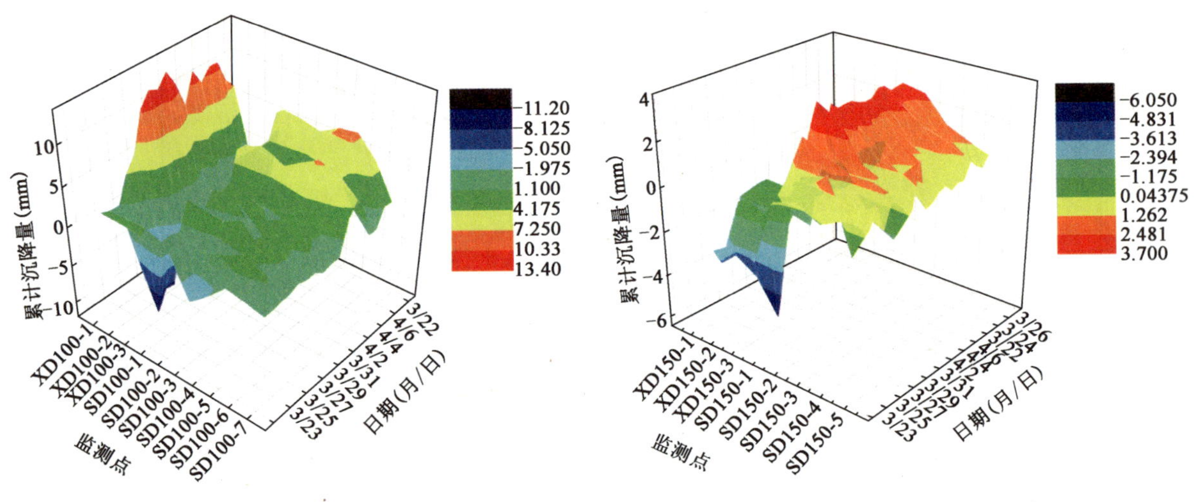

图5-48 测线一的沉降槽随时间变化

图5-49 测线二的沉降槽随时间变化

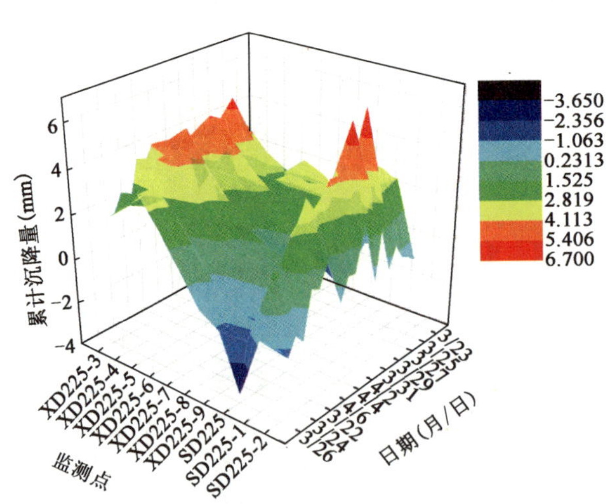

图5-50 测线三的沉降槽随时间变化

对比分析三条测线沉降累计量与日变量(图5-51)可知,施工开始阶段河流的存在对地面沉降的影响较大,尤其是对于近河流监测点而言,其沉降累计量较大,最大可达14mm,日变化量波动较大,整体的稳定性较差,但随着施工的推进,盾构施工工法与参数的改变使地面沉降逐渐趋于稳定，此时最大值为 8mm，沉降控制效果明显。整体上，沉降累计量与日变量都趋于稳定。

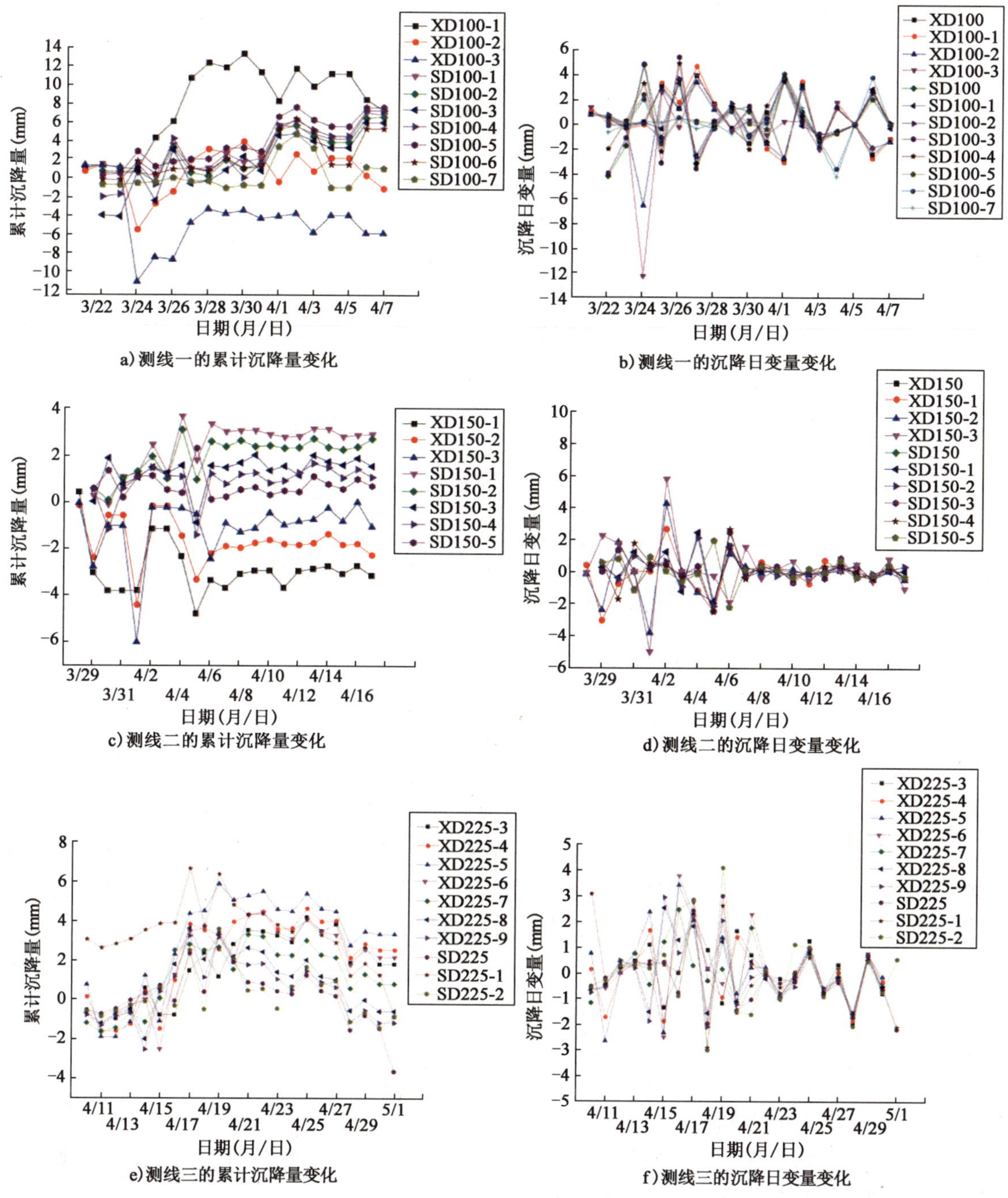

图 5-51　监测点沉降量变化曲线

与地面监测数据相一致，施工阶段初期驳岸沉降值较大且波动较为剧烈，沉降量最大可达 11mm，接近控制值，见图 5-52。从图中可以看出，其数据突变较为明显，将严重影响施工进程与环境安全。图5-53表示穿越护城河过程同时侧穿混凝土板桥的沉降情况,整体变化规律呈现沉降向隆起的过渡状态,其整体变化较为稳定,未出现奇异值与突变现象,变化较为稳定。

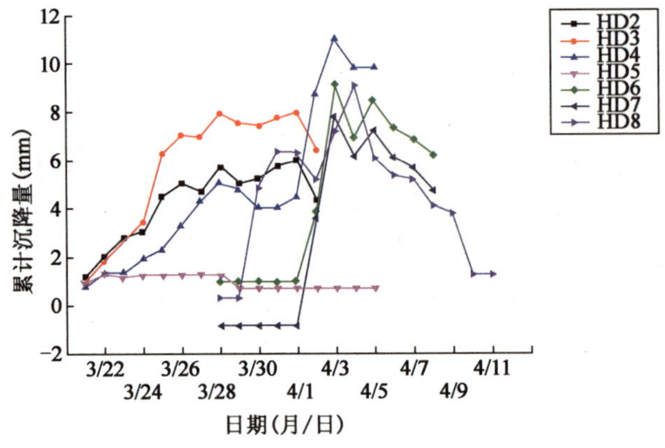

图5-52 护城河驳岸沉降值变化曲线

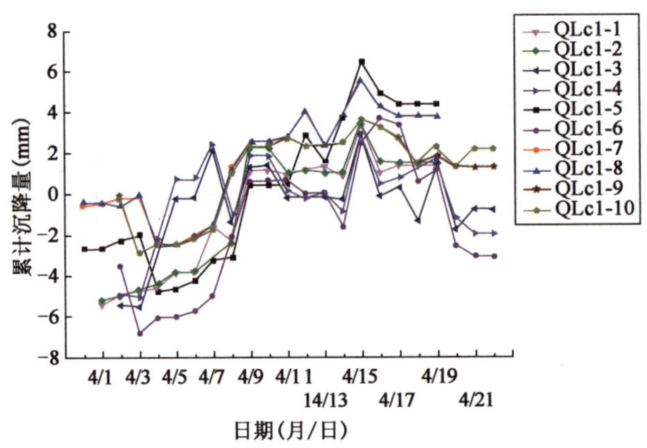

图5-53 护城河混凝土板桥沉降值变化曲线

综上所述,通过可拆解盾构下穿河流监测数据分析,整体施工过程中通过盾构机施工参数调整以及施工工法的相应变化,使可拆解盾构装备在下穿河流的过程中保持稳定,对环境影响处于可控范围内,表明其在类似工程中具有较好的应用性。

5.3 小　　结

拼装式可拆解盾构装备与常规盾构装备相似,并未产生透水、密封性差或者失圆等设备故障,亦未对周围环境产生较大影响;在各类重难点工程中均能保持较好的施工稳定性与地面沉降控制,通过工程应用表明可拆解盾构装备具有较好的实用性与稳定性。

随着盾构装备的发展,形态、功能多样化的盾构机类型应运而生;可拆解盾构机过站装备就是在此背景上逐步发展而来。可拆解盾构装备既可以实现有限空间内盾构机的解体过站,又能保证隧道掘进施工过程中的稳定性。随着城市地下空间的日益密集以及盾构法应用范围扩大，可拆解盾构装备凭借其具有的灵活性、可变性以及稳定性，具有较好的应用前景。

针对目前盾构施工技术的发展方向以及可拆解盾构装备的特征，可拆解盾构装备可应用于拆解空间受限、功能模块化、损坏部件更换、拆解运输轻量化以及其他的工程类别。

（1）应用空间缩小

宁波轨道交通 4 号线拆解过站施工中，未将盾构机进行全面拆解，仅做顶块拆解以满足过站空间要求；而随着地下空间的日益密集，空间交叠情况不断发生，其可利用空间逐渐局促，将可拆解盾构机分块拆解过站、原位退出等都是其有利的发展方向。例如地铁洞内拆解技术的拼装化应用等。

（2）功能模块化

另外随着盾构机制造技术的成熟，盾构机制造逐渐模块化、功能化；将盾构各项功能与设备模块化，并相互拼装，在应对不同地质条件或施工条件时，可以随时更换、拆卸。例如刀盘不同类型刀具更换，煤矿斜井常用的双模式 TBM 盾构机等。

（3）损坏部件更换

在盾构机推进过程或闲置过程中，部分盾体不可避免受到液体与空气的腐蚀，严重影响施工安全性，因此利用拼装式可拆解盾构将损坏盾构构件替换，将有效降低盾构机的修理成本，同时增加盾构机的使用寿命，增加盾构机施工安全性。

（4）拆解运输轻量化

一般盾构机在拆解吊出后，需要进行转场运输，对于某些巨大构件，其在运输、拆解过程中需面临巨大的安全隐患，对于偏远、艰苦的施工场地（例如川藏铁路等）其运输是困扰施工的重大难题，而拼装式可拆解盾构能有效地降低各构件的质量与大小，对于吊装过程与施工过程，都缩减了风险，降低了成本，提高了效率。

（5）应用工程类别增加

随着盾构机应用范围的增加，其所面对的工程难题也越来越多，已逐步应用可拆解盾构装备；随着技术的发展，除土压平衡盾构机外，结构更为复杂的泥水平衡盾构机、各类异形盾构机都可实现可拆解，使盾构装备的工程适用性更强。

参考文献

[1] 洪开荣. 近2年我国隧道及地下工程发展与思考(2017—2018年)[J]. 隧道建设(中英文),2019,39(05):710-723.

[2] 孙统立. 异形盾构工法研究现状及其应用[J]. 铁道科学与工程学报,2017,14(09):1959-1966.

[3] 郭卫社. 软硬不均地层盾构技术的思考[J]. 隧道建设,2016,36(10):1196-1201.

[4] 宗成兵,田恒星. 花岗岩地层地铁隧道盾构孤石探测及处置新方法[J]. 科学技术与工程,2015,15(26):11-18.

[5] 陈馈. 琼州海峡隧道超大直径盾构新技术展望[J]. 隧道建设,2014,34(07):603-607.

[6] 拓勇飞,舒恒,郭小红,等. 超高水压大直径盾构隧道管片接缝防水设计与试验研究[J]. 岩土工程学报,2013,35(S1):227-231.

[7] 王吉永. 盾构隧道下穿高速铁路运营线路路基段的施工技术[J]. 城市轨道交通研究,2015,18(07):105-108.

[8] 杨晓强. 盾构隧道穿越历史文物的施工技术[C]//中国土木工程学会城市轨道交通技术推广委员会. 2010城市轨道交通关键技术论坛论文集,2010.

[9] 张佳媛. 面向掘进性能的盾构刀盘设计及评价方法研究[D]. 大连:大连交通大学,2015.

[10] 劳懿斌. 土压平衡盾构刀盘中心回转接头修复技术[J]. 城市道桥与防洪,2013(07):354-356+27.

[11] 王炯. 盾构管片拼装机的关键技术研究[D]. 沈阳:东北大学,2013.

[12] 张社军. 斜井盾构原位无扩大硐室地下拆解技术研究[J]. 施工技术,2016,45(22):39-41.

[13] 汤浩翔. 盾构地下拆解扩大硐室加固技术及管片卸荷特性研究[D]. 天津:天津大学,2017.

[14] 张业学. 成都地铁某车站盾构机快速推移过站关键技术[J]. 绿色环保建材,2019(04):140-142.

[15] 杨梅. 外置推进式盾构机过站施工技术[J]. 铁道建筑技术,2016(05):71-73.

[16] 强华,翟文娟. 盾构机整体滚轮轨道过站施工方法[J]. 绿色科技,2019(04):148-151.

[17] 王森,付贵. 西安地铁一号线盾构过暗挖区间技术应用[J]. 科技创新与应用,2013(15):

20-21.
[18] 李朝.盾构分体平移通过已建车站始发技术研究[J].低温建筑技术,2016,38(12):132-134.
[19] 邵明月,陈勇华.超大直径泥水平衡盾构机现场组装关键技术分析[J].工程技术研究,2019,4(06):1-4.
[20] 史佩军.地铁隧道盾构法施工安全风险管理研究[J].工程技术研究,2019,4(16):158-159.
[21] 吕京堂.地铁工程中盾构施工风险控制技术的探讨[J].中外建筑,2019(06):256-257.
[22] 贾建平.地铁盾构隧道掘进中的同步注浆施工技术[J].工程技术研究,2019,4(18):39-40.
[23] 何强.盾构机二次始发施工及其保证措施探讨[J].科技传播,2014,6(16):75+85.
[24] 朱江涛.盾构法隧道近接建筑物施工影响分区及数值模拟分析[D].安徽:安徽建筑大学,2018.
[25] 刘瑞祥.盾构施工引起地表沉降计算模型研究及其工程验证[D].青岛:青岛理工大学,2018.